정직한
대한민국을
만들기 위하여!

국민은 정직한 대한민국을 바란다

정직한
대한민국을
만들기 위하여!

方案 **김태형 지음**

바른북스

＊ 탄생

21세기인 지금 세계 인구가 약80억 명이나 이 땅에 살고 있다.

이렇게 많은 사람들이 이 지구에 살고 있지만 그 누구도 이 세상에 태어날 때는 자기의 생각이 아닌 갑남을녀 甲첫째천간갑. 男사내남. 乙새을. 女계집녀.인 아버지와 어머니의 선택에 의해 이 세상에 태어난다.

그렇다면?

나는 선택 받은 사람이다.

나를 선택하신 부모님께 항상 감사하는 마음과 존경하는 마음을 가져야 한다.

그러므로 자식이 부모님께 효도하는 것은 자식의 당연한 도리인 것이다.

그리고 나를 선택하신 부모의 보호아래 나는 양육 되며 살아간다.

이렇게 **나는 이 세상에 탄생했다.**

따라서 나를 선택하신 어머니와 아버지의 능력과 내 삶이 연결되는 것이다.

그렇다면 능력 있는 부모님을 만나는 것도 나의 복福복복.이라고 할 수 있겠다.

그래서 혹자或혹혹. 者놈자.는 저 사람은 흑 수저 출신이다.

또는 금수저 출신이다.

이렇게 말들을 한다.

아무튼! 젖 먹이 아기가 무엇을 알겠는가?

그저 배부르고 등 따시게 잠잘 수 있는 환경이면 행복을 느낄 뿐이다.

이렇게 우리는 이 세상에 태어나서 어머니의 젖을 받아먹으며 배부른 행복을 느끼는 것이다.

그리고 아기는 엄마가 젖을 배부르게 먹인 후 따뜻하고 포근한 침대에 누이고 잠재울 때 아기는 편안한 잠을 자며 씩 웃는다.

귀엽다.

행복한 모습이다.

이것이 두 번째의 편안한 잠자리의 행복이다.

이렇게 탄생 처음 삶의 행복을 엄마에 의해 알게 된다.

따라서 아기는 한 가정에 입문하는 것이다.

그리고 태어나서 3살쯤 되면 서서히 자신이 좋아하는 것을 알게 되고 좋아하는 것을 찾으려고 한다.

그리고 그것을 갖고 싶어 한다.

정신적인 개성이 발달하는 것이다.

이렇게 아기는 자신만의 개성個낱개. 性성품성.이 만들어지는 것이다.

그래서 아이는 자기가 좋아하는 물건을 가지려고 하거나 자신이 좋아하는 놀이를 하려고 하는 것이다.

예를 들어 다섯 살 된 어린자식을 데리고 부모가 쇼핑을 하려고 마트에 데리고 갔다고 하자!

그런데 아이 눈앞에 아이가 좋아하는 장난감 비행기가 보였다고 하자!

그것을 본 아이는 그 비행기를 보고 어떻게 하겠는가?

그것을 본 아이는 그 비행기飛날비. 行갈행. 機틀기.를 손에 잡고 놓지 않으려 할 것이다.

그러나 부모는 그 비행기를 사줄 돈이 없다.

그래서 그 비행기를 빼앗으려 하지만 이 아이는 울면서 땡깡을 부린다.

이렇게 아이는 자신이 좋아하는 것을 가지려 한다.

아이가 무엇을 알겠는가?

이 아이는 무조건 비행기만 가지면 되는 것이다.

이 아이는 아직 자신이 가지려 하는 이 장난감 비행기가 어떠한 경로와 과정을 거쳐서 자신의 손에 들어오는지를 모르는 철부지이다.

이 아이는 아무 생각 없이 비행기를 가지고 놀 생각을 하며 행복감을 느낄 뿐이다.

아이의 이러한 행동은 자신이 좋아하는 장난감 비행기를 손에 잡는 것으로 행복을 느끼기 때문이다.

이와 같이 철없는 어린아이가 하는 행동에서 보듯이 우리 인간은 먹을 때와 잠잘 때와 가지고 싶은 것을 손에 잡을 때 웃음 짓는 것을 알 수 있다.

이렇게 3가지 욕구慾욕심욕. 求구할구.가 충족될 때 우리 인간은 행복을 느끼는 것이다.

그래서 자식을 키우는 많은 부모들은 세상의 행복을 자식들이 누리며 살 수 있도록 만들어 주려고 노력하는 것이다.

이것이 부모가 자식을 사랑하는 마음이다.

그래서 부모들은 어떻게든 자식에게 많은 공부를 시키려고 한다.

또한 자식의 공부를 위해 부모는 억척스럽게 일을 하며 돈을 버는 것이다.

이러한 과정은 우리 위 때의 부모도 이랬을 것이다.

그리고 그 위 때의 우리 조상들도 이랬을 것이다.

이것이 태초부터 인간이 살아오는 사회이자 문화이다.

그리고 지금 우리가 살아가는 삶이자 역사이다.

그러므로 우리가 이 세상에 태어나는 탄생誕태어날탄. 生날생.의 가치는 행복하게 살기 위한 노력이라 하겠다.

2021. 10. 01.

글쓴이. 方案. 김태형

차례

들어가는 글

2장

흔들리는 심리

3장

세상을 향한 심리

나가는 글

인간의 심리

1. 인간의 본능

인간의 본능이란?

인간의 본능本밑본. 能능할능.은 사람이 태어날 때 선천적으로 가지고 있다.

세상에 존재存있을존. 在있는재.하는 모든 생명체들의 본능은 그 생물이 지니고 있는 특징과 성질의 운동이다.

이 지구상에 존재하는 셀 수 없이 많은 생명들은 나름대로 영원히 세상에 존재하기 위해 온 힘을 다하고 있는 것이다.

이것이 생명들이 지니고 있는 본능이다.

우리 인간도 마찬가지다.

사람의 본능도 세상에 자기를 현실로 실존實열매실. 存릿을존.하기 위해 자식을 대를 이어 낳으려고 한다.

그리고 대대로 자손을 유지하고 영원히 존재하기 위한 활동을 하는 것이다.

이 활동이 번식繁많을번. 植심을식. 본능이다.

그러므로 번식을 위해 활동하는 것은 자기자손을 통해 영원히 이 땅에 존재할 수 있도록 최선을 다하는 활동이라 할 것이다.

음식을 먹기 위해 농사를 짓는 것도 양식을 얻기 위해 사회 활동하는 것도 생존을 위한 본능인 것이다.

우리가 잘 알듯이 사람의 생명은 먹지 못하면 생존할 수 없다.

따라서 먹는 음식을 지나치게 욕심부리는 것도 생존을 위한 본능이라 할 것이다.

먹는 욕심은 어머니 배 속에서부터 시작한다.

어머니 배 속에서 생긴 먹는 욕심은 생명이 지닌 특징이라 할 것이다.

아기가 무의식적으로 엄마젖을 찾는 몸짓을 보면서 인간의 본능을 알 수 있다.

그리고 커가면서 스스로 깨닫는 것이다.

또한 사람의 본능은 자기가 생존하기 위해 무엇을 바라고 원하는 작용을 말한다.

생존하기 위해 세상에 태어난 아기는 엄마의 젖을 받아먹으면서 배부르게 먹으려하는 것이다.

이와 같이 아기 때부터 생존의 심리心마음심. 理다스릴리.가 작용하는 것이다.

이렇게 아기의 행동은 스스로 생존을 위해 먹는 욕심이 작용하는 인간의 본능을 발휘發쏠발. 揮휘둘를휘.한다.

스스로 생존하기 위해서는 어떤 아기든지 엄마젖을 받아먹을 때는 배부를 만큼 먹으려 하는 것이다.

젖을 받아먹을 때 만족할 만큼 먹는 욕구본능이 없는 아기라면 생존生날생. 存있을존.할 가능성이 희박稀드물희. 薄엷을박.할 것이다.

그래서 먹는 욕심도 자신의 생존을 위한 본능인 것이다.

예를 들어 변화무쌍한 자연 환경 속에서 짐승들이 먹이를 두고 서로 먹으려고 피터지게 싸우는 것을 보면 쉽게 이해할 수 있을 것이다.

험한 자연환경에서 살고 있는 짐승들도 생존을 위해 먹이를 빼앗기지 않으려고 서로 물고 물리면서 피터지게 싸는 것도 살기 위한 본능이다.

짐승들도 서로 물어뜯으면서 피를 많이 흘려 어느 쪽이 죽을지 모르고 무조건 살기 위해 죽는 줄도 모르로 싸우는 것이다.

이렇게 짐승들도 생존본능에 따라 살기 위해 먹이를 놓고 피터지게 싸우지만 자신이 죽을 위험에 빠지는지도 모르는 것이다.

먹이는 자신의 생명과 연결되어 있기 때문이다.

살아 움직이는 생명체는 인간이든 짐승이든 먹을 양식이 없으면 생존生날생. 存있을존.할 수 없다.

그러므로 사람들도 생존을 위해 열심히 사회활동을 하는 것이다.

이와 같이 사람이 사회 활동을 열심히 하는 것도 자기가 생존生날생. 存있을존.하기 위해서 살기 위한 본능이 작용하기 때문이다.

살기 위한 본능이 작용하는 사람들은 더 잘 먹고 잘 살기 위해 자신이 온힘을 다해 더욱 열심히 일을 하게 되는 것이다.

이렇게 인간은 생물학적 작용과 심리학적 이성理다스릴리. 性성품성.의 성장으로 사물의 이치를 논리적으로 생각하고 판단하는 것이다.

사물의 이치를 논리적으로 생각하는 사람의 본능은 자신이 살기 위해 무엇을 해야 하는지를 늘 궁리하고 연구한다.

그리고 사람은 태어날 때 자신이 좋아하는 것과 잘하는 소질도 지니고 태어난다.

아기의 재능과 성격은 아이를 태교했을 때 엄마의 취미와 생활환경의 영향을 받는다는 학설이 많다.

따라서 아기의 재능에 따른 능력能능활능. 力힘력.과 성격과 성질은 아기가 생존하기 위해 태어나면서 부터 활동하게 된다.

그리고 인간과 다른 세계인 짐승들과 곤충들에게는 생존본능만 살아있을 뿐 삶에 질은 존재하지 않는다.

우리가 자연에서 보듯이 힘센 짐승들이나 개미와 꿀벌, 나비, 메뚜기, 매미 등 곤충들은 다람쥐 쳇바퀴 돌듯 죽을 때까지 양식을 먹는 활동만 계속 반복하여 행동하며 살아간다.

언제 바람이 불지 언제 비가 올지 모르는 자연에 사는 짐승들과 곤충들은 행복하게 살고 불행하게 사는 것을 모르고 생존한다.

그러나 인간은 다르다.

인간은 살면서 변화하는 환경에 따라 더 나은 환경을 만들고 더 편한 생활을 위해 궁리하고 연구하며 살아가는 본능을 가지고 있다.

인간들은 더 행복하게 살기 위해 피나는 노력을 하며 고통도 스스로 감수하고 자신이 하고 싶은 직업에 따라 열심히 일을 하는 것이다.

그리고 인간은 행복幸다행행. 福복복.한 삶을 위한 노력에 따른 고통을 인정하는 방법도 태어나서 부모님들의 생활모습을 보면서 배우는 것이다.

부모들의 생활환경 속에서 태어나는 아기는 부모님의 자식사랑에 의지하여 어머니가 주는 젖으로 생존을 배운다.

그리고 아이는 때가 되면 젖을 끊으면서 자기가 좋아하는 음식을 찾아간다.

엄마의 젖을 뗄 나이가 되면 자기가 좋아하는 음식과 자기가 싫어하는 음식을 알아가며 아이의 특징과 특성이 만들어지는 것이다.

대부분 아이들은 부모와 함께 생활하면서 엄마가 자주 먹여주던 음식飮마실음. 食밥식.을 좋아하게 된다.

이 지구에는 약 80억 명의 사람이 살고 있다.

그러나 이렇게 많은 80억 명이 좋아하는 음식은 나라마다 다른 여러 가지 음식문화에 따라 조금씩 차이가 나는 것이다.

이 지구상에는 다양한 음식이 존재하고 있다.

이 다양한 음식으로 인해 80억 명의 생명이 생존하며 살아가고 있는 것이다.

이와 같이 음식에 대해 말을 많이 하는 것은 이 지구상에 존재하는 식물과 곤충을 비롯해서 각종파충류들과 사람에 이르기까지 살아 움직이는 생명들은 양식과 연결 되어있기 때문이다.

생명의 본능은 죽으려고 태어나는 것이 아니다.

사람의 본능은 살기 위해 태어나는 것이다.

따라서 사람은 잘 먹고 편하게 살기를 희망한다.

그래서 사람들은 출세와 성공을 위해 때를 맞춰 열심히 공부를 하고 사회로 나가서 자기가 좋아하는 일을 찾아가는 것이다.

자기가 좋아하는 일을 열심히 하는 것은 남보다 더 빨리 성공하고 남보다 더 편히 살기를 원하기 때문이다.

열심히 일하는 삶을 추구하는 것은 자신이 생존하기 위한 본능인 것이다.

자신의 생존을 위해 일하는 사람은 성공하려고 자신이 하는 일이 험하고 어려운 일이라 하더라도 참고 견디며 일을 하는 것이다.

이런 활동은 생존본능에 의한 행동이다.

생존본능에 의해 열심히 일을 하지만 우리가 사는 사회는 아직도 먹을 양식이 없어서 생존을 위협받는 사람들이 전 국민의 10%~15% 나 된다고 한다.

그 증거는 노숙자들과 빈곤층을 보라!

지금도 생존을 위협받는 사람들의 소식들은 미디어콘텐츠media, contents,의 각종정보에서 우리에게 알려주고 있다.

과학과 문명이 발달한 21세기인 지금 우리가 살고 있는 사회는 모두가 잘살 수 있도록 국민이 다 함께 고민하고 해결책을 찾아야 할 것이다.

모든 국민이 다 함께 잘 살아야 할 우리나라가 빈부차이로 서로 다툰다면 서로가 생존을 보장할 수 없는 것이다.

그렇다고 생존을 위협받고 있는 사람들을 무시하고 자기만 잘 살기 위해 욕심을 부린다면 우리가 사는 나라는 어떻게 되겠는가?

무법천지가 될 것이다.

우리가 사는 사회를 안전하고 평화롭게 만들기 위해서는 우리가 다 함께 협동하는 사회를 만들어야 하는 것이다.

무엇보다 중요한 것은 우리나라에서는 먹고사는 양식문제만큼은 해결할 수 있는 사회시스템system을 만드는 것이 중요한 숙제이다.

우리는 다 함께 살아야 하기 때문이다.

이 지구상에 사는 수많은 사람 중에는 먹을 양식이 없어서 죽어가는 사람들이 세계 곳곳에 너무나 많다는 것을 우리는 알고 있지 않은가?

우리 동포인 북한을 보라!

우리는 세상 사람들이 양식 때문에 고통받는 일들을 미디어media 매체를 통해 전해주는 상황들을 들어서 잘 알고 있다.

다양한 콘텐츠contents로 이 지구상에 살고 있는 많은 사람들은 살기 위해 양식을 구하려고 다양한 활동을 하고 있는 것도 우리는 알고 있다.

양식 때문에 고통받는 사람들도 가족을 사랑하고 지키고 싶은 것은 나쁜만 아니라 세상 사람이라면 누구나 지니고 있는 사람의 생존본능이다.

먹을 것이 없는 많은 사람들은 사랑하는 가족들의 생존을 위해 어떠한 위험한일이라도 감수하며 양식을 구하려 한다.

양식 때문에 고통받는 사람들은 사랑하는 가족을 먹여 살리기 위해 험하고 어려운 일도 마다하지 않고 일을 하려고 한다.

생존의 본능은 먹고 살기 위해 위험한 일도 두려워하지 않는 것이다.

생존본능의 최우선 조건은 생명유지를 위한 양식이다.

이 지구에 존재하는 수많은 생명들은 생존을 위해 스스로 진화한다.

인간은 생존을 위해 지나친 욕심으로 상대의 목숨을 빼앗기도 하고 자기의 목숨을 뺏기기도 하는 일들도 발생한다.

개인적인 생존의 욕심은 개인 간의 다툼이다.

우리가 사는 사회는 홍수나 지진 등 각종 자연재해와 같은 기후변화에 따라 생존을 위협받을 수도 있다

우리나라도 살기 힘들었던 1950대에는 전량농가라는 말이 라디오뉴스나 신문을 통해 공공연히 흘러나왔다.

전량농가錢돈전. 糧양식량. 農농사농. 家집가.라는 단어는 식량이 떨어져서 굶고 있는 농촌생활의 어려운 실정들을 알려주는 말이다.

당시 우리나라는 농업 국가였기 때문에 양식을 추수하기 위해서

는 계절과 기후의 영향을 많이 받으며 살았던 시기였다.

우리나라는 기후 영향에 따라 농사를 하늘에서 내리는 비의 강수량에 의지해서 어렵게 살던 때였다.

하늘에 의존하여 어렵게 살던 때라 항상 먹을 양식이 부족했던 농민들은 강수량이 낮으면 양식이 모자라서 더 많은 고통을 받으며 살았다.

해마다 먹을 양식이 부족하여 매년 3월이 되면 농촌에서는 늘 비축해놓은 식량이 거의 바닥나는 계절이다.

계절상 봄과 여름 사이인 6월까지는 식량이 거의 다 떨어지는 계절인 것이다.

그래서 보리를 수확할 6월까지는 논두렁이나 밭두렁이나 또는 들이나 산으로 쑥과 냉이, 칙 뿌리 같은 먹을거리를 찾아 가족들은 나돌아 다니는 시절이었다.

그리고 쑥과 냉이에 된장을 조금 풀고 밀가루나 보리 한주먹을 넣고 풀죽을 쑤어 여러 가족이 풀죽을 한 사발씩 마시고 사는 시대였으니까 말이다.

농민들은 이때를 보릿고개라고 했다.

이것마저 부족하면 소나무껍질을 벗겨서 먹고살았다.

초근목피 草풀초. 根뿌리근. 木나무목. 皮가죽피.라는 말도 이때 생겨난 단어이다.

그나마 이것마저 없어서 굶어 죽는 농민들이 많았다고 한다.

이렇게 힘든 시대를 살았으니 민초들의 생활이 얼마나 힘들었겠는가?

쑥과 냉이에 된장을 조금 풀고 보리 한주먹을 넣고 사는 환경에서 1950년 6월 25일 일요일에 어쩌다 같은 동족끼리 자유민주주의와 공산주의로 갈라져서 남과 북이 피비린내 나는 전쟁까지 했으니 말이다.

1950년 6월 이후 한창 전쟁 중에는 농촌은 먹을 것이 없어 고생했지만 도시에 사는 백성들도 전쟁 중에는 먹을 것이 없었다.

도시에 사는 백성들의 생활방법은 대부분 노동이었다.

이들은 일하고 받은 노임으로 그날 그날 먹고 살아야 하는 비참한 생활이었다.

하루 벌어 하루 먹고 살 때 만들어진 음식이 미군들이 먹다 버린 음식을 다시 물에 씻어 소금으로 간을 맞추어 팔팔 끓여서 국밥 식으로 먹는 음식이었다.

일명 꿀꿀이 죽이다.

그나마 이 음식도 없어서 못 먹었다고 한다.

지금도 이 꿀꿀이죽의 역사는 부대찌개라는 이름으로 남아있다.

6.25 전쟁을 치른지 70년이 지난 21세기 우리나라 노숙자와 극빈층은 700만 명이나 생계위협을 받고 있다고 한다.

이 숫자는 우리나라 인구대비 15%를 차지하는 인구이다.

2005년 12월 31일 서울 신문에 의하면 목수 일을 하는 조모48 씨는 어린 딸이 아프면 병원에 가지 못하고 약을 사 먹인다고 했다.

그래도 낫지 않으면 이웃주민의 건강보험증을 빌려 병원에 간다고 했다.

노후대책은 이미 포기했다.

아플 때라도 이들 극빈층들이 바라는 희망은 돈 걱정 없이 병원에 갈 수 있는 날이 왔으면 하고 바랄 뿐이라고 했다.

또 다른 뉴스에 의하면 어렵고 힘들게 사는 극빈층인 충북괴산군

강모36여씨는 최근 두 딸과 함께 저수지에 몸을 던졌다.

강모36여 씨의 전 남편은 3년 전에 집을 나간 뒤 생활고에 시달리던 끝에 자녀들과 동반자살을 택한 것이다.

안타깝게도 강 씨는 목숨을 건졌지만 사정을 모르는 두 딸은 숨졌다.

이 얼마나 안타깝고 비통한 일인가?

우리나라의 빈곤층이 겪는 경제와 복지와 노동시장 등 우리 사회의 빈곤이 전반에 드러난 양극화의 한 단면인 것이다.

돈과 값나가는 물건을 많이 가진 자는 갈수록 부가 쌓이고 못 가진자는 아무리 발버둥 쳐도 나락으로 빠질 뿐이다.

이미 우리나라 빈곤층 규모는 700만 명을 훌쩍 넘어섰다.

기초생활보장수급자 138만 명과 기초생활보장을 받지 못하는 빈곤층이 372만 명 그리고 잠재적 빈곤층이 206만 명이란다.

이런 수치라면 전체인구 10%~15%가 빈곤층이다.

그러나 우리나라가 세계에서 11번째 잘사는 경제대국이라고 자랑하고 있다.

웃지 못할 말씀이다.

그런데 먹을 식량이 없어서 생존을 위협받는 사람이 약 700만 명이라고 한다.

우리나라의 제1도시인 서울역에서는 한 끼 점심식사를 얻어먹기 위해 줄을 길게 서서 기다린지 오래이다.

종로에 있는 파고다공원에도 마찬가지다.

한겨울에도 우리나라 빈곤층들은 점심식사를 얻어먹으려고 줄을 길게 서서 기다리고 있는 실정이다.

이곳뿐만이 아니다.

지방의 여러 도시에도 이런 진풍경이 자리 잡은지 오래이다.

생존본능이란 체면이고 창피한 것도 없는 것이다.

어쩌다가 우리나라가 이렇게 되었는가?

우리 민족은 부지런한 민족이다.

남이 잘살면 나는 더 잘살려고 하는 근성을 가진 민족이다.

그런데 왜 이렇게 극빈층이 많이 생기는 것인가?

우리는 생각해야 한다.

문제는 이것이다.

언제부터인가 자신이 아무리 노력을 하고 돈을 많이 벌어도 내 돈이 아닌 것이다.

이 말은 사람이 노력한 만큼의 대가는 얻어야 하는데 그렇지 못하다는 것이다.

사람의 본능이란 잘 살기 위해 진화를 계속한다.

그래야 고생하는 보람도 느끼고 더욱 열심히 일해서 성공하고 자식들과 행복하게 살고 싶은 희망이 있는 것이다.

사람이 성공하려는 목적이 무엇인가?

여기에 인간본능이 어떻게 작용할 것인가?

그러나 고생하고 노력을 해도 희망이 보이지 않으니 어느 바보가 고생을 하겠는가?

빈곤층이 생기는 문제의 답은 나온 것이다.

사람들이 고생하며 돈을 벌 필요가 없다는 것을 깨달은 것이다.

그래서 작은 돈이라도 편하게 벌려고 꾀를 부리는 것이다.

그래서 경마도 하고 복권도 사고 증권도 하는 것이다.

더 나가 돈이 있는 사람은 집을 하나 더 사는 것이다.

일은 하지 않고 쉽게 돈 벌기를 학수고대鶴학학. 首머리수. 꿈쓸고. 待기다릴대.하는 것이다.

이렇게 인간본능이 게을러지면 나라의 희망은 사라지는 것이다.

경제구조가 인간의 본능을 손상시키는 것이다.

언제부터인가 아이들의 꿈이 바뀌었다.

요즘 우리 꿈나무들을 보라!

고등학생과 대학생에게 꿈과 희망이 무엇이냐고 물어보면 70~80%가 공무원이라고 말한다.

대학생들은 공무원이 되려고 3~4년을 재수한다.

그러나 우리나라는 1950~1970년대에는 공무원은 인기가 없었다.

어쩔 수 없이 먹고 살기 위해 공무원을 했을 정도이다.

우리와 한때를 함께 살았던 선배들은 너도나도 열심히 일을 하고 성공을 해서 행복하게 사는 것이 꿈이었던 시절이 있었다.

그때는 공무원은 봉사하는 자리였기에 직업으로는 별로였다.

그때는 인기가 없었지만 지금은 사정이 바뀌었다.

죽을힘을 다해 고생하고 돈을 벌어봐야 이자와 세금을 40~60% 내고 나면 힘들게 고생한 만큼 수입이 없는 구조이다 보니 몸을 혹사하며 고생할 필요가 없다는 것이다.

그래서 일은 하지 않고 국민들이 내는 세금으로 편히 먹고 살고 싶다는 뜻이다.

인간생존본능이란?

사람은 어려운 환경일수록 강하게 진화하려는 생존본능의 심리가 작용한다는 것을 우리는 알아야 한다.

우리가 여기에서 깨달아야 할 것은 사람의 본능은 살기 위해 고생을 감수한다는 것과 더 나가 잘살기 위해서 피나는 노력을 하는 것이다.

그리고 피나는 노력에 따른 고통을 스스로 인정하고 감당하는 것도 국민 각자가 사람답게 살기 위한 본능인 것이다.

행복하게 살기 위해 고생하는 활동이 인간의 정직한 생존본능인 것이다.

아무리 고생을 해도 성공과 희망이 보이지 않은 것이 현실인데 몸부림칠 필요가 없다는 것을 일부 국민들은 깨달은 것이다.

인간의 본능이란?

잘 살기 위해서 성공을 향해 달려가는 노력이다.

노력하는 본능이 없다면 희망이 없다.

이 세상에 배고파도 행복하다고 하는 사람은 한 사람도 없을 것이다.

우리나라를 더욱 살기 좋은 나라로 만들기 위해서는

인간의 본능에 맞는 사회가 필요하다.

2. 정신

정신이란?

사람의 정신은 각 사람이 생각하는 마음의 심리현상을 말하는 것이다.

생각하는 정신正바른정. 信믿을신.은 사람이 태어나면서 선천적으로 지니고 있다.

태어나면서 가지고 있는 정신은 자라면서 부모의 영향을 받으며 성숙해간다.

부모의 영향을 받는 아이들의 정신은 우리가 평소에 생활하는 일에 대하여 옳고 그름을 판단하는 생각이라 할 것이다.

옳고 그름을 판단하는 정신을 가진 사람은 정직한 사람이다.

고사성어에 견물생심見볼견. 物만물물. 生날생. 心마음심.이란 가르침의 훈계가 있다.

어떤 사람이 길을 걸어가는데 길 위에 금목걸이가 떨어져있는 것을 보았다 이 사람은 횡재했다는 눈빛으로 그 금목걸이를 주어서 주머니에 넣었다.

보통사람들은 길에서 주운 금목걸이를 자기 것으로 생각하고 잃어버린 사람을 생각하지 않을 것이다.

길에 떨어져 있는 금목걸이를 보는 순간 마음속으로 흥분하고 왼

떡이야! 생각하며 좋아 했을 것이다.

사람들은 금붙이를 보는 순간 금붙이를 잃어버린 사람의 마음을 생각하지 못하고 횡재했다는 생각으로 물건의 욕심이 생겨 옳고 그름을 판단하지 못하고 자기 것이라고 착각하는 사람들이 대부분일 것이다.

그래서 금목걸이를 주인에게 찾아주려고 하지 않고 자기 것으로 생각하고 자신이 가지려고 할 것이다.

사람들은 길에 떨어져 있는 남의 금 목걸이를 보면서 욕심이 생기는 마음을 견물생심 見볼견. 物만물물. 生날생. 心마음심.이라고 한다.

노력 없이 얻으려는 견물생심은 올바르지 못한 정신이다.

길에 떨어져 있는 금목걸이가 자기 것인지 아니면 남에 것인지를 판단할 줄 아는 사람은 금목걸이를 잃어버린 주인을 찾아 주려고 할 것이다.

올바른 정신이란?

자기가 하는 일에 대하여 옳고 그름을 판단하고 길에서 주운 남의 금목걸이를 어떻게 정리할까 생각한다.

값비싼 금목걸이라 해도 올바른 정신을 가진 사람은 가지려 하지 않는다.

많은 돈을 줘야 살 수 있는 금목걸이지만 남의 것이기에 자신이 탐을 내는 것은 옳지 않다고 판단하는 사람이기 때문이다.

그러나 옳지 못한 사람은 길에 있는 금목걸이가 남의 것이라 하더라도 자신이 주운 것이니 자기 것으로 착각하는 것이다.

우리 사회는 많은 사람들이 모여 단체를 만들고 국가를 이루고 다 함께 사는 사회이기에 각 사람의 정신세계가 매우 중요한 것이다.

국민들의 정신세계가 중요한 이유는 다양한 사람들이 모여 사는 사회는 각 사람들의 정신이 모여 생활문화가 만들어지기 때문이다.

우리 각자의 정신세계가 올바른 이성적 판단을 하지 못한다면 우리가 사는 사회를 정직한 사회라고 할 수 없다.

옳고 그름의 정신교육은 우리들의 각 가정에서 아이를 돌보는 아기엄마들의 양육養기를양. 育기를육.에 의해 성장한다.

아이들의 정신교육을 위해서는 부모들의 언행과 생활이 자식들이 본받을 수 있도록 모범적인 역할이 필요하다.

부모의 올바른 언행과 모범적인 생활을 바탕으로 올바른 판단을 하는 가정이 많아질수록 우리 사회를 건강한 미래로 만들 수 있다.

아이들은 대략 3세쯤 되면 아이의 개성이 발달하기 시작한다.

10세까지는 감정을 자제하는 이성적인 논리나 판단判판가름할판. 斷끈을단.을 하기는 아직은 어린 나이이다.

하지만 10세 이후부터는 아이의 정신세계가 자리 잡기 시작하는 나이이다.

아이들의 정신도 성숙도에 따라 생각하고 판단하는 차이가 있다.

정신의 성숙도에 따라 아이들은 어떤 일의 상황을 보고 느끼고 분별하고 생각을 정리하는 정신이 발달하는 것이다.

그러므로 부모들은 자식들의 미래를 생각해서 아이들 앞에서는 올바른 생활을 하는 정신을 보여주는 것이 중요하다는 것을 깨달아야 한다.

아이들의 정신교육이 나라의 미래이기 때문이다.

자식들에게 살아있는 정신교육을 시키려면!

우선 차례를 지키는 정신/ 꾀를 부리지 않는 정신/ 남을 위해 봉사하는 정신/ 싸움은 무조건 말리는 정신/ 윗사람을 공경하는 정신/ 상대를 인정하는 정신/ 거짓말을 하지 않는 정신/ 이렇게 우리 꿈나무들에게 정직한 정신이 자랄 수 있는 사회가 만들어질 때 우리나라의 미래는 희망이 있는 것이다.

그래서 어른들의 말과 행동이 먼저 정직해야 한다.

그래야만 아이들의 말과 행동도 정직한 정신으로 자라날 것이다.

옛말에 윗물이 맑아야 아랫물이 맑다는 훈계의 속담이 있지 않은가?

요즘 아이들은 어른들의 비굴한 말과 행동에서 어른들이 정직하지 못하다는 것을 다 느끼고 알고 있다는 것을 깨달아야 한다.

어른들은 자신이 불리하면 거짓말로 불분명하게 대충 넘어가 말을 아이들은 다 알고 있다는 것도 알아야 한다.

어른들은 자신의 말에 귀 기울이게 하는 **권모술수**權저울추권. 謀꾀할모. 術꾀술. 數술수.의 말재주로 정직한 말을 외면하고 그럴싸한 말로 둘러대는 **견강부회**牽끌견. 强굳셀강. 附붙을부. 솔모일회.하는 말장난의 모습에서 어른들이 정직하지 못하다는 것을 아이들은 다 느끼고 있는 것도 어른들은 알아야 한다.

어린아이들은 감각하고 느끼는 것이 빠르기 때문이다.

어른이 거짓말로 얼버무리는 모습은 어딘가 어색하다는 것을 아이들은 느낀다.

아이들은 이성보다는 교감과 느낌이 예민한 나이기 때문이다.

요즘은 대중매체인 미디어media가 잘 발달된 시대가 아닌가?

그래서 요즘아이들은 인터넷 망을 통해 다양한 정보를 제공하는 팟-캐스트Podcast들이 전하는 정보와 TV- 뉴스를 통해 아이들은 나름대로 알고 있다는 것을 우리는 알아야 한다.

요즘 초. 중생들 손에는 핸드폰hand-phone을 다 들고 있다.

교감과 느낌이 예민한 우리 아이들의 행동에 더 놀란 것은 아이들은 어른들이 하는 말과 행동과 모습을 그대로 모방한다는 것이다.

감각과 느낌이 빠른 아이들의 스승은 어른이다.

그럴싸한 말로 둘러대는 우리들의 미래는 우리 아이들이라는 것을 명심해야 한다.

우리 조상들은 선비정신을 가지고 있었다.

학문을 하는 선비는 성품과 행동이 청렴하고 청빈하여 재물에 대해서 욕심이 없는 것이 선비정신의 특징이다.

학문을 하는 사람은 마땅히 지켜야 할 도덕과 예절을 가치로 삼았다.

그러나 요즘에 학문하는 사람들의 정신은 남보다 조금이라도 더 많은 재산과 권력을 가지려고 학문하는 사람들이 많아졌다.

올바르지 못한 정신은 학문을 이용해서 출세를 먼저 생각한다.

그래서 공부를 하고 행정고시에 합격하고 높은 자리에 앉으면 그때부터 온갖 꾀를 부려 권력도 누리고 부자도 되는 사회가 되어가고 있다.

언제부터 학문이 사람들의 부귀와 영화를 누리는 수단이 되었는가?

안타까운 일이다.

기성세대들은 나라 미래를 위해 아이들에게 올바른 정신적 거울이 되도록 분골쇄신粉가루분. 骨뼈골. 碎부술쇄. 身몸신.해야 할 것이다.

어른들은 아이들의 거울이다.

그러나 어른들은 돈과 권력 욕심에 빠져 자라나는 아이들의 건강한 정신을 교란시키고 있는 것에 대해 아이들은 비웃을 것이다.

아이들을 생각한다면 부모세대들은 자신들의 삶의 가치를 어디에 두어야 하는지 다시 한번 되돌아 보아야 할 것이다.

우리나라는 세계 OECD 회원국 100개국 중 경제가 11위로 잘 사는 나라라고 한다.

그러나 경제가 세계에서 11번째라는 우리 대한민국의 부패지수가 세계 OECD 회원국 100개 나라 중 50등에 가까운 나라라고 한다.

웃기는 나라이다.

나랏일을 하는 공무원들이 자신의 욕심을 채우기 위해 국민을 기망한다면 우리나라의 미래가 어떻게 되겠는가?

언제부터인지 우리가 사는 사회는 자기의 이익을 위해 서로 속고 속이는 권모술수가 판치는 세상으로 변해가고 있다.

권모술수가 판치는 부패한 마음과 정신精쏳은쌀정. 神믿을신.을 우리 꿈나무들에게 배우게 하는 사회라면 우리나라는 과연 희망이 있겠는가?

국민을 이끌어야 할 정치지도자들과 교육자들은 과연 이 나라에 존재하고 있는지 우리는 깨달아야 한다.

자고 일어나면 미디어media 방송뉴스를 통해 전해오는 말들은 사람으로서 도저히 이해할 수 없는 미문의 사건들이 즐비하다.

자기 이익을 위해 사기를 치는 사건과 권력을 이용한 경제사기 사건들과 이것도 부족해서 갓 태어난 자식을 죽이는 인간이 있는가 하면 부모를 살해하는 인간들을 보면서 꿈나무들이 무엇을 배우고 있는지 생각하면 앞이 캄캄하다.

사기를 치는 사건과 권력을 이용한 경제사기를 서슴없이 저지르는 것은 모두 돈의 관계에서 발생하는 것이 아닌가?

돈이란?

이렇게 사람을 마귀로 만드는 요물인 것이다.

그러나 우리 조상들은 선비정신을 바탕으로 살았다.

조상들의 선비정신을 지금을 살아가는 우리 세대가 본받을 부분이 많다.

우리 조상들의 **선비정신**은 권력을 욕심부리는 옳지 못한 일부 선비 관료를 제외하고 대다수 선비들은 세상의 권세와 재물을 멀리했다.

선비정신은 생존을 위해 경제활동을 하더라도 공부를 손에서 놓지 않았다.

그리고 선비정신은 어떠한 어려운 환경이 닥쳐와도 글을 읽으며 생활하는 것이 선비정신이라고 믿으며 살았다.

어쩌다 관직에 입문하여 높은 벼슬을 한다 해도 관직에서 물러나면 다시 인자한 성품과 행실이 고결하고 탐욕이 없는 청렴淸맑을청. 廉청념할념.한 삶으로 돌아와 책을 읽으며 학문을 연구하며 살았다.

우리 조상들의 선비정신은 올바른 정신의 신념을 지키는 지조志뜻지. 操잡을조.와 굳건한 마음인 절개節마디절. 槪평미래개.의 상징이다.

그래서 선비정신은 세상에는 당당했다.

선비정신은 재물을 대할 때는 사사로이 재물에 욕심내지 않는다.

선비정신은 재물이 없어 가난해도 권세가 없어도 재물과 권력 앞에서 아부하지 않았고 당당했다.

선비정신은 백성들을 위해 사회정의를 실천하는데 망설임 없이 앞장서왔다.

그래서 선비정신은 백성들의 아픔과 고통을 나누는 사회정의를 위한 정신이었다.

선비들이 공부하는 많은 학문과 학식은 백성들이 필요로 하는 정직하고 정의로운 삶을 위한 지식과 지혜로 사용했다.

학문과 학식을 필요로 하는 백성들의 정직한 삶을 위한 선비정신은 우리의 꿈나무들에게 가르쳐 훈계할 정신인 것이다.

그 예로 조선시대 인조임금 때인 18세기에 살았던 다산 정약용 선생은 형이상학적인 성리학의 학문에서 벗어나 백성들의 실생활을 중요하게 여긴 인물이다.

그는 **백성이 살아가는 과정에서 역사는 발전한다**고 주장한 실학자이다.

정약용 선생은 **백성의 빈곤**을 보면서 **많은 세금을 백성에게 감당시키는** 것은 **권력의 착취에서 발생하는 부패**라고 생각했다.

그래서 정약용 선생님이 가르치는 학문은 ❶ 개인의 욕심을 버리고 공공의 이익을 우선하는 정신으로=**멸사봉공**滅멸망할멸. 私사사사. 奉받을봉. 公공변될공.으로 의 정신을 가르쳤다.

그리고 ❷ 공적인 일을 먼저 하고 사적인 일을 뒤로하는 정신으로=**선공후사**先먼저선. 公공변할공. 後뒤후. 私사사사.의 정신을 가르쳤다. ❸ 로 옳은 일을 위해서는 목숨을 버리는 정신으로=**살신성인**殺죽일살. 身몸신. 成이룰성. 仁어질인.의 정신을 가르쳤다.

그리고 ❹ 임금을 대신하는 목민관은 백성을 아끼는 정신으로=**여민동락**與줄여. 民백성민. 同한가지동. 樂즐길락.의 정신을 가르쳐 훈계했다.

그리고 정치적 탐욕이 없는 청렴한 정신을 가진 **군주**君임금군. 主주인주.만이 백성을 진실로 사랑할 수 있는 **청렴한 군주**라고 가르쳤다.

이렇게 우리선조인 조상들은 백성을 생각하는 **민족정신**과 함께 그 시대를 살아가는 **시대정신**을 가르쳤다.

사람의 올바른 정신이란?

자연에서 배우듯이 바람과 비의 작용에 의해 더럽혀진 먼지를 깨끗이 씻어내듯 인간의 정신도 비를 통한 깨끗한 바람과 공기로 호흡하며 정신을 깨끗하게 가다듬어가고 있는 것이다.

더럽혀진 정신을 깨끗하고 올바른 정신으로 정화할 수 없는 사회라면 우리나라의 미래는 희망을 꿈꿀 수 없는 사회라 할 것이다.

재물에 욕심이 많은 일부 선비들은 자신을 위해 백성들을 기망하고 올바르지 못한 자기의 부귀영화를 생각하는 무리들이다.

이들은 선비정신의 탈을 쓴 악당들이다.

이들은 선비정신의 이름으로 뜻을 같이한다는 명목으로 모였다.

못된 무리들은 백성들은 뒤로하고 자신들이 권력을 잡기 위한 정치적 목적을 위해 당파와 계파系이을계. 派물갈래파.를 만들고 선비정신을 앞세우고 자신들의 권력을 위해 모의를 했던 것이다.

정권을 자신들 당파에서 움켜쥐기 위해 상대를 제압하려고 중상모략中가운데중. 上위상. 謀꾀할모. 略다스릴략.을 일삼았다.

그리고 이 무리들이 정치권력을 장악한 것이다.

정권을 잡은 후에는 상대 파와 그 가족들과 그 가족들의 가까운 혈육까지도 다 죽이는 피도 눈물도 없는 골육상전骨뼈골. 肉고기육. 相서로상. 戰싸울전.을 벌였던 것이다.

그 당시 잘못된 정치적인 돈과 권력은 선비정신이라는 이름으로 거래 했던 것이다.

권력과 돈은 동반자이다.

21세기 지금도 올바르지 못한 일부 정치인들의 권력욕심 때문에 검은돈이지배하는 세상으로 변해가고 있다.

부정한 돈은 올바른 정신을 마귀로 만든다.

권력욕심의 검은돈은 수많은 국민들을 고통에 빠지게 하는 것이다.

올바른 정신이 필요한 때이다.

일부 정치인들의 헛된 권력욕심으로 검은돈이 지배하는 세상으로 변해가고 있다.

사람이 살기 위해 돈을 따라가는 심리는 변할 수 없다고 하자.

우리가 사는 세상은 돈이 없으면 살 수 없는 세상이다.

활발한 경제는 사업이 잘 돼야 돈이 돌아가고 경제가 살아난다.

우리 국민들이 다 함께 살기 위한 사회를 만들기 위해 써야 하는 돈이라면 국민들이 내는 피 같은 세금을 어디에 사용하는지에 대한 목적과 내용을 자세하고 명확하게 밝혀야 하는 것이다.

국민들이 내는 피 같은 세금을 어디에 사용하는지를 알아야 세금을 내는 국민들도 이해하고 인정할 것이며 자신이 낸 세금에 대해 자부심도 느낄 것이다.

고아와 과부에게 도움을 준다든지 또는 결식아동과 결손가정과 경제적으로 힘든 국민들을 구제하는 등의 내용이 족집게 방식이어야 한다.

그래야 세금을 낭비하지 못할 것이다.

명확하게 족집게로 집어내는 도움을 줄 때 세금을 내는 국민들과 돈을 많이 벌어서 기부금을 내는 부자들이 더 많이 참여할 것이다.

부자들이 가담하는 이유는 보람을 느끼기 때문이다.

세상은 공짜가 없는 것이다.

부자들도 수많은 고통을 겪으면서 부자가 되었기 때문이다.

그렇기 때문에 사람이 살아가는 생활에서 일어나는 많은 일들은 그 목적에 따른 정신이 들어있는 것이다.

부자도 어려운 사람들을 도와주고 보람을 느끼는 정신이 들어있는 것이다.

수확하는 재물을 어디에 쓸 것이지를 생각하는 **기업가정신**企꾀할기. 業업업. 家집가. 精쓿은쌀정. 神귀신신.이나/ 어려운 이웃과 함께하려는 **분배정신**이나/ 국민이 다 함께 행복하기 위한 **시대정신**이나 부자도 올바르게 재물을 사용하려는 정신이 살아있는 것이다.

그러므로 국민들도 부자들을 존경할 줄 알아야 한다.

정의로운 사회가 되려면 서로 간에 정직한 정신으로 주장과 감정과 의견을 나눌 때 우리는 하나의 정신으로 단결할 수 있는 것이다.

우리 국민들이 하나로 뭉칠 수 있는 정신은 부자와 가난한 사람들이 서로를 인정하고 신뢰할 수 있는 **사회정신**에 있는 것이다.

3. 습관

습관이란?

오랫동안 편안한 생활이 무의식적으로 버릇이 된 생활을 말한다.

그리고 어떤 환경에서든지 개인이나 가족 및 단체들이 생활하는 과정에서 자연스럽게 발생하는 편안한 활동이다.

이리저리 버릇이 된 생활은 누구든지 좋은 말과 좋은 행동을 반복해서 하다 보면 좋은 습관짧익힐습. 慣버릇관.이 저절로 만들어진다.

저절로 따라 하는 습관은 우리가 조상들이 입던 의복이나 먹는 음식과 주택 모양 등을 같이 공유하는 것을 보면 알 수 있다.

좋은 말과 좋은 행동을 반복적으로 되풀이하는 사람의 습관은 태어나서 처음 엄마로부터 교육되는 것이다.

예를 들어 아이가 어디든 불편하면 칭얼대는데 이때 엄마는 아이에게 습관적으로 젖을 물리는 엄마의 반복적인 행동에 의해 아기는 생명을 유지維바유. 持가질지.하며 살아가는 것을 볼 수 있다.

아기엄마는 아이가 칭얼거리면 젖부터 물이는 습관이 엄마자신도 모르게 무의식적으로 반복하는 엄마의 습관인 것이다.

이와 같이 엄마를 의지해야 살 수 있는 아이에게 엄마가 젖을 잘 먹이지 않는다면 아이는 생명을 유지할 수 없을 것이다.

칭얼거리는 아이에게 젖부터 물리는 아이엄마들의 습관은 이 세상 아이를 키우는 엄마라면 하나같이 공통된 습관들일 것이다.

습관이란? 이렇게 무의식적으로 자신도 모르는 행동이다.

무의식적으로 자신도 모르게 행동하는 엄마의 습관은 아기에게 감각적 느낌으로 자연스럽게 아기의 성격도 만들어지게 된다.

엄마의 습관이 아기의 성격에 영향을 미치는 것이다.

아기의 순한 성격도, 급하고 난폭한 성격도, 엄마가 무의식적으로 말하고 행동하는 습관에 따라 만들어지는 것이다.

우리가 잘 알듯이 말 못 하는 아기가 배고프거나 어딘가 불편하면 울기도 하고 허공에 발길질도하고 몸을 뒤틀고 몸부림을 치고 얼마나 불편한지 온갖 몸부림으로 괴로움을 견디고 있겠는가?

배고픔을 견디지 못하는 아기에게 종종 엄마가 젖을 주지 못한다면 말 못 하는 아기는 배고픈 고통으로 짜증 내는 포악하고 거친 성격이 저절로 습관이 될 것이다.

이런 아이는 성인이 되어도 배고 품을 참지 못한다.

아이가 커서 성인이 되었을 때 배고픔을 참지 못하면 난폭한 행동으로 남의 것을 빼앗아 먹는 행동을 자신도 모르게 하는 것이다.

이런 논리는 선배들이 살고 간 심리학적 학문의 이론이다.

폭식을 하는 사람은 아기였을 때 엄마의 젖을 제시간에 맞추어 제대로 받아먹지 못한 사람들이 대부분이다.

그러나 열악한 환경에서도 엄마가 많은 신경을 써서 아이를 잘 보살폈다면 아기는 안정된 마음으로 잘 자랐을 것이다.

엄마의 안정된 마음으로 자란 아이는 엄마의 따뜻한 품성과 포근한 느낌을 받아 아이도 순하고 말을 잘 듣는 좋은 성격이 형성되었을 것이다.

그러나 아이엄마가 집안의 가장 역할을 해야 하는 환경이라면 아기에게 신경을 잘 쓰지 못하게 되고 아기도 까칠한 성격으로 자랐을 것이다.

아기의 보호자인 엄마가 아기를 잘 보살피지 못하는 어려운 상황이 반복反되돌릴반. 復돌아올복.된다면 이 아기는 어떤 생각을 할까?

우리 사회에서 종종 일어나는 폭력사건이나 강도사건이나 살인사건이나 경제사범사건을 저지르는 사람들은 하나같이 열악한 가정환경에서 부모들의 보살핌을 받지 못하고 자란 사람들이 대부분이라는 것을 우리는 명심해야 한다.

이런 미지의 사건들은 결손가정에서 자라난 사람들이 많다는 학설이다.

가정환경이 중요한 것이다.

열악한 가정에서 자라는 아기는 어디가 불편하거나 배고플 때는 불안한 마음의 심리가 자동으로 형성形모양형. 成성품성.되기 때문이다.

사람은 아기든 어른이든 세끼를 먹어야 사는 것이다.

때가 되면 배고픔을 참아야 하는 아이는 엄마가 젖을 줄때까지 하염없이 울기도 하고 배고 품을 견디기 위해 온갖 생각과 궁리를 다 했을 것이다.

사람이든 짐승이든 양식은 목숨인 것이다.

옛말에 사람이 삼일을 굶으면 못 할일이 없다고 했던 말은 살기위해서는 남의 것이라도 빼앗든지 훔치든지 먹어야 살수 있다는 말일 것이다.

우리나라를 살기 좋은 사회로 만들기 위해서는 우선 나라에서 할 일은 우리 아이들이 자라는 환경을 가정에게만 책임지우는 정책에서 나라에서 공동으로 책임지는 환경으로 전환하는 정책을 만드는 것이 중요할 것이다.

한 예로 열악한 가정에서 자라는 이이들은 국가가 어느 정도 책임을 담당하는 정책을 펴야 한다는 것이다.

우리 인간은 심리학적 작용과 생물학적 작용으로 생명을 유지하기 때문이다.

이 지구상에 사는 모든 생명체는 양식이 없다면 생존할 수 없다.

배고픔을 느끼며 불안한 고통을 받는 환경에서 자라는 아이들은 생존을 위해 난폭하고 까칠한 성질과 분노와 불만이 가득 찬 성격이 만들어질 것이다.

불만이 가득 찬 아기의 성격은 나쁜 습관으로 성장할 것이다.

그러나 부부가 화목하고 원활한 좋은 가정환경에서 자라는 아기는 부모들의 생활 습관을 느끼면서 성격도 온순하고 잘 웃는 표정을 자주한다.

성격이 온순하고 잘 웃는 아기는 잠도 오래도록 숙면을 하는 것이 특징이며 이런 아기는 있는지 없는지 조용하다.

부모들의 화목한 생활습관을 느끼면서 자라는 아이는 스스로 부모의 화목한 가정환경을 감각하고 느끼면서 생각하는 믿음이 습관이 되는 것이다.

그래서 아기에게 엄마의 따뜻한 성품과 언행과 좋은 가정환경을 아이 스스로 감각하고 느낄 수 있도록 도와주는 것이 엄마의 역할이다.

엄마의 역할 속에서 잘 웃고 즐겁게 잘 크는 아기는 상대를 인정하는 긍정적인 좋은 습관과 좋은 성격으로 자랄 것이다.

좋은 습관과 좋은 성격으로 자라게 하는 아기엄마들은 나라의 일꾼을 키워내는데 선생님 역할을 담당擔멜담. 當당할당.하고 있다.

이렇게 훌륭한 아기엄마들의 습관교육은 교육기관에서는 담당할 수 없는 것이다.

화목한 가정에서 자라는 아기는 부모의 생활로부터 교육되고 좋은 습관은 좋은 사회를 만드는 것이다.

습관이란 보이지 않는 힘을 가지고 있다.

일찍 일어나는 습관!

책을 보는 습관!

운동 하는 습관!

이런 습관들은 대부분 좋은 습관을 갖은 부모로부터 교육되는 것이다.

아이들의 선생은 부모이기 때문이다.

아이들은 보고 듣는 대로 배운다.

어려서부터 아빠가 학문學배울학. 問물을문.하는 모습과 습관을 보고 자란 아이가 공부도 잘하고 지혜가 많아서 나라에 훌륭한 사람이 되는 것이다.

아이의 습관도 부모님이 책을 보는 습관을 기초로 하여 발전한다.

그래서 혹자들은 말한다.

저 집안은 교육자집안이다.

저 집안은 의사집안이다.

저 집안은 법관 집안이다.

저 집안은 사업가 집안이다.

이런 현상을 그 집안이 대대로 이어오는 습관의 내력이라고 말을 하는 것이다.

습관은 그 집안의 전통인 것이다.

70년 전까지만 하더라도 시골동네에 할아버지와 아빠와 손자 손녀가 함께 책 읽는 소리가 들리는 집들이 종종 있었다.

공부하는 습관은 학문을 통해서 자기가 하려는 꿈도 이룰 수 있다.

그러나 습관이란 하루아침에 만들어지는 것이 아니다.

아버지 할아버지 그 위 조상들이 집안 대대로 이어오는 습관들이 지금 중요한 역할을 한다는 것을 우리는 알아야 할 것이다.

나라의 일꾼과 집안의 성공을 위해 기성세대들의 각 가정에서 자식들에게 어떤 좋은 습관을 보여주어야 할지 고민해야 한다.

BC 600~300년경 지금부터 약 2600년 전 우리 이웃인 고대 중국 사람들의 생활 속에서 자식에게 좋은 습관을 만들어주기 위해 노력한 흔적들을 많이 볼 수 있다.

그중 맹모삼천지교孟맏맹. 母어미모. 三석삼. 遷옮을천. 之갈지. 敎가르칠교.라는 말이 있다.

이 말의 유래는 중국의 대학자인 맹자어머니가 자식맹자를 키우면서 자식을 훌륭한 사람으로 키우기 위해 맹자에게 공부하는 습관을 만들어 주려고 세 번 집을 옮겨가며 살았던 맹자어머니의 역사이다.

맹자는 BC 371~289년까지 82년을 살다간 중국의 대학자이다.

맹자는 지혜와 덕이 많은 공자선생이 세상을 떠난 지 108년 후에 태어난 인물이다.

당시 맹자어머니는 경제적으로 힘들고 빈곤해서 가정살림이 그다지 넉넉하지 못하게 살았었나 보다.

그래서 맹자를 데리고 동네에서 많이 외떨어진 공동묘지 옆으로 이사를 했다.

거기서 맹자가 매일 보는 것은 사람이 죽으면 장사지내는 것을 보며 살았다.

어린 맹자는 매일 행여 나가는 소리를 했고 사람을 매장埋묻을매. 葬장사지낼장.하는 흉내를 내며 놀았다고 한다.

이런 모습을 본 맹자어머니는 맹자가 자라면서 상여 나갈 때 하는 소리 와 장사葬장사지낼장. 事일사. 지내는 습관쩝익힐습. 慣버릇관.을 배우는 것이 걱정되었다.

그래서 맹자를 위해 사람들이 많이 사는 시장근처로 이사를 했다.

여기서는 맹자가 매일 장사하는 놀이를 하면서 노는 것이 아닌가?

맹자어머니는 고민이 많았다.

그래서 이번에는 맹자를 위해 글공부하는 서당 옆으로 이사를 했다.

그랬더니 맹자는 글을 읽고 글을 쓰는 흉내를 하며 공부하는 놀이를 하면서 자라는 것이 아닌가?

비로소 맹자어머니는 마음을 놓았다.

맹자는 매일같이 글을 읽고 글을 쓰며 살았다.

당시 맹자의 어머니는 사람의 습관이 매우 중요하다는 것을 이미 알고 있는 사람이었기에 자식의 미래를 생각했던 것이다.

그리고 먼 훗날 맹자는 나라에서 대학자가 되었다.

맹자가 이렇게 훌륭한 대학자가 될 수 있었던 것은 맹자의 어머니가 맹자에게 공부하는 습관을 스스로 깨닫게 가르쳤기 때문이다.

스스로 깨닫게 하는 습관은 이렇게 보이지 않는 강한 힘을 가지고 있는 것이다.

습관을 중요하게 생각하고 가르쳐 훈계했던 역사는 지금부터 약 2300년 전에 맹자의 어머니가 자식에게 심어준 습관의 역사이다.

그리고 우리나라 역사에서는 신사임당을 꼽을 수 있다.

신사임당은 우리나라 대학자 율곡이이의 어머니이다.

그는 지금부터 약 600년 전인 15세기 조선시대에 살았던 우리의 어머니이다.

그는 자식 율곡이이를 훌륭한 사람으로 키우기 위해 노력했던 인물이다.

그리고 그는 맹자와 공자와 그 제자들의 언행을 기록한 논어를 공부한 사람이다.

신사임당은 맹자선생의 성장과정을 잘 알고 있는 사람이었다.

심사인당은 자식 율곡 이이에게 책 읽는 습관을 가르치고 훈계해야 한다는 것도 잘 알고 있는 어머니이었다.

훌륭한 율곡선생은 1536~1584년까지 살면서 조선의 대학자로 이름을 남겼다.

율곡선생의 학문은 당시 14대 조선의 왕인 선조임금의 사랑과 존경을 받았던 인물이다.

그리고 율곡선생이 후대에게 교육하는 가르침은 자연의 이치가 변해가는 것은 누가 시켜서 변하는 것이 아니라는 것을 가르쳤다.

사람은 때가 되면 저절로 변해간다는 자연의 이치를 깨닫고 우리가 살아가는 세상도 때가 되면 변하고 따라서 우리 사람도 자연의 일부이기에 아이가 늙은이로 변해가듯이 사람도 변한다는 자연의 원리와 순리를 가르쳤다.

율곡선생은 대학자로 죽는 날까지 어머니가 가르쳐준 학문하는 습관이 몸에 배어 하루도 책을 손에서 놓는 날이 없었다고 한다.

이런 좋은 습관을 어머니가 자식에게 습득하게 함으로써 나라에서 필요로 하는 큰 인물을 길러낸 훌륭한 어머니의 역사이다.

하지만 세상을 살아가면서 거짓말을 하는 습관을 방치함으로써 나쁜 일을 겪는 사람도 종종 있는 것을 알 수 있다.

거짓말의 시작은 대부분 또래 친구들을 놀리려고 장난으로 시작한다.

그러나 이렇게 재미난 장난으로 시작한 거짓말이 큰일을 저지르는 동화이야기도 있지 않은가?

양치기 소년의 거짓말이야기를 모르는 사람들은 없을 것이다.

양치는 소년이 동네사람들을 놀리려고 거짓말을 하는 이야기다.

늑대가 나타났다는 거짓말을 동네사람들은 1~3번까지는 속았지만 4번째는 속으러하지 않았다.

그러나 4번째는 거짓말이 아니었다.

그렇지만 동네사람들은 거짓말로 믿었던 것이다.

그래서 다음 일은 어떻게 되었는가?

늑대는 양들을 물어갔고 양치기 소년은 동네사람들의 도움을 받지 못해 혼자 발만동동 구르면서 양들을 늑대에게 빼앗긴 이야기다.

이렇게 거짓말하는 습관은 나는 물론이고 우리가 사는 사회를 험악한 곤경에 빠트리게 할 수 있는 것이다.

근묵자흑近가까울근. 墨먹묵. 者놈자. 黑검을흑.이란 고사성어가 있다.

이 말의 뜻은 먹을 가까이하면 검어진다는 뜻으로 나쁜 사람을 가까이하면 옆에 있는 사람도 나쁘게 물든다는 뜻을 담고 있다.

따라서 나쁜 사람들과 어울리다 보면 나쁜 말과 나쁜 행동을 반복하게 될 것이다.

나쁜 말과 행동이 습관이 된다는 것이다.

그리고 훌륭한 스승을 만나면 스승의 언행과 행실을 배움으로서 자연히 스승님의 좋은 습관을 배운다는 뜻이 담긴 고사 성어이다.

우리가 사는 세상은 태양주위를 돌고 있는 지구와 함께 달을 비롯하여 셀 수 없는 수많은 별들이 천지天하늘천. 地땅지.를 이루고 하나의 방송망처럼 네트워크network로 연결되어있다.

그리고 이지구상에는 수백억, 수천억, 수 만억의 셀 수 없는 생명들과 함께 80억에 가까운 인간이 더불어 생존하고 있다.

또한 지구에 살고 있는 사람들은 날마다 다양한 문학형태의 장르genre와 다양한 정보의 콘텐츠contents로 음양陰응달음. 陽볕양.의 조화를 이루고 살아가고 있다.

그리고 태양에서 발광하는 수만 억 볼트bolt의 가시광선과 자외선과 적외선의 파장에 순서의 배열 속에서 스펙트럼spectrum을 뿜어내며 가시광선可옳을가. 視볼시. 光빛광. 線줄선.의 존재를 과시하며 살아가고 있는 것이다.

그리고 지구에 살고 있는 다양한 동, 식물들의 습관들과 우리 인간과의 습관은 또 어떤 관계로 연결되어 있는 것일까?

인간의 습관 속에는 또 어떤 인간존재의 공통적 관계에 따른 커넥션connection의 의미가 담겨져 있는 것일까?

인간은 원시시대를 거쳐 고대시대와 봉건주의 시대를 거치면서 현대시대를 넘어 4차 5차원 시대를 살고 있다.

따라서 로봇과 인공지능의 시대를 넘나들며 달나라로 대중여행을 떠날 시간도 얼마 남지 않았다.

그러나 이 세상을 움직일 수 있는 것은 인간의 습관에 달려있다.

지구에서 인간들이 사라지지 않는 한 인간들의 좋은 습관에서 세상의 존재가치가 만들어진다는 것을 잊어서는 안 될 것이다.

4. 고집

고집이란?

어떤 사물에 대한 현상의 관계에서 자신이 생각하는 심리작용에 따라 자기주장主주인주. 張베풀장. 만강하게 요구하는 마음이다.

자기주장을 굽히지 않고 말하는 언행과 행동을 뜻한다.

이런 고집의 원인原근원원. 因인할인.은 세상에 태어나서 엄마로부터 처음 영향을 받으며 교육되는 것이다.

아이가 젖을 뗄 때가 되면서 엄마가 젖을 때려고 이유식離때어놓을이. 위젖유. 食밥식.을 먹여야 한다면 아기의 관심을 이유식으로 돌려야 할 것이다.

그리고 젖을 떼기 위해 젖이 나오지 않는 가짜 젖꼭지를 물린다든지 아니면 쓴 옥도정기를 젖꼭지에 발라 아이에게 물린다면 아이는 어떤 행동을 하겠는가?

아기에 따라 다르겠지만 어떤 아기는 머리를 둘레둘레 돌리며 거부하지만 또 다른 아기는 울면서 땡깡을 부리는 아기도 있을 것이다.

그러나 이유식離때어놓을이. 위젖유. 食밥식.을 순순히 받아먹는 아기도 있을 것이다.

이렇게 아기는 자라는 과정과 환경環고리환. 境지경경.에 따라 자기주장의 높낮이가 형성되는 것이다.

머리를 둘레둘레 돌리며 거부하거나 울면서 땡깡을 부리는 아기에게 이유식을 먹이기 위해 엄마의 역할이 중요한 것이다.

아이가 땡깡을 부리거나 순순히 받아먹거나 하는 과정을 거치면서 아이의 성격性品성성. 格바로잡을격.과 고집이 형성된다.

아이의 심리적 현상은 음식을 빨리 먹어야 할지 천천히 먹어도 될지 아이의 판단에 의해 성격에 영향을 줄 것이다.

그리고 아이가 편한 마음으로 엄마 젖을 받아먹고 자라는 아이라면 이 아이는 자기만 주장하는 고집은 없을 것이다.

그러나 불안不아니불. 安편한안안.한 마음으로 엄마 젖을 받아먹으며 자라는 아이라면 자기주장과 고집이 많을 것이다.

아기가 먹는 양식은 아기의 성격형성에 중요한 역할을 한다.

아이가 편하게 자랄 수 있는 환경을 만들어주는 엄마들의 역할役부릴역. 割나눌할.에 따라 우리 사회를 좋은 사회로 발전시킬 수 있다.

나라의 미래를 위해 아기엄마들의 역할役부릴역. 割나눌할.이 중요한 것이다.

자기주장만 강하게 형성되는 옹고집은 우리가 함께 사는 사회에 적지 않은 인간관계의 문제를 발생發쏠발. 生날생.시키고 있다.

고집이 강한사람은 자기의 독재적獨홀로독. 裁마를재. 的과녁적.생각이 다수多많을다. 數셀수.사람 의견과 충돌하고 있다는 것을 알지 못한다.

다수 의견意뜻의. 見볼견.을 중요하게 생각하는 마음이 단절되어 스스로 자기주장만 강하다는 것을 깨닫지 못한다면 방법이 없는 것이다.

사람의 성격은 우리가 함께 살아가는 사회에서 중요한 역할을 한다.

자기주장만 강한 옹고집壅막을옹. 固굳을집. 執잡을집.은 어디에서 형성되는 것일까?

고집이란 불안한 마음에서 시작한다.

고집은 불안을 동반하기에 지독한 옹고집을 치료하려면 우선 불안의 원인이 어디에 있는지 그 문제를 알아내는 것이 옹고집을 치료할 수 있는 방법이라 할 것이다.

그러나 전문가들의 의견에 따르면 옹고집을 치료하는 과정이 매우 어렵고 힘들다는 것이다.

고집이 센 아이를 치료하려면 먼저 아이의 생각을 관찰하고 아이가 고집을 부리며 불안해하는 문제를 이해하는 방법方모방. 法법법.으로 감싸주는 것이 치료에 도움이 된다고 전문가들은 말한다.

강한 고집을 치료하는 방법은 심리적 접근 방법을 적용하기 때문에 아이를 설득하려는 것보다 아이의 생각을 이해하는 방법이 더 효과적이라는 것이다.

그러나 아이가 겪은 불안한 마음이 아이의 생존과 연결되는 상황을 경험한 이이라면 문제는 달라진다는 것이다.

불안한 마음이 자기생존과 연결되는 아이는 죽음竹대죽. 陰음달음.을 무릅쓰고 고집을 부려 자기를 방어하려 하기 때문이다.

흔한 일은 아니지만 이런 기막힌 옹고집은 아이가 자신의 성격이 형성形모양형. 性성품성.되기 전이나 후에라도 어떤 상황에서 아이가 막연하게 죽음까지 느끼는 압박壓누를압. 迫박칠박.에 의해서 옹고집이 형성되는 것이다.

요즘 사회적으로 문제가 생기는 어린이 집에서 일어나는 나쁜 환경을 생각하면 이해가 될 것이다.

문제가 많은 고집 병은 어린이집 CCTV가 없는 장소에서 일어나기 때문에 아이를 보육하는 교육자 외에는 아무도 알 수 없기 때문이다.

CCTV가 없는 장소에서 일어나는 일에 부모도 아이가 방어할 수 없는 끔찍한 환경에 있었다는 것을 인지하지 못하는 것이 문제이다.

그래서 이런 아이는 공포감을 느끼는 상황이 자기에게 닥치면 무조건 떼를 쓰고 고집固굳을고. 執잡을집.을 부리고 상대방의 행동보다 더 강한 행동을 취함으로써 자신에게 일어나는 무섭고 두려운 상황을 방어할 수 있다는 것을 배우는 것이다.

공포감을 느끼는 아이는 말릴 수 없는 지독한 황소고집固굳을고. 執잡을집.을 부린다.

우리가 이런 아이들의 상황들을 이해한다면 아이들이 생활하는 주위환경이 얼마나 중요한가를 명심해야 할 것이다.

무의식 속에서 일어나는 고집은 성격장애로 발전發쏠발. 展펼전.하기 때문이다.

이런 성격을 편집성 성격장애라고 한다.

편집성 성격장애는 상대를 의심하고 불신하는 심리작용을 말한다.

한마디로 상대를 믿지 못하는 것이다.

이러한 심리는 불안한 주위환경에 따라 초조한 마음에서 갈등하는 감정이다.

지독한 황소고집을 가진 성격장애는 쉽게 흥분하고 긴장함으로써 유머감각이 없는 것이 특징이다.

상대가 농담을 걸어와도 수용하지 못하고 상대의 말에 대해 자신의 추리로 생각하고 맞는지 틀렸는지 스스로 결정한다.

한마디로 의심이 많다는 것이다.

그래서 상대가 웃는 말처럼 농담哄히롱할농. 談말씀담.해도 의심을 하는 것이다.

자기방어를 위해 상대보다 더 강한 말과 폭언과 폭력의 자세를 취하고 상대를 고집으로 제압하려고 하는 것이다.

이런 병적인 황소고집이 심한 사람은 남보다 더 강한 힘에 집착하는 경우가 많아서 폭력영화와 범죄영화 같은 힘을 과시하는 것에 흥미가 많다.

그래서 권력자들의 행동에 관심이 많다.

조직폭력 영화같이 힘을 과시하는 권력을 잡으면 독선獨홀로독. 善착할선.적 무소불위의 권력을 휘두른다는 것이다.

이런 현상은 아이가 자라면서 폭력에 시달린 아이는 성인이 되어도 폭력을 아무렇지 않게 자행한다는 것이다.

심한 사람은 즐기기까지 한다고 한다.

요즘 우리 사회에서 가끔 일어나고 있는 성격장애자들의 범죄는 사람으로서 짐작할 수 없는 사건들이 미디어 콘텐츠media contents를 통해 전달되고 있다.

성격장애자들이 많은 사회 환경 속에서 자라는 꿈나무들마저 옹고집을 부리는 가정이 많아진다면 우리가 사는 사회는 경천동지驚놀랄겨. 天하늘천. 動움직일동. 地땅지.할 일들이 일어날 수 있는 것이다.

옛말에 가랑비에 옷 젖는다는 말이 있다.

쏟아지는 소낙비보다 가랑비가 더 몸속 깊이 젖게 한다는 말이다.

생각해보면 조금씩 스며들어 자신自스스로자. 信믿을신.도 모른다는 말일 것이다.

우리 사회에 경고를 주는 말이기도 하다.

독일의 아돌프 히틀러는 독일인은 게르만민족으로서 다른 민족보다 우월한 민족民백성민. 族겨레족.이라며 유대인을 멸시하는 인물이었다.

그래서 히틀러는 지배체제의 나치즘을 내세워 독일민족이 세계 제일이라고 인종우월주의를 내세우며 국민들을 선동했다.

히틀러는 독일의 정치가政정사정. 治다스릴치. 家집가.로서 독일의 수상이 된 사람이다.

그러나 히틀러는 어렸을 때 아버지의 무서운 폭력暴사나울폭. 力힘력.에 많이 시달렸다고 한다.

그래서 항상 주변을 의심하는 불신증인 편집성성격장애에 시달렸던 히틀러는 아버지의 무서운 폭력의 영향을 받았던 것이다.

제2차 세계대전인 1939.9.1.~1945.9.2 중에 아돌프 히틀러는 아무 감정 없이 단지 인종이 다르다는 이유로 유태인 600만 명을 가스실에 몰아넣고 학살虐사나울학. 殺죽일살.한 악마 같은 사람이다.

그리고 히틀러는 학살한 증거를 없애기 위해 시신에 기름을 뿌리고 태우는 증거유기까지 저지른 짐승 같은 인간이다.

히틀러는 어렸을 때 아버지의 폭력暴사나울폭. 力힘력.에서 무슨 생각을 하며 자랐을까?

아버지에게 폭력을 당하면서 불안하고 두렵고 무서운 공포감으로 아버지를 증오하며 자랐을 것이다.

히틀러는 아버지는 물론이고 그 누구고 의심하는 강한고집이 가랑비에 옷 젖는 현상처럼 소리 없이 마음속에 폭력이 숨어있었던 것이다.

어렸을 때 아버지의 폭력으로 생긴 성격장애를 가진 히틀러는 어린 시절을 보내면서 아버지의 무서운 폭력에 시달렸던 것이다.

의심이 많은 성격장애를 가진 사람은 상대의 말은 경청하지만 인정하는 심리가 단절된 감정感느낄감. 情뜻정.을 지니고 있다.

어렸을 때 아버지의 폭력에 공포감을 느끼며 자란 히틀러는 독일 수상 권력을 잡은 후에 상대와 타협하거나 상대 의견을 받아들이지 않고 상대를 무시하고 자기주장만 강조하는 강한 고집을 부리는 일이 많았다.

상대와 타협하거나 상대의견을 받아들이지 않는 성격장애 고집은 어두웠던 불안한 감정을 동반하는 심리가 항상 작용하기 때문이다.

그리고 히틀러는 막강한 힘을 가진 우월감으로 권력의 힘을 즐겼던 것이다.

상대방이 하는 말을 의심부터 하는 습관慣익힐습. 慣버릇관.이 많은 것이다.

폭력에 시달리며 무섭고 두려웠던 자신을 보호하기 위해 히틀러는 상대를 믿지 못하고 자기만 믿고 자기생각대로 행동했던 것이다.

독재인 것이다.

우리나라 역사에서도 이러한 편집성 성격장애를 가진 인물들이 많이 있었다.

당시 우리한반도는 고려시대에서 조선시대로 국호가 바뀌는 과정에서 나라의 상황은 매우 어수선하고 혼란했던 시대에 일어난 일들이다.

그 시대時때시. 代대신할대.는 조선왕조 500년의 역사이다.

조선왕조 500년간 1393~1910년까지 이성계를 시작으로 이성계의 가족들이 대를 이어가며 왕의 권력勸권할권. 力힘력.을 차지했던 역사이다.

독재적 권력이란?

이렇게 힘으로 상대를 굴복시키고 상대가 말을 듣지 않으면 상대를 살해하며 힘을 과시한다.

한마디로 무법천지의 세상인 것이다.

독재적 권력은 합법적인 권력으로 위장한다.

정황과 상황이 이렇다 보니 왕은 자신이 가진 왕권을 지키기 위해 신하들과 권력을 놓고 거래하고 왕자를 옹호하는 세력과 권력을 놓고 서로 의심이 의심疑의심할의. 心마음심.을 낳는 심리적인 불안 속에서 사는 것이다.

왕자들은 서로 왕의 권력을 차지하기 위해 자신과 생각을 같이하는 신하들과 권력의 자리를 놓고 거래를 해야 하는 상황狀형상상. 況하물며황.이다.

1~27대까지의 왕들 중에 특히 많은 의심과 고집이 심했던 왕은 16대 임금이었던 인조 임금이다.

인조왕은 1623~1649년까지 26년간 왕의 자리를 지킨 사람이다.

그는 서인의 지지를 받았다.

그리고 서인은 선조임금을 만든 무리들이다.

봉건주의 조선시대의 정치세력은 정도전의 사림파와 고려시대에 뿌리를 둔 정몽주의 훈구파로 나뉘어 서로 권력을 장악하려는 관료들이었다.

여기서 사림파는 지금의 진보라고 말할 수 있다.

그리고 훈구파는 이성계가 조선왕조를 건국할 당시 이성계를 도왔던 보수파라고 이해하면 될 것이다.

이들의 정치뿌리는 선조 왕 8년경 서인을 시작으로 1557년 뜻을 같이하는 붕당정치朋벗붕. 黨무리당. 政정사정. 治다스릴치.를 시작한 정치조직이다.

그리고 이들은 실리 정치와 실리외교를 만들려는 15대 왕인 광해군을 몰아내고 16대 왕인 인조를 왕으로 세운 무리들이다.

그리고 뜻을 같이한 서인들은 권력을 잡는다.

그래서 지지파와 반대파를 견제해야 하는 인조임금으로서는 의심을 많이 하는 습관의 성격장애를 가지고 있었다.

왕의 자리를 지키려고 정신적으로 고통받는 의심을 많이 하는 편집성성격장애가 인조임금의 마음을 힘들게 했던 것이다.

자신을 따르는 신하들이나 자신을 따르지 않는 신하들의 말을 잘 경청하는 것 같으나 항상 의심하며 양편을 다 인정하지 못하는 성격장애를 가진 왕이었다.

그래서 인조임금은 부인인 황후도 의심했으니 말이다.

자식인 소연세자와 며느리마저 왕의 세습을 놓고 의심했다.

그래서 아들소연세자를 추종하는 관료官벼슬관. 僚동료료.들은 많이 죽어나갔다.

당시 시대는 인간의 심리를 학문으로 연구하지 못하던 시대였기에 인조임금의 성격장애에 대한 학설적 기록은 없지만 세월이 500년이 지난 역사에서 인조임금은 외 톨 이 편집성성격장애 였 을 가능성이 많다.

편집성성격장애는 외고집이고 상대를 불신하고 의심을 많이 하는 고질병이다.

이렇게 의심이 많은 편집성 성격장애를 가진 강한 고집은 사람을 죽이면서 인간적인 감정이 단절된 성격의 소유자所바소. 有있을유. 者놈자.가 많다.

지나치게 강한고집은 성격장애 환자인 것이다.

이런 학문學배울학. 文글월문.의 근거에 따라서 21세기 우리가 살고 있는 사회에서도 다양한 성격장애를 가진 사람들이 많은 것을 종종 볼 수 있다.

우리가 살고 있는 사회가 사람들의 마음을 혼동시키고 있기 때문이다.

우리 자식들이 자라는 환경이 얼마나 중요한지를 우리 세대는 생각해야 한다.

아이들이 꿈을 키우는 유아원에서 아이들을 학대하는 일들이 발생한다면 우리가 살아가는 사회는 미래가 없는 것이다.

따라서 아이들이 자라는 어린이집에서 일어나고 있는 어린이 학대로 인해 고집이 센 아이들을 만드는 교사들의 잘못된 교육은 없어져야 할 것이다.

우리 아이들이 격고 있는 편집성성격장애로 인해 사이코패스인 반사회적-성격장애와/ 의존성-성격 장애와/ 틱-장애와 /회피형 인간이 많아지는 사회가 된다면 우리가 사는 미래는 희망이 없는 것이다.

자기주장만 고집하는 아이들이 많은 세상은 우리 사회를 병들게 한다.

나라의 희망은 정직한 아이들이다.

5. 불안

불안이란?

마음에 편안함을 느끼지 못하고 마음이 조마조마한 심리작용을 말한다.

마음이 조마조마한 것은 자신이 생각하는 어떤 문제에 대해 안전하다고 생각하지 못하는 마음에서 시작한다.

불안不아니불. 安편안한안.한 마음은 아기가 엄마를 통해 알아간다.

아기는 엄마가 하는 말과 행동行갈행. 動움직일동.을 교감하면서 아기 스스로 느끼는 감정心마음심. 理다스릴리.에 따라 감각으로 배우는 것이다.

환경적 요인으로 엄마가 불안한 상황에서 아이를 키운다면 아기에게 불안한 마음이 전달되는 것이다.

엄마의 마음이 불안하면 아이는 정서적으로 불안한 마음으로 자란다.

아기를 돌보는 엄마의 움직이는 심리는 아이와 연결되어 있기 때문이다.

그래서 아빠는 아기엄마가 안정적인 가정생활을 할 수 있도록 경제적이나 정서적인 생활文글월문. 化될화. 生날생. 活활활.을 안정시킬 책임이 있는 것이다.

힘든 가정생활은 아기엄마에게 불안하고 초조한 마음을 만들기 때문이다.

초조한 마음은 불안을 일으킨다.

아빠는 생활경제와 집안환경을 안정시킴으로써 엄마의 보호 아래 성장하는 아기는 엄마와 교감하는 과정에서 안전을 느끼는 것이다.

예민하고 민감한 아이는 엄마의 행동에 따라 행복한 표정表겉표. 情뜻정.과 불안한 표정을 번갈아 짓는다.

아이엄마가 불안不아니불. 安편안한안.하고 안절부절 한다면 아기도 엄마와 교감交사귈교. 感느낄감.을 통해 엄마의 불안한 마음을 알고 있는 것이다.

아빠는 아기가 어려서 엄마의 불안한 마음을 모른다고 착각錯썩을착. 覺깨달을각.할 수 있으나 아기는 엄마의 목소리와 손길에서 느끼는 것이다.

엄마의 불안한 마음을 알고 있는 아기의 마음은 늘 교감하는 엄마의 심리와 항상 교류交사귈교. 流흐를류.하고 있다는 것을 알아야 한다.

아기의 마음은 늘 교류하는 엄마의 환경적 상황이 아이가 태어나기 전 태교 10개월간 엄마와 함께 지내면서 형성되고 있다.

이렇게 아기는 엄마의 환경적 요인과 교감하는 관계關빗장관 係걸릴계.에서 엄마의 상황을 감각으로 아는 것이다.

늘 교감하는 엄마의 불안한 마음을 아기도 불안해하는 것은 엄마가 겪는 불안한 상황들을 아기도 겪고 있다는 뜻이다.

엄마로부터 불안을 느낀 만큼 아기도 불안한 것이다.

엄마의 불안한 심리현상은 아기의 생각과 연결되어있기에 엄마의 감정에서 작용하는 슬픔과 기쁨 그리고 불안과 초조 등 엄마의 마음이 갈등하는 심리 상태를 아기도 똑같이 느낀다는 것을 알 수 있다.

아기는 엄마의 행복함과 불행한 일 등이 교차交사귈교. 叉깍지낄차.하는 감정 사이를 오가는 엄마 기분에 따라 아기의 마음도 움직이는 것이다.

사람은 느끼는 감정에 따라 즐거움과 괴로움 등 감각하는 다양하고 복잡한 피드백을 주고받는 유기체동물이다.

가정환경이 나빠서 불안한 가정요인이 반복된다면 아기엄마는 초조하고 불안한 마음에 시달려 공항장애 등과 같은 병이 발생할 수 있다.

이런 원리原근원원. 理다스릴리.에 따른 생활환경을 생각해 볼 때 우리 아기들이 성장하는 환경이 정말 중요한 것이다.

나라의 희망인 아이들에게 불안이 조성되는 문제는 나라에서 책임을 통감해야 할 사회의 문제라 할 것이다.

우리 사회가 아이들을 잘 길러낼 수 있는 좋은 환경을 만들 수 있도록 우리는 다 함께 고민苦쓸고. 悶번민할민.해야 하는 것이다.

우리 꿈나무들을 생각하면 아이를 키우는 엄마들이 행복하게 살 수 있는 사회적 환경環고리환. 境지경경.과 시스템system을 만들어야 한다.

엄마들의 행복한 감정感느낄감. 情뜻정.을 아기들이 배우기 때문이다.

아기들에게 불안을 물려줄 수는 없다.

불안은 심리적 반응과 신체적 반응을 동반한다.

그래서 어떤 불안은 죽음의 공포를 느끼기도 한다.

불안을 겪는 사람들의 불안한 현상은 가상적인 불안한 심리가 환상幻변할환. 想생각할상.적인 현상을 일으켜 현실에서 공포恐두려울공. 怖두려워할포.를 느끼는 불안한 심리心마음심. 理다스릴리.의 병인 것이다.

괴로운 상상력은 사람을 더욱 불안하게 할 것이다.

불안은 나라의 경제와 개인 경제와도 연결되어있다.

불안은 우리가 살고 있는 사회의 환경에서 서로 믿지 못하는 불신에서 만들어지는 것을 우리는 깨달아야 한다.

그 예로 요즘 미디어 콘텐츠media, contents를 접하면서 종종 사회적으로 불행不아닌가부. 倖요행행.한 사건들이 발생하는 것을 볼 수 있다.

그 예를 든다면?

이 사건은 생활고에 시달리던 편모가장이 아이들의 미래를 생각하고 아이들의 미래가 없다고 생각한 끝에 초조하고 조마조마한 불안에 시달리다가 세상을 비관하며 자식과 함께 동반 자살한 사건이다.

불안은 사람을 죽이는 암이다.

그리고 사업에 실패한 한 가족의 가장이 희망적인 미래가 보이지 않자 가족들을 차에 동승시켜 한적한 저수지에서 세상을 비관悲슬플비. 觀볼관.하며 가족들과 동반 자살을 하는 사건이다.

이 사건 역시 희망적인 미래가 안 보이자 불안에 시달리며 발생한 사건이다.

불안은 사람의 마음을 병들게 한다.

우리가 더욱 안타깝게 생각하는 것은 유치원 아이가 아무것도 모른 체 세상을 비관하는 부모의 불안에 의해 죽어야 한다는 것이다.

얼마나 안타까운 일인가?

불안한 사건들을 보면서 우리는 불안이란 괴물을 경계해야 한다.

불안은 사람을 절망絕끈을절. 望버릴망.의 벼랑으로 몰아가기 때문이다.

불안한 마음이란?

사람들이 살아가는 사회가 안정되지 못하고 불안정할 때 만들어지는 마음을 괴롭히는 심리작용이다.

사람들은 세상을 살면서 생활이 불안하면 죽음을 선택할 수 있는 동물이다.

그래서 불안전한 사회는 생존할 수 없는 사회인 것이다.

불안은 사람을 죽음으로 몰고 가는 악마이기 때문이다.

우리는 생각해야 한다.

사람은 자연의 일부분이다.

그러기에 사람은 자연과 같이 자유로운 환경 속에서 자신이 살고 싶은 자유를 누리고 살기를 원하는 것이다.

그렇다면 지금 우리가 사는 사회는 사람답게 살만한 사회인가?

사람들은 왜 세상을 등지고 산으로 들어가는 것인가?

이들은 왜! 세상을 등지고 자연인이라는 좋은 슬로건slogan을 앞세우고 깊은 산으로 들어가는 것일까?

좋게 생각해서 산을 좋아하는 개성이 강한 사람이라고 생각할 수 있다.

그러나 반대로 생각生날생. 角뿔각.해보면 이들은 사회생활을 하는 과정過지날과. 程단위정.에서 함께 사는 것이 불안하게 느끼는 것인지 모른다.

그렇다고 산으로 들어가는 사람이 다 세상을 비관적인 생각生날생. 角뿔각.에서 산으로 들어간다고 보아서도 안 될 것이다.

진정 산이 좋아 산山뫼산.으로 들어가서 사는 사람도 있기 때문이다.

그러나 산으로 가는 사람들의 말에 따르면 우리가 사는 사회에서 하나같이 성공하고 잘 살았던 성공했던 사람들이 많다.

성공해서 잘 사는 과정에서 친한 지인들에게 사기를 당했거나 동업자同한가지동. 業업업. 者놈자.에게 온갖 이용을 당하고 전 재산財재물재. 産낳을

山.을 탕진한 사람들이 자연인들 중에서 70%를 차지하고 있다는 사실이다.

지인들에게 사기를 당했거나 동업자同한가지동. 業업업. 者놈자.에게 온갖 이용을 당하고 자연인이 되겠다고 간 사람들은 사회활동을 하면서 사는 것이 불안하고 초조해서 산으로 올라간다는 것이다.

세상살이가 싫다는 것이다.

세상 사람을 믿을 수 없다는 것이다.

한마디로 불안하다는 것이다.

이런 말들을 들을 때면 우리가 사는 사회는 한마디로 창피한 사회이다.

기가 막히고 어이가 없는 사회다.

어쩌다 우리나라 국민들의 인간관계가 서로 믿을 수 없는 사회가 되었는가?

어쩌다 국민들은 서로 믿지 못하는 불안이란 괴물怪귀이할괴. 物만물물.이 사람들을 아비규환阿언덕아. 鼻코비. 叫부르짖을규. 喚부를 환.으로 몰아가고 있는가?

우리가 사는 시대는 21세기를 살고 있다.

지금시대는 10세기의 무인들의 독재시대가 아니다.

그렇다고 15세기의 왕정봉건시대도 아니다.

무인시대武굳셀무. 人사람인. 時때시. 代큰대.에는 힘으로 사람을 죽여 가며 권력을 움켜잡으려고 목숨을 걸고 싸우면서 서로 죽이고 죽으며 살았던 시대였다.

그 당시 권력과 싸움을 싫어하고 평화를 사랑하는 사람들은 세상을 등지고 산으로 올라간 자연인들이 많았다.

또한 왕정시대에도 권력을 잡으려는 생각이 같은 무리들이 모여서 온갖 권모술수權저울추권. 謀꾀할모. 術꾀술. 數술수.를 동원하여 갖은 모략을 동원했다.

그리고 상대 파들을 서로 죽이고, 죽는 싸움을 했다.

그러나 이런 권력싸움에 어울리기 싫어하는 평화주의 사람들은 사회社토지의신사. 솔모일회.를 등지고 자연인이 된 사람들이 많았다.

당시 10세기부터 19세기 우리나라 백성들의 생활은 권력자權저울추권. 力힘력. 者놈자.들의 힘에 의해 사람답게 살지 못하는 시대였다.

사람답게 살지 못하게 권력자들이 부과하는 세금에 눌려서 대부분의 백성들은 대다수가 풀죽으로 생명을 유지하며 살았다.

권력자들이 권력을 잡기 위해 만들어 낸 많은 세금을 견디지 못한 대부분의 백성百일백백. 姓성성.들은 세상을 등지고 산으로 들어갔던 것이다.

많은 세금을 견디지 못하고 세상을 등지고 산으로 간 백성들은 대부분 불량한 화적이 되거나 화전민의 역사가 만들어지기도 했다.

그러나 21세기인 지금 우리나라는 경제대국이 되어 국민 한 사람당 소득이 30000불이라고 자랑하는 시대時때시. 代대신할대.가 되었다.

우리나라는 세계에서 경제적으로 11위에 해당하는 경제대국이란다.

그런데 왜! 사람들은 계속 산으로 들어가는 것일까?

우리는 고민해야 할 것이다.

불안은 상대를 믿지 못하는 성질을 가지고 있다.

불안은 상대를 헐뜯는 성질을 가지고 있다.

불안은 자신의 안전한 생활을 위해서 상대를 헐뜯고 해치려는 심리적 특성特수컷특. 性성품성. 을 가지고 있다.

따라서 불안은 사람들을 분열分나눌분. 剄벌일열.시키는 성질도 가지고
있다.

정치지도자들은 우리가 잘살자고, 우리가 행복하자고 국민들에
게 권력욕심在있을재. 物만물물. 慾욕심재. 心마음심.을 부리는 세상을 만드는 것
일까?

물론 잘살려면 권력은 물론이고 재물財재물재. 物만물물.이 많아야 한다
는 말도 틀린 말은 아닐 것이다.

그렇다고 돈이 많다고 해서 꼭 행복한 것은 아니다.

재물在있을재. 物만물물.이란 사람의 욕심에 따라 만들어진다.

그러나 돈이 생기면 돈을 어떤 곳에 어떻게 쓰는 것이 행복할까?
생각하는 것이 아니라!

어떻게 하면 돈을 잘 지키고 더 많은 돈을 모을까 하고 궁리하는
것이다.

이것이 돈을 생각하는 사람의 특징이다.

그러나 돈을 지키고 벌기 위해 불안도 발생한다는 것을 알아야
한다.

어쩌다 우리가 사는 세상이 돈만 쫓아가는 세상으로 변해가는 것
일까?

재물의 고질병은 또 누가 만드는 것일까?

이 고질병痼고질고. 疾병질. 病병병.을 누가 만든다고 해서 만들어지는 것
이 아니라 각자 스스로 만든다는 것을 깨달아야 할 것이다.

재물의 고질병痼고질고. 疾병질. 病병병.은 우리가 사는 세상을 돈과 권력
을 좋아하는 사람들의 화려한 모습에 유혹을 받기 때문이다.

불나방이 자신이 죽는 줄 모르고 불에 날아들 듯 말이다.

죽을 줄 모르고 불에 날아드는 불나방처럼 돈과 권력이 좋다는 모습을 보여줌으로써 국민들의 감정을 자극시키기 때문이다.

화려한 모습을 보면서 부러워하는 불나방들은 돈과 권력이 좋다는 달달한 유혹에 빠져 죽음의 블랙홀black-hole로 빨려 들어가는 것이다.

욕심이 가득 찬 돈과 권력의 유혹을 알 수 있는 것은 신문이나 미디어 의 매스컴mass communication을 통해 불나방의 화려한 모습들을 알 수 있다.

불나방 같은 욕심은 어떻게 하면 권력을 가진 사람들과 연결될 수 있을까?

어떻게 하면 국회의원을 할 수 있게 공천公공변할공. 薦천거할천.을 받을 수 있을까?

어떻게 하면 구의원, 시의원, 구청장 시장 더 나가 국회의원의원 금 뺴지의 권력을 내가 움켜질 수 있을까?

사람들은 이렇게 욕심 때문에 불안과 친구가 되려고 안간힘을 쓰는 것이다.

만약 내가 국회의원이 된다면 내가 의원이 되려고 투자한 돈도 생각할 것이다.

선거비용으로 들어간 돈을 어떤 방법으로 찾을 수 있을까?

투자한 비용을 찾으려고 불안이란 도깨비와 동행하게 될 것이다.

이렇게 불안은 욕심을 동반한다.

언제부터 우리가 사는 세상이 욕심이 눈을 가리는 불안한 세상이 되었을까?

우리는 하나같이 모든 국민이 다 함께 잘 살자고 하면서 일부 무리를 만든 권력자는 자기들만 잘 살자고 돈과 권력을 독식하려고 욕심을 부리는 것일까?

이들은 돈과 권력權저울추권. 力힘력.의 맛을 알았기 때문이다.

그래서 조마조마한 불안한 욕심과 친구가 되려는 것이다.

이번에 금 빼지를 달지 못하면 4년 후에 꼭 금 빼지를 달기 위해 온갖 재주를 부리며 불안한 욕심慾욕심욕. 心마음심.을 위해 달려가는 것이다.

불안은 욕심 많은 어리석은 사람들의 친구이다.

불안은 또 다를 불안을 부른다.

불안한 사람들!

6. 양심

양심이란?

인간의 양심은 작은 우주universe.라고 한다.

사람의 양심은 깨끗한 옹달샘과 같다.

이 지구상에 양심良좋을양. 心마음심.을 생각하고 행동하는 동물은 사람뿐이다.

양심이란 사람으로서 해도 되는 일과 하면 안 되는 일을 행동으로 나타내는 심리 작용이다.

그래서 사람은 자신이 하려고 하는 행동에 대해 옳고 그름을 판단한다.

양심은 선한 행동과 악한 행동을 구별할 수 있는 자신의 생각이 자기 스스로를 조종할 수 있는 것이다.

이와 같이 양심이란?

자신의 가치를 판단하여 옳고 그름을 분간하고 선과 악을 깨달아 올바르게 행하려는 생각인 것이다.

양심은 어떤 모양模법모. 樣모양양.이 있는 것이 아니다.

냄새가 나는 것도 아니다.

눈에 보이지 않기 때문에 만질 수도 없다.

그냥 내 머릿속에서 마음속에서 먼지처럼 공기처럼 바람처럼 돌아다

닐 뿐이다.

여기서 사람이 가지고 있는 양심의 작용이 얼마나 중요한지 알려준다.

옹달샘 같은 양심은 올바르지 못한 친구의 행동을 보면 너 양심이 있는 사람이야!라고 지적하고 꾸짖는다.

양심은 남의 것이 아니고 내 것이며 자신의 과거와 현재와 미래에 대해 자각하고 스스로 자신을 판단하고 심판하는 것이다.

심판하는 양심은 우리 사회를 평화롭게 할 수 있고 지옥으로 만들 수 있다.

사람이 지니고 있는 양심적인작용은 도덕과 윤리를 규정하고 집단 모두에게 평화와 안전을 보장하는 역할을 하기 때문이다.

도덕과 윤리를 규정하는 양심은 각자 스스로 올바르지 못한 생각을 올바른 생각으로 이끌고 가는 것이다.

양심이란 하나님이 인간을 창조하실 때 어떤 일을 하든지 자신을 심판審살필심. 判가름할 판.하라고 우리 마음에 넣어주신 선물이다.

우리를 창조하신 하나님도 인간들의 올바르지 못한 행위로 세상이 안전하지 못함을 한탄하시고 사람들의 잘못된 행위를 경고하셨다.

하나님이 주신 양심을 올바르게 사용하지 못한 사람들이 지옥의 불랙홀black-hole로 빨려들어 가는 것을 안타깝게 여기시고 가르치고 훈계하신 것이다.

인간을 구원하시는 하나님의 10계명의 말씀이다.

각 사람은 선함과 악한 행동을 함께 행할 수 있음으로 훈계訓가르칠훈. 戒경계할계.를 받을 행위는 10계명 중 6계명의 가르침이다.

❺ 네 부모를 공경하라. 그리하면 네 하나님 여호와가 네게 준 땅

에서 네 생명이 길리라. **너를 낳고 길러주신 부모님의 고마운 마음을** 항상 잊지 말아야 할 것과 **너를 낳아주신 부모님의 은혜에 감사하며 부모님께 효도하는 것은** 자식이 지켜야 할 양심의 도리라고 하나님은 우리 인간들을 **가르치고 훈계하셨다.**

이것이 **양심을** 가진 사람의 **행실이라는 것이다.**

악한 행동에 대한 경고의 말씀이다.

여섯 번째 악한행동이다. ❻ **살인하지 말라.** 누구든지 사람을 죽이는 자는 반드시 죽임을 당하리라.

일곱 번째 ❼ **간음하지 말라.** 도덕과 윤리에 벗어나는 매춘행위나 여자를 강제로 강간하지 말라고 가르치신다.

여덟 번째 ❽ **도둑질하지 말라.** 남의 물건을 탐내고 남의 물건을 훔치거나 빼앗지 말라고 가르치셨다.

아홉 번째 ❾ **네 이웃에 대하여 거짓증언하지 말라.** 자신의 욕심을 채우기 위해 상대를 곤경에 빠지게 하려고 이간질과 거짓말을 하지 말라고 경고하셨다.

열 번째 ❿ **네 이웃의집을 탐하지 말라.** 네 이웃의 아내나 그의 남종이나 그의 여종이나 그의 소나 그의 나귀나 무릇 네 이웃의 소유를 탐내지 말라.

이렇게 욕심을 부리는 것은 **양심의죄를** 짓는 것이라고 가르치신다.

성자 **예수님께서도** 행行길행.한 대로 **갚으리라고** 말씀하셨다.

양심을 가진 사람은 **네 이웃을 내 몸같이 사랑하라!** 고 가르치신 것이다.

하나님이 우리 마음에 넣어주신 양심의 정직한 행동에 따라 행복과 불행이 나누어진다고 가르쳐 훈계하셨다.

그리고 불교에서도 인간이 스스로 행한 대로 되돌려 받는다는 **인과응보**因인할인. 果실과과. 應응할응. 報갚을보.**의** 진리를 **부처님**께서도 가르치고 훈계하셨다.

이 말씀 또한 사람이 이 세상을 살면서 누구나 선한 행동과 악한 행동을 하는 것에 따라 그대로 다시 돌려받는다고 가르치고 계신다.

부처님불법의 가르침도 선한 일은 행하게 하시고 악한 일은 징벌하신다는 양심의 진리를 가르치고 훈계하신 것이다.

착한 일을 하면 상을 주고 악한 일을 하면 벌을 준다는 **권선징악**勸권할권. 善착할선. 懲혼날징. 惡악할악.이란 무명의 전언도 우리는 알고 있다.

공자와 맹자선생의 가르침도 도덕과 윤리의 **양심을** 가르치고 훈계하셨다.

공자의 사상思생각사. 想생각상.**은** 군자가 진리를 깨닫고 덕으로 백성을 다스리면 백성도 깨닫고 백성도 덕 이 높아지니 온 세상에 도덕이 널리 퍼져 우리가 사는 사회가 저절로 평화롭게 된다는 가르침이다.

공자님의 양심사상이 종교의식으로 발전하고 유교가 탄생한 것이다.

생각하는 사람의 양심이 작용할 때는 말할 때와 행동할 때 나타나는 것이다.

사람의 양심은 이 땅에 살고 있는 흑인이나 백인이나 황인종이나 언어와 신분과 민족이 달라도 세상 사람의 마음은 양심을 다 가지고 있다.

우리가 살고 있는 이 세상은 언어와 신분과 민족이 달라도 양심에 따라 상과 죄와 벌로 꽉 차있는 공간인 것이다.

사람은 살아있는 자신의 생명을 유지하기 위해서는 먹어야 살 수 있는 조건을 가지고 살아야 하는 운명적인 삶이기 때문이다.

그렇다면 생명을 유지하기 위해서 먹어야 하는데 먹는 양식을 어떻게 구하는 문제가 선과 악을 구별하게 되는 것이다.

먹기 위해 양식을 구하는 과정들이 자신이 땀 흘려 농사를 짓거나 노동을 해서 번 돈으로 양식을 구하거나 아니면 놀기를 좋아하고 게을러서 남에 양식을 **빼앗아서** 구하느냐 하는 문제인 것이다.

여기서 농사를 짓거나 노동을 해서 번 돈으로 양식을 구하는 **양심**과 일하기 싫고 게을러서 남의 것을 **빼앗거나** 강도질로 구하는 **양심**을 심판하는 것이다.

양심은 이 땅에 살고 있는 전 세계의 인구 약 80억 명이 다 지니고 있다.

그렇다면 이렇게 많은 80억 명이 도덕과 윤리적 가치의 행위에서 옳고 그름을 판단하는 양심의 작용이 얼마나 중요하겠는가?

우리나라의 양심문화를 살펴보자.

우리 선조들의 양심은 **도덕경**道길도. 德덕덕. 經날경.을 가르치고 행했으며 또 **삼강오륜**三석삼. 綱벼리강. 五다섯오. 倫인륜륜.을 가르치고 실천하는 생활을 했다.

지금 21세기 우리 대한민국은 생각하고 심판하는 양심에 대한 교육을 아이들에게 잘 가르치고 있는가?

양심이란 가치를 어떤 철학으로 가르치고 훈계하는 것일까?

마음은 양심의 그릇이다.

양심은 우리가 함께 생활하는 과정에서 자신이 행동하는 행위가 도덕과 윤리의 정신을 가진 행동인지를 생각하게 하는 것이다.

그 예로 어느 초등학생의 말이다.

학원 버스를 탔을 때의 일이란다.

무의식적으로 호주머니에 손을 넣어보니 휴지가 있는 것을 알았다.

순간 주머니를 깨끗하게 하려는 생각에 그 휴지를 차 의자에 꺼내놓고 내렸다.

그런데 차에서 내리고 나서 마음이 불안했다는 것이다.

자신이 행동한 양심에 대해 스스로의 심판인 것이다.

2일 후 학원버스를 기다리며 아저씨의 얼굴이 생각나서 마음이 괴로웠다고 했다.

혹시라도 차 의자에 버린 그 휴지가 자기 것이라는 것이 발각되지는 않았을까?

아저씨가 야단칠까 봐 마음이 초조하고 불안했다는 것이다.

이와 같이 양심이란 내 머릿속에서 수많은 과정을 생각하고 나를 고민하게 하고 자신의 행동을 심판하는 것이다.

양심은 마음과 생각을 오가면서 바람을 일으킨다.

생각하는 양심은 바람이 불면 부는 대로 나뭇잎이 흔들리듯 바닷물이 바람에 밀려서 출렁이는 자연의 현상과 같이 나를 올바른 곳으로 몰고 가는 것이다.

인간의 마음은 **하나님이** 넣어주신 **양심**인 것이다.

하나님의 말씀이다!

전도서;7:29 내가 깨달은 것은 오직이것이라.

곧 하나님은 사람을 정직하게 지으셨으나 사람이 많은 꾀들을 낸 것이니라.

하나님은 사람이 올바르고 정직하게 세상을 살아가도록 양심을 마음에 담아주셨으나 사람이 이 세상을 살면서 잔꾀를 부리고 하나님의 말씀을 거역하고 살고 있다고 경고하시는 말씀이다.

이렇게 하나님은 **각 사람이** 스스로를 **심판할 수 있는 양심**을 마음에 넣어주신 것이다.

각 사람이 남에게 한 행위를 스스로 생각하고 판단하는 심판이 남에게 죄를 짓는 일이라면 반성하고 회개하고 다시 깨끗한 사람이 되어 하나님께로 다시 돌아오라고 양심을 선물로 넣어 주셨다는 것을 우리는 깨달아야 한다.

심판하는 양심은 구름이 바람에 밀려 어디로 가는지 모르고 끌려가는 것이다.

어디론가 가다가 돌 뿌리에 걸리는 양심이 생기면 반성하는 것이다.

이렇게 우리양심은 자연을 닮았다.

흔들이는 양심은 자신의 행복과 불행을 스스로 만든다.

어린 학생도 자기의 행동으로 인해 양심의 죄책감이 심판한 것이다.

살아있는 양심은 우리들 마음에서 스스로 활동한다.

스스로 심판하는 행동이 양심인 것이다.

양심은 이렇게 자신의 생각으로 자기를 괴롭히기도 하는 것이다.

그리고 자신을 행복하게 하는 양심도 자신의 행동에 의해 움직이는 결과에 따라 양심이 심판하기 때문이다.

행동하는 결과에 따라 각 사람이 스스로 양심을 심판하고 정화하도록 하나님은 사람을 정직하고 깨끗하게 지으신 것이다.

사람은 **양심을 심판하고** 깨끗하게 **정화하는 자정능력**을 가지고 있다.

하나님이 창조하신 이 **지구역시** 스스로 깨끗하게 정화할 수 있는 **자정능력**을 가지고 있는 것을 알 수 있다.

우리가 먹고 버리는 음식 쓰레기를 보면 알 수 있을 것이다.

땅은 음식쓰레기를 흙에 살고 있는 각종 미생물들이 처리하고 더러워진 흙을 다시 깨끗한 흙으로 정화시키는 것을 우리는 알고 있다.

사람과 자연은 같을 성질과 능력을 가지고 있다.

우리들 몸은 자연을 형성하는 재료 4가지 원소를 가지고 있다.

지구는 물. 불. 공기. 흙으로 형성되어 있는 것을 우리는 알고 있다.

지구를 닮은 우리 몸도 물. 불. 공기. 흙. 등 물질 4가지 원소를 똑같이 지니고 있는 것을 알 수 있을 것이다.

4가지 원소 중에서 자연에서 부는 바람과 공기는 인간에게서는 움직이고 활동하는 기운으로 가르치고 있다.

그래서 활동하는 기운을 담고 있는 인간의 몸은 자유롭게 움직일 수 있는 것이다.

지구 안에 있는 우리는 지구가 자전하는 것을 못 느낀다.

지구는 어마어마하게 크기 때문이다.

만약 내가 아이들에게 양심을 알기 쉽게 설명한다면 이렇게 말할 것이다.

첫째, 살아 움직이는 양심을 가진 아이의 행동은 상대를 기쁘게 하고/ 상대를 즐겁게 하고/ 상대를 행복하게 한다.

그리고 둘째, 일을 싫어하는 개으른 양심을 가진 아이의 행동은 상대를 힘들게 하고/ 상대를 괴롭게 하고/ 상대에게 고통을 주며 상대의 기분을 우울하게 한다.

여기서 너희들은 이 두 가지 양심 중에 어떤 양심을 사용하는 것이 좋을까?

이렇게 나는 아이들에게 질문 할 것이다.

이와 같이 우리 아이들에게 양심에 대한 교육을 잘 가르친다면 우리나라의 양심문화는 건강하게 자리 잡을 수 있을 것이다.

살아 움직이는 양심은 우리가 살고 있는 사회를 더욱 안전하고 행복한 사회로 안내할 것이다.

양심이 있는 사회는 나만 잘 살겠다고 욕심을 부리지 않는다.

안전하고 행복한 사회는 나와 너와 우리 모두가 행복하게 살아가는 사회가 만들어지도록 양심 있는 사람들이 많아져야 한다.

행복하고 안전하게 살아가는 사람들의 양심은 집단모두의 행복을 위해 도덕과 윤리의 양심이 동행하기 때문이다.

양심이 살아있는 사회는 우리 모두 행복하게 살기 위해 다 같이 지키기로 약속한 규정規법규. 定정할정.과 규칙規법규. 則법칙칙.의 법을 지켜는 것이다.

양심이 있는 사회는 질서를 지킨다.

그러나 우리가 도덕과 윤리를 지키는 살아있는 양심에 무관심한 태도를 보인다면 우리가 사는 사회는 질서가 무너질 것이다.

스스로 심판하는 양심은 인간의 자유의지로 마땅히 지켜야 할 도리道길도. 理다스릴리.를 행함으로써 인간답게 살 수 있는 것이다.

올바른 양심의 행위는 보람찬 희망을 감동시키기 때문이다.

독일의 철학자 칸트도 우리에게 가르치는 **정언명령**의 뜻은 사람이 마땅히 행해야 할 도리의 양심은 무조건 행동하라는 명령인 것이다.

자신을 심판하는 양심이 올바른 판단이라고 생각하면 무조건 행동하는 용감한 사람이 되라고 강조한다.

칸트가 가르치는 **가언명령**의 뜻도 상황에 따라 가능한 행위의 실천필연성을 요구하는 살아있는 양심의 도덕적 가치를 말한다.

따라서 사람의 양심은 사람의 근본을 모르고 살아가는 사회를 위해 우리 모두가 안전하고 행복하게 살기 위한 목적을 가지고 양심 있는 도덕과 윤리를 깨닫고 행동하라는 가르침인 것이다.

칸트는 1724~1804년까지 80년을 살다간 세계적인 철학의 거장이다.

18세기에 살았던 철학자 칸트가 우리에게 남긴 사상_{史역사史. 上위 상.}은 21세기를 살고 있는 우리에게 큰 교훈을 남기고 있다.

사람의 양심은 인간의 자유로운 행동에 따른 자율적인 활동이라고 말한다.

칸트는 흄의 철학사상을 좋아했다.

흄은 영국의 철학자로 1711~1776년까지 65년을 살다간 철학자이다.

흄이 생각하는 철학은 사람이 일상생활을 하면서 잘못한 일을 반성_{反되돌릴반. 省살필성.}하는 것이 양심이라고 가르쳤다.

잘못한 일을 반성하는 것이 양심의 철학이라고 생각한 흄이 남긴 저서로는 1748년에 출판한 **"인간지성에 대한 논고"**와 1751년에 발행한 **"도덕원리에 대한 논고"** 등이 있다.

양심을 연구한 흄이 남긴 철학사상보다 먼저 살다간 많은 성인들이 가르친 양심은 오늘을 살아가는 우리들에게 많은 교훈을 남기고 있다.

우리가 꿈꾸는 세상은 말로 설명한다고 만들어지는 것이 아니다.

좋은 세상을 만들기 위해서는 용기 있는 사람들이 살아있는 양심을 행동으로 보여줌으로써 만들어지는 것이다.

그동안 많은 성인들과 사상가들이 남기고 간 인간근본의 도덕과 윤리적 양심은 우리가 행동으로 보여주어야 된다는 것이다.

살아 행동하는 양심은?

국민을 좋은 세상으로 안내할 것이다.

2장

흔들리는 심리

7. 욕심

욕심이란?

옳지 못한 생각으로 무엇을 얻으려고 공짜로 이익을 바라는 마음이다.

지나친 욕심은 아이가 엄마의 젖을 받아먹으려 하는 생존의 욕구를 넘는 행동이다.

그래서 욕심慾욕심욕. 心마음심.이란 상대는 없다.

지나친 욕심은 남의 물건이나 재물을 탐내는 마음으로 남의 것을 거저먹으려고 하는 올바르지 못한 마음이다.

욕심이 지나치면 상대를 조금도 생각하지 못하고 자기만 생각하는 것이다.

지나친 욕심은 이성적인 판단을 상실한다.

그래서 범죄가 되는 일까지 거리낌 없이 저지르는 것이 욕심慾욕심욕. 心마음심.이다.

욕심이 지나치면 옳은 일인지 옳지 못한 일인지 판단하지 못하기 때문이다.

욕심이 눈을 가린 것이다.

개인적인 욕심은 자신의 욕심을 채우기 위해 상대방을 속이고 폭력을 행사해서 남의 돈이나 물건을 빼앗는다.

욕심이 지나치면 상대를 죽이기까지 한다.

사람으로서 하면 안 되는 이성적인 판단을 상실하는 것이다.

그러나 권력집단이 저지르는 욕심덩어리는 자기들만의 집단이익을 위해 범죄를 아무렇지 않게 저지르는 행동까지 한다.

권력집단의 욕심은 국민들을 우습게 보고 하는 행동이다.

국민을 얕보고 이성을 상실한 욕심덩어리들은 화투를 이용해 짜고 치는 고스톱과 같은 노름판인 것이다.

짜고 치는 화투판처럼 권력과 재물에 눈이 먼 사람들은 자기들의 이념집단을 만들고 자기들만의 이익을 위해 온갖 욕심을 부리는 것이다.

이런 욕심덩어리들은 기득권을 형성하고 이익에 따른 권력을 나누고 권력을 이용해 국민들이 낸 피 같은 세금을 훔치는 짓이다.

쓰레기 같은 권력집단이 저지르는 일들을 국민들은 미디어뉴스media news에서 보도하는 것을 시청하면서 알고 있다.

많은 권력 욕심들은 자신들의 특권으로 불법不아니불. 法법법.을 저지르고 자신들이 가진 기득권 과 권력을 이용해 도움을 주고받으며 욕심을 부리는 권력형 비리非아닐비. 理다르릴 리.인 것이다.

권력으로 재물욕심을 부리는 욕심덩어리들은 모든 국민들을 비웃고 얕보고 조롱하고 있다는 것을 우리 국민들은 경계해야 한다.

비리를 저지르는 권력집단의 욕심덩어리들은 국민들을 아무것도 모르는 멍청이로 생각하기 때문이다.

권력에 욕심이 많은 집단이 짜 맞추는 견강부회牽끌견. 强굳셀강. 附붙을부. 솔모일회.하는 말솜씨에 이용당한 국민들은 주권을 이들 집단에게 위임했으므로 아무런 힘이 없게 되고 속수무책으로 이들이 하는 정치 행위만 바라보는 실정이다.

달콤한 감언이설甘달감. 言말씀언. 利날카로울이. 說말씀설.에 능한 욕심들은 국민들을 우습게보고 국민의 마음을 병들게 하고 있다.

이렇게 권력만 쫓아가는 욕심덩어리들은 우리 사회를 병들게 하고 국민들을 분열시키는 일만 하는 것이다.

권력욕심은 국민들의 마음을 유혹誘꾀유. 惑미혹할혹.한다.

국민들이 쓰레기 같은 권력욕심에 유혹되어 꾀를 부리는 꼼수와 편법을 배운다면 우리 사회는 서서히 병들 것이다.

그렇다면 바이러스를 퍼트리는 권력에 눈이 먼 병균들을 제거 할 수 있는 대안과 방법을 찾아야 할 것이다.

그렇다고 직면하고 있는 꼼수의 범죄에 대한 대안적 방법方모방. 法법법.이 법으로 만 꼭 처벌하는 것을 중요하게 생각하면 안 될 것이다.

욕심이 많은 범죄들을 권력으로 법도 피해 가는 꼼수를 부리기 때문이다.

법을 비웃는 공공公공변할공. 共함께공.의 적은 처벌하는 법을 넘어 또 다른 범죄 행위를 하지 못하게 하는 구조를 만들어야 한다.

그래야 짜고 치는 권력이 통할 수 없는 사회社토지의신사. 會모일회.를 만들 수 있다.

권력으로 비리를 피해가는 권력형욕심덩어리들이 하는 범죄행위의 꼼수를 사전에 봉쇄할 수 있는 것이 비리를 막을 수 있는 것이다.

우리 사회가 살기 좋은 나라로 발전하려면 지나치게 탐욕적貪탐할탐. 慾욕심욕. 的과녁적. 욕심을 멀리하는 정치구조를 만들어야 한다.

그렇다면 우리는 욕심의 원인이 되는 구조와 시스템을 먼저 알아야 할 것이다.

사람의 욕심이란?

세상을 살아가면서 자신의 이익만 생각하면서 배우는 것이다.

욕심의 시작은 아이가 세상에 태어나서 엄마에게 젖을 받아먹으면서 생기는 습관에서 시작되는 것이다.

그 예로 아기를 키우는 아기엄마의 생활이 어려워서 생활비生날생. 活살화. 費실비.를 벌어야 할 상황에 있는 엄마라면 어떻게 하겠는가?

생활비를 벌어서 살아야 하는 아기엄마는 아기에게 세밀한 신경을 쓰지 못하는 경우가 종종생길 것이다.

생활비를 벌어야 할 상황에서 아기에게 때를 맞춰 젖을 먹일 수 없는 상황이 발생할 수 있다는 말이다.

때를 맞춰 젖을 먹일 수 없는 상황이 잦아지면 아기는 엄마가 먹여주는 젖에 대한 욕심이 생길 것이다.

배고픔을 참으며 엄마젖을 기다리는 아기는 상황도 모른 체 울기만 할 것이다.

때를 놓치고 우는 아기에게 엄마가 젖을 줄 때 아기는 엄마의 젖을 배가 터지도록 먹으려 할 것이다.

아기는 배고픈 괴로움을 느껴 보았기 때문이다.

아직 상황판단을 하지 못하는 아기는 배고픈 괴로움을 알았고 그래서 어쩌다 주는 엄마의 젖을 만족滿찰만. 足발족.할 정도로 먹으려할 것이다.

이때부터 아기의 마음은 욕심慾욕심욕. 心마음심.이 발생하는 것이다.

아기가 욕심부리는 것은 태어나서 처음 엄마로부터 배운다고 보아야 할 것이다.

이런 문제를 이해한다면 아기를 키우는 아기엄마들이 나라를 위해 얼마나 중요한 역할을 하고 있는지 우리는 생각해야 한다.

우리가 살아가는 사회는 어려운 가정환경 때문에 아기들에게 나쁜 욕심을 심어준다는 것을 우리 어른들은 알아야 한다.

우리와 함께 살고 있는 국민 중에 60대 이상 어른들은 대부분 엄마의 젖을 제대로 받아먹으며 유아기를 보낸 사람들은 많지 않을 것이다.

소녀, 소년기에도 배부르게 배를 채우며 자라지 못했을 것이다.

그때 우리나라는 힘든 경제 상황이었기 때문이다.

당시 60대 이상의 부모들은 6.25 전쟁을 겪고 폐허가 된 나라에서 경제적으로 힘든 생활을 견디며 살아야 하는 어린 시절이었다.

그때 시골이나 농촌의 가정생활은 먹을 것이 없어 풀이나 채소 따위에 약간의 밀가루를 뿌려 풀죽을 끓여 먹는 시절이었기 때문이다.

60대 이상 어른들은 어린 시절 이런 기억들이 생각날 것이다.

어린 시절에 힘들게 살았던 지금의 60대 어른들은 대부분 힘든 생활 속에서 때때로 초근목피 草풀초. 根뿌리근. 木나무목. 皮가죽피.로 살았을 것이다.

그 당시 살았던 어른들은 만나서 하는 첫인사가 아침. 점심. 저녁 때를 가리지 않고 식사하셨습니까? 라는 말이 인사였다.

그때 생활은 항상 먹을 것이 부족한 생활이었기 때문이다.

그래서 배고픔을 견디며 사는 시절이었다.

또한 배부르게 먹기 위해 어떠한 어려운 일이라도 가리지 않고 일을 하며 살았다.

더 많은 양식과 돈을 벌어서 가족들을 배부르게 먹이려고 밤을 세워가며 야간 일을 하는 날이 많았던 시절이다.

몸이 으스러지는 줄도 모르고 일을 하던 시절이었다.

배고픈 괴로움을 견디며 생존을 위해 몸이 망가지는 줄도 모르고 일을 하는 것은 많이 벌어서 잘 먹고 잘 살기 위한 것이 아닌가?

사람은 생존을 위해 일을 하는 것이다.

생존 하기 위해 지나친 욕심을 부리는 것조차 깨닫지 못하고 양식값을 벌기 위해 일을 하다 보니 자신도 모르게 조금씩 욕심이 많아지는 것이다.

욕심은 배고픔을 겪어본 사람이 부리는 것이다.

사람은 먹지 못하면 죽는다.

이 지구상에 살고 있는 수많은 생명들은 먹을 양식이 있어야 생존할 수 있다.

사람들은 먹는 욕심을 시작으로 의복을 입어야 하고 멋도 부려야 하고 취미생활도 해야 하는 다양한 물건들을 필요로 하는 동물이기 때문이다.

다양한 물건들이 필요하다 보니 필요한 욕심은 생기는 것이다.

그러나 필요한 욕심을 채우기 위해 그 이상 욕심을 부리게 되면 이성적인 판단을 하지 못하는 경우가 발생하는 것이다.

21세기를 살아가는 기성세대들은 자식들이 어떤 생활환경 속에서 살아야 미래가 밝을 것인지 생각해야 한다.

지금 우리 사회에서 60대 이상 기성세대既이미기. 成이룰성. 世대세. 代대답할대.들은 어려운 시대를 살면서 자기욕심을 채우기 보다는 가족들의 안위를 먼저 생각하는 생활 때문에 살기가 힘들었을 것이다.

당시 우리나라 상황은 조선왕조 500년이 막을 내리는 시점에서 일제로부터 36년간 식민지植심을식. 民백성민. 地땅지. 생활을 하다 독립이 되었으나 1950년 6.25 전쟁을 치르는 시점이었다.

힘든 환경 속에서 6.25 전쟁을 치르던 1950년 때만 하더라도 다행인 것은 당시 우리 국민들의 마음에는 선비정신이 살아있었다.

다행이도 공자선생의 가르침인 유교사상과 불교사상이 국민들의 정신에 크게 영향을 주던 시절이었다.

공자선생의 유교사상은 부모님께 효도하고 나라에 충성하는 삼강오륜의 정신을 가르치고 훈계하는 교육이다

20세기를 맞으면서 유교사상은 여성을 차별하는 교육이라고 일부 여성단체에서 거부하는 일도 종종 있었다.

그러나 장점으로는 나라에 충성과 부모에게 효도하는 교육이 더 큰 장점長길장. 點점점.을 가지고 있는 교육이었던 것이다.

그때를 생각하면 우리나라가 지금까지 존재할 수 있었던 것도 조선왕조 500년 동안 유교 영향으로 인해 우리 국민들은 공산주의共함께공. 産나을산. 主주인주. 義옳의의.에 유혹되지 않고 자유민주주의를 지킬 수 있었다는 점도 인정해야 한다.

유교사상儒선비유. 敎가르칠교. 思생각할사. 想생각할상.은 개인의 이익보다는 사람을 더 중요하게 생각하는 교육으로 국민들은 어렵게 살았지만 지나치게 개인적인 욕심을 부리는 생활은 아니었다.

그러나 지금 우리가 사는 21세기는 언제부터인지 사람보다는 물질物만물물. 質바탕질.을 더 소중하게 여기는 세상으로 변해가고 있다.

지나친 욕심慾욕심욕. 心마음심. 때문에 나쁜 꼼수가 판을 치는 세상이 아닌가?

우리 자식들에게 욕심을 부리는 나쁜 꼼수문화를 배우게 해서는 안 될 것이다.

만약 이런 구린내 나는 욕심덩어리를 쫓아가는 꼼수문화가 아이들에게 전수된다면 우리나라의 미래는 희망이 없을 것이다.

우리 자식들의 미래를 위해서라도 정치집단이기주의가 권력만 잡으려는 욕심을 우리 국민들은 용인하지 말아야 한다.

욕심이란? 채울수록 커지기 때문이다.

나라를 이끄는 각 지역 국회의원들의 정당구조를 살펴보면 우리가 살고 있는 사회에서 욕심의 발원지라는 것을 알 수 있다.

권력을 잡으려는 욕심 때문에 구의원이나 시의원 등 국회의원國나라국. 會모일회. 議의논할의. 員수요원을 하려는 사람들이 많아지고 있는 실정이다.

많은 사람들이 권력욕심에 현혹되어 국회의원이 되려고 하다 보니 여기저기서 상식을 벗어나는 이상한 일들이 많이 발생하고 있는 것이다.

국회의원이 되려는 사람들이 지역주민들을 위한 정책보다는 자기가 속한 당의 정치를 위해 일을 하기 때문이다.

그러나 국회의원이 되려면 지역주민地땅지. 域지경역. 住살주. 民백성민.의 투표로 선택을 받아야 국회의원이 되는 것이다.

그런데 국회의원에 당선되면 자기를 국회의원으로 만들어준 지역주민들을 위해 봉사하기 보다는 당의 일에 매달리니 어쩐 일인가?

우리 국민들이 생각하는 상식은 당연히 국회의원을 만들어준 주민을 위해 봉사하는 것이 맞는 것이다.

국회의원이 되면 먼저 해야 할 일은 자기를 국회의원으로 만들어준 지역주민들의 생활에 대해 많은 신경을 써야 하는 것이 당연한 일이다.

그래서 지역구의 각 가정의 불편한 문제들은 없는지 우선 돌보아야 하는 것이다.

지역주민을 위해 봉사해야 할 의무가 있기 때문이다.

그러나 국회의원에 당선된 후에도 자기를 국회의원으로 출마시켜준 당을 위해 일할 뿐 지역주민의 어려운 문제는 뒤로하니 씁쓸한 심정이다.

당 대표의 눈치를 보고 당의 일을 먼저 해야 하는 기이한 현상은 왜 생기는 것일까? 유권자들은 분별하고 판단해야 하겠다.

주민이 있어야 국회의원과 지자체의원이 존재할 수 있는 것이다.

국민이 있어야 나라가 있고 국민이 있어야 대통령이 존재할 수 있는 것이다.

시의원, 국회의원 자리는 막강한 권력을 행사하는 자리이다.

그래서인지 권력욕심이 많은 사람은 지역주민을 생각하기보다는 당대표가 주는 국회의원공천이 우선인 것이다.

그래서 국회의원이 되면 막강한 권력인 국회의원자리를 어떻게 하면 장기간 직업으로 유지할 수 있는 것에 관심이 더 많은 것이다.

4년을 시작으로 시장자리와 국회의원 자리를 오가면서 30년까지는 할 것을 대비하는 욕심을 부리는 것이다.

역사드라마에서 권력욕심을 부리는 많은 드라마를 보면서 알고 있겠지만 21세기를 사는 지금도 조선시대나 지금이나 권력욕심을 부리는 사람들은 우리 사회를 병들게 하는 일이 똑같다는 것을 국민들은 알아야 한다.

국민은 어리석지 않다.

욕심이 발생하는 것을 살펴보면 이렇다.

공천권을 쥐고 있는 당대표 자리가 문제이다.

막강한 국회의원을 하려면 우선 당대표의 허락을 받아야 하기 때문이다.

허락을 받으려면 당 대표에게 잘 보여야 한다.

그래서 당 대표에게 잘 보이려면 당대표가 하는 일이 올바른 일인지 올바르지 못한 일인지를 판단하지 않고 당 대표가 하는 일이니 무조건 도와주고 대표가 하는 일에 목적 달성시킨다면 당 대표에게 인정을 받는다.

만약 인정받을 수 없다면 당 대표에게 선거자금에 쓰라고 돈을 많이 상납하고라도 국회의원 공천을 받아야 하기 때문이다.

그래야 국회의원에 출마할 수 있기 때문이다.

잘못된 정당정치는 권력을 나누어 가지는 구조이다.

그렇다면 당 대표의 처분만 바라는 공천시스템system.을 고쳐서 당 대표에게 아부하지 않아도 되는 구조로 바꾸어야 할 것이다.

이러한 잘못된 권력 나눠 먹기 구조로 인해 국회의원이 되고 싶은 사람은 너도나도 수단手손수. 段구은단.과 방법을 가리지 않고 국회의원이 되려고 욕심을 부리는 것이다.

선출직 공무원인 국회의원은 청빈해야 한다.

재물에 욕심이 없어야 한다.

그러나 국회의원이 되면 썩은 냄새나는 재물을 많이 만나고 욕심을 부린다.

이런 과정이 자라나는 우리 후세들 미래까지 병들게 할 것이다.

전 국민들의 마음을 병들게 할 것이다.

썩은 냄새 나는 권력을 탐내는 사회문화가 우리 자식들의 미래에 뿌리 내린다면 나라까지 망하게 할 수 있다.

그렇다면 썩은 냄새 나는 권력욕심을 차단할 수 있는 방법을 만들어야겠다.

성경말씀에도 **욕심에 대한 경고의 교훈**이 있다.

야고보서 1:14절 15절의 말씀이다.

오직 각 사람이 시험을 받는 것은 자기욕심에 끌려 미혹됨이니.

욕심이 잉태한즉 죄를 낳고 죄가 장성한즉 사망을 낳느니라.

귀한 하나님의 가르침이 욕심이 많은 사람들의 마음과 지식과 지혜를 깨끗하게 정화시키기를 바란다.

말씀인즉 죄는 욕심에서 자란다는 것과 욕심은 죽음을 부른다는 말씀이다.

우리나라 정치지도자들이 지금 이렇게 살고 있다는 것이다.

21세기 현재 우리나라에서 일어나고 있는 현재진행형이기에 지금이라도 욕심을 내려놓는 깨달음이 있었으면 좋을 것 같다.

권력욕심을 부리는 것은 남보다 더 많은 재산을 소유하기 위해 재산을 쉽게 모을 수 있는 권력 욕심 때문에 발생하는 문제인 것이다.

하나님은 우리가 죽음을 부르는 욕심을 조절할 수 있게 판단하는 양심도 우리 마음속에 넣어주신 것을 우리는 알아야 한다.

욕심을 부리는 우리 마음의 특징을 잘 분별한다면 우리가 잘못 생각하는 욕심문제도 해결할 수 있을 것이다.

국회의원의 권력은 막강한 힘을 가진 자리이다.

막강한 힘을 가진 권력은 자신을 국회의원으로 만들어준 지역구 주민을 위해 봉사하는 자리가 되어야 마땅한 일이다.

지역구주민이 4년간 위임한 권력을 자신과 자신의 소속인 정당 정치 政黨사정. 黨무리당. 政정사정. 治다스릴치. 권력을 키우기 위해 사용한다면 주민들은 실망한다.

지역구 국회의원은 오직 자신이 속한 지역구주민을 위한 봉사하는 청빈한 정치인이 될 수 있는 구조로 바꾸어야 할 것이다.

자신들을 위해 당리당약만을 생각하는 정치꾼들을 만들어내는 잘못된 정당정치가 사라지도록 해야 한다.

그리고 모든 국민이 다 함께 정치를 할 수 있는 정치구조를 만들어야 할 것이다.

나라를 위해 국민이 하나로 뭉치고 국민들이 다 같이 국회의원 역할을 하고 나라 위해 견위수명 見볼견. 危위태할위. 授줄수. 命목숨명.하는 정치를 만들어야 한다.

욕심을 부릴 수 없게 하는 시스템으로 국회의원을 만든다면!

국민의 행복은 우리나라 정치 정원에서 자라날 것이다.

8. 거짓말

거짓말이란?

사실과 다르게 꾸며서 상대를 속이려고 하는 말과 행동이다.

거짓말을 하는 이유는 자신이 이익을 얻으려는 목적目눈목. 的과녁적.이다.

그래서 자신이 하는 말을 부풀려서 속이고 노력 없이 이득을 취득하기 위한 욕심慾욕심욕. 心마음심.에서 시작한다.

거짓말은 본인만 알고 있다.

본인만 알고 있는 거짓말과 속임수는 상대에게 절망을 안겨준다.

정치지도자들이 국민에게 손해를 입히는 속임수는 정직한 국민들의 마음을 어지럽히고 사회를 분열시키고 혼란 속으로 빠트리는 일을 하는 것이다.

정치지도자들의 거짓말들로 인해 국민들의 생활이 거짓말하는 생활문화가 만들어지는 것을 우리는 경계해야 한다.

거짓말하는 나라는 미래가 없기 때문이다.

아기가 태어나서 거짓말을 배우는 곳이 우리들의 가정에서부터 시작한다는 것을 우리는 깨달아야 한다.

거짓말은 아이들이 자라면서 만들어지는데 거짓말하는 버릇은 가정에서 배운다는 것을 우리는 알아야 한다.

엄마가 아이들에게 쉽게 하는 빈말이 거짓말의 시작이다.

경제적으로 어렵게 사는 가난한 집에서는 가족을 위해 부모들은 아이들을 떼어놓아야 할 때가 종종 있을 것이다.

어려운 가정을 부양하려고 돈을 벌기 위해 일을 나가야 하는 엄마는 아이들 중에서 큰 아이에게 이렇게 말을 한다.

엄마가 일하고 돌아오면서 너 좋아하는 만두 사다 줄 테니 동생들 잘 보고 있어, 하고 큰아이에게 별생각 없이 엄마는 말했다.

그러나 엄마의 마음속을 모르는 큰 아이는 엄마가 사다 주시는 만두를 먹을 생각에 동생들을 잘 보살피고 있을 것이다.

시간이 흘러 엄마가 들어오시는 소리가 들리면 벌써 큰 아이는 만두를 기대하며 엄마 손으로 눈이 가있을 것이다.

그러나 엄마 손은 빈손이다.

큰 아이는 아무 말도 못 하고 엄마를 미워했을 것이다.

엄마 미워! 거짓말을 왜 해 하면서.

아이들의 엄마는 가정을 부양하려고 아이들을 떼어놓을 마음에 큰 아이에게 지키지도 않을 말을 그냥 한 것이다.

이렇게 거짓말은 무의식적으로 시작되는 것이다.

가난한 살림이 엄마 자신도 모르게 아이들에게 거짓말을 한 것이다.

아무 생각 없이 하는 엄마의 빈말이 아이들을 거짓말쟁이로 만들고 있다는 사실事일사. 實열매실.을 아이들 엄마는 생각하지 못했을 것이다.

힘겨운 가난이 우리 아이들을 거짓말쟁이로 만드는 현실이다.

이와 같이 우리는 아이들에게 영향을 미치는 엄마의 말과 행동行갈행. 動움직일동.이 아이들에게 중요하다는 것을 생각해야 할 것이다.

기성세대들이 생활하면서 생각 없이 하는 빈 말들과 행동이 가정이나 사회에서 나쁜 영양을 끼치고 있다는 것을 알아야 한다.

가정에서 부모가 하는 말과 행동에서 아이들은 교육되기 때문이다.

직장에서는 회사를 경영하는 대표의 말과 행동에서 직원들도 배우고 있다.

동료들끼리 하는 말과 행동에서 서로 배우는 것이다.

나라에서 지도자인 국회의원들도 국회에서 하는 말과 행동이 틀리 다 보니 나라가 시끄러운 것이다.

국회의원은 자신이 속한 당을 좋은 이미지로 대변하기 위해 말을 꾸며 견강부회 하지만 국민들에게는 나쁜 영양을 끼치는 것이다.

거짓말을 하지 않는 나라를 만들기 위해서는 나라의 지도자인 국회의원들이 거짓말을 하지 말아야 한다.

국민에게 소식을 전하는 대중매체인 언론방송의 운영도 확실한 근거를 제시하는 방송이 되도록 노력해야 하는 것이다.

근거가 확실하지 않은 문제들을 토론하는 방송에 의해 거짓말이 생산되고 있다는 것을 방송국들은 깨달아야 한다.

거짓말을 할 수 없는 방송을 하기 위해서는 확실한 증거를 제시하면서 토론할 수 있는 방법을 만들어야 할 것이다.

증거를 보여주지 않고 말로 그럴듯하게 진짜처럼 꾸며서 토론을 할 수 없도록 해야 한다는 말이다.

증거 없는 토론을 할 수 없도록 하고 증거 없는 거짓말을 했을 때는 거짓말에 대한 책임도 지도록 하는 시스템과 구조를 만들어야 할 것이다.

증거를 제시하는 종합뉴스는 큰 문제가 없다.

하지만 공개토론방송에 참석하는 패널리스트 라이브panelist live 방송의 토론자들은 가짜뉴스를 할 확률이 많기 때문이다.

패널리스트 라이브panelist live 방송의 토크쇼는 증거를 제시하는 토론의 구조를 강화하도록 해야 할 것이다.

토크쇼는 시청률을 올리기 위해 재미와 흥미를 동반하는 방송을 하다 보니 확실한 증거에 따른 방송을 하기가 어려울 것이다.

그래서 토론하는 내용들의 증거자료를 확실하게 검증할 수 있는 시스템system을 만들어서 운영하는 것이 중요한 것이다.

우리 사회社토지의신사. 술모일회.에서 거짓말은 사라져야 한다.

확실한 증거에 의한 토크쇼방송을 진행한다면 보고 배우는 국민들도 증거에 의한 생활문화가 만들어질 것이고 국민들도 거짓말을 할 줄 모르는 생활습관이 만들어질 것이다.

증거가 확실한 토론방송을 국민들이 보고 배우기 때문이다.

국민이 인정하는 언론방송은 어떤 권력도 탄압하지 못할 것이다.

방송국에서 거짓말을 할 수 없는 언론 법에 맞는 방송시스템system이 만들어서 운영한다면 우리 대한민국은 거짓말이 없는 나라!

거짓말이 통하지 않는 나라!

세계가 믿는 나라!

살기 좋은 대한민국으로 거듭날 것이다.

그 결과 정직한 소식을 전달하는 방송인이 많아질 것이고 정직한 언론인은 목숨 걸고 정확하게 전달하는 방송정신正바를정. 信마음심.을 가질 것이다.

우리 사회에서 거짓말을 못 하게 하려면 국민세금稅구실세. 金세금.을 받아가며 나랏일을 하는 사람들의 거짓말은 용서해서는 안 된다.

그래서 공무원이 거짓말을 하는 것이 드러날 경우에는 파면을 시키거나 사퇴시킬 수 있는 법도 만들어야 하겠다.

법은 지위고하를 막론하고 평등해야 하기 때문이다.

나랏일을 하는 공무원들은 국민들을 위해 봉사를 해야 할 책임과 의무가 있다.

공무원이 국민에게 하는 봉사를 자기의 출세出날출. 世대세.로 생각하는 공무원들의 생각은 우리 사회를 병들게 할 뿐이다.

우리나라는 국민들이 거짓말을 너무 쉽게 하지만 책임責꾸짖을책. 任맡길임.은 지지 않으려고 하는 것이 문제이다.

언제부터서인지 거짓말을 쉽게 하고 나라가 시끄럽기 시작하더니 거짓말이 진실이라고 우기는 사람들이 많아졌기 때문이다.

시끄러운 내용들을 알 수 있는 것은 신문과 잡지와 라디오 등 매스컴mass communication을 통하든지 인터넷과 컴퓨터 통신 등의 대중매체인 미디어media 방송을 시청하면서 쉽게 알 수 있다.

대중매체인 TV- 방송을 보면 너도나도 군수, 시장, 도의원, 시의원, 국회의원, 장관 등을 하려고 수단과 방법을 가리지 않는 토크쇼talk show를 보면 알 수 있다.

방송매체에서 이들이 하는 말을 보면 교언영색巧공교할교. 言말씀언. 令영영. 色빛색.이다.

교언영색이란 말은?

남의 환심을 사려고 아첨하는 교묘한 말과 보기 좋게 거짓말을 진실로 꾸미는 진짜처럼 표현表겉표. 現나타날현.하는 말솜씨를 말한다.

이렇게 열심히 자기가 속한 당을 위해 대변하고 있다는 것을 보이기 위해서다.

내가 당을 위해 열심히 대변하는 역할이 당을 도와주고 있다는 것을 보라.

행운의 당대표가 보고 있겠지?

그러나 이렇게 달콤한 감언이설과 권모술수權저울추권. 謀꾀할모. 術꾀술. 數술수.는 중학생 이상 국민이라면 다 알아듣고 있다는 것을 알아야 할 것이다.

권모술수란 말은?

자신이 속한 당을 위해, 자신이 생각하는 목적을 달성하기 위해 중상모략으로 수단과 방법을 동원해 쓰는 말솜씨이다.

목적을 달성하기 위한 모략과 거짓말은 자신과 자신이 속한 당의 이익을 위해 약삭빠른 행동인 것이다.

모략과 거짓말은 우리 사회를 혼란스럽게 하고 병들게 하며 더 나가 우리나라를 어지럽히는 정치집단에 속한 사람들이 하는 행동이기 때문이다.

견강부회하는 말과 권모술수를 동원하는 거짓말은 거짓말을 하지 못하게 하는 법法법법.으로 처벌하는 구조를 만들어야 한다.

요상한 거짓말은 사실을 감추기 위해 그럴듯하게 달콤한 말로 포장包쌀포. 藏감출장.하기 에 언제 진실이 밝혀질지 모르고 백성을 속이기 때문이다.

언제부터인지 거짓말이 진실로 바뀌고 있다.

거짓말을 잘하는 사람들은 달달한 거짓말로 기득권旣이미기. 得얻을득. 權저울추권.에 들어가려고 정직한 마음을 무너트린다.

거짓말은 이렇게 우리가 사는 사회를 혼란스럽게 하는 것이다.

거짓말은 한 번 하게 되면 그다음은 더 많은 거짓말을 하게 된다.

그래서 거짓말은 거짓말을 낳고 있다.

부끄럽다.

거짓말!!

9. 이간질

이간질이란?

시기하는 마음이 욕심으로 작용하는 심리현상이다.

이간질은 거짓말과 동행한다.

이간질로 친구 사이를 갈라놓으려는 고자질하는 사람의 잔꾀에 넘어가면 친하게 지내던 친구들은 원수가 될 것이다.

이간질 離떼어놓을이. 間사이간. 跌거꾸러질.을 시키는 사람은 사이좋게 지내는 둘 사이를 갈라놓고 다투게 만들고 싸움을 시키려는 목적 目눈목. 的과녁적.이 있다.

싸움을 시키고 갈라서게 하려는 목적은 이간질을 하는 사람이 생각하는 이득을 취하기 위한 것이다.

이간질에 성공하면 쌍방이 다투고 싸울 것이다.

다투게 만들고 갈라서게 되면, 자신이 계획한 이득으로 둘이 다투는 사이 힘들이지 않고 목적을 달성하는 어부지리 漁고기잡을어. 父아비부. 之갈지. 利날까로울리.와 같은 이득을 얻게 되는 것이다.

이간질을 심심해서 하는 사람은 아무도 없을 것이다.

이간질은 어떤 목적을 이루기 위해 계획하는 나쁜 마음이다.

우리가 TV-드라마에서 가끔 보듯이 사이좋게 지내는 친구에게 또 다른 친구가 있어서 자기보다 더 친하게 지내를 것을 시기하고 이간질을 한다.

둘 사이를 갈라놓고 싶은 마음이 작용하는 것을 이간질이라고 한다.

이간질을 좋아하는 사람은 상대가 싫어서 아무 이유 없이 미워하고 시기하는 나쁜 마음을 가지고 있다.

시기하는 마음은 자신과 친하게 지내는 또 다른 친구 사이를 갈라놓으려고 거짓말을 만들고 고자질하는 것이다.

싸움을 시키는 이간질은 시기심猜샘할시. 忌꺼릴기. 心마음심.과 거짓말을 끌고 다닌다.

그래서 이간질을 하는 마음은 사이좋게 지내는 이웃들을 멀어지게 하고 공동체를 분열시키려고 자중지란을 일으키는 것이다.

자중지란自스스로자. 中가운데중.之갈지. 亂어지러울란.이란?

사이좋게 지내는 이웃들을 싸움을 시키려는 나쁜 마음이다.

우리가 사는 사회는 알게 모르게 이간질을 하는 일들이 많이 발생하고 있다.

살면서 종종 만나는 이간질은 우리가 활동하는 직장과 사회와 가정으로 소리 없이 스며들어 자라나는 아이들 마음까지 병들게 하고 아이들이 다니는 학교까지 이간지의 바이러스가 스며들기 때문이다.

이웃사람들을 서로 미워하게 만드는 이간질은 우리 사회를 파괴시킨다.

이간질은 이웃과의 좋은 관계를 미워하는 시기심猜샘할시. 忌꺼릴기. 心마음심.과 욕심을 동반하고 우리들을 괴롭히는 것이다.

이간질은 올바르지 못한 욕심에서 발생한다.

인터넷 등 애정드라마에서 이간질을 하는 상황들을 종종 보는데 이간질을 하는 이유는 자기가 좋아하는 여성을 상대방相서로상. 對대답할대. 方모방. 남자에게 **빼앗기지** 않으려고 이간질을 한다.

역사드라마에서도 자기편에 꼭 필요한 사람이라면 그 사람을 어떻게든지 자기들 편으로 끌어들이기 위해서 상대편과 멀어지게 하려고 갖은 거짓말로 중상모략中가운대중. 傷상처상. 謀꾀할모. 略다스릴략.을 동원해 이간질을 하는 것이다.

시기심과 거짓말을 동반하는 이간질은 자기편에 필요한 사람을 끌어들이거나 상대 여성을 자기 사람으로 만들려고 욕심慾욕심욕. 心마음심.을 부리는 것이다.

이렇게 이간질은 스릴 넘치는 감각으로 사람을 유혹誘꾈유. 惑미혹할혹.한다.

상대 여자를 자기 사람으로 만드는 이간질은 자신이 계획한 목적을 달성하면 묘하고 짜릿한 기분까지 느끼게 한다.

이간질은 사람 마음을 유혹하는 마약과 같은 것이다.

마약이란 사람을 유혹해서 마음에 병을 주고 목숨을 **빼앗아가는** 악마이다.

그래서 이간질을 아이들에게 배우게 하면 안 되는 것이다.

이간질은 어디에 숨었을까?

이간질은 우리들의 마음에 숨어있다.

엄마는 아기 보호자保지킬보. 護보호할보. 者놈자.이며 동시에 아기의 선생님이다.

무슨 일인지 아이엄마는 자식을 낳은 후 아기돌이 지나면서 종종 시어머니와 말다툼이 많아진 것이다.

시어머니는 무슨 일인지 요즘 들어 아기엄마를 시기하고 미워하며 싫어하는 말씀을 많이 하신다.

시어머니는 자주 트집을 잡고 투정도 부리신다.

그래서 아기엄마는 생각하기를 시어머님께 신경을 못 써드리니까 불만을 하시는구나하고 생각했던 것이다.

그래서인지 남편도 어머니와 무슨 일이 있어! 하고 물어본다.

시어머니가 요즘 아들부부인 우리사이를 멀어지게 하시려고 한다는 것을 아이엄마는 느꼈던 것이다.

아이엄마도 시어머니가 미워지기 시작했다.

그래서 아기엄마도 시어머니와 자식 사이를 멀어지게 하고 싶어서 아기아빠에게 어머님이 이상한 말을 꾸며서 자기를 구박한다고 이간질을 했다.

시어머니를 미워하는 고자질을 아기엄마는 아기 앞에서 무의식無없을무. 意뜻의. 識알식.적으로 남편에게 자주 말하는 편이다.

하지만 아기는 엄마가 하는 말과 행동行갈행. 動움직일동.을 아기 스스로 느끼며 배우고 있다는 것을 아이엄마는 알아야 한다.

아이엄마는 모르고 있겠지만 아기는 엄마가 하는 말을 느낌으로 교감하며 조금씩 엄가가 이간질하는 것을 배우고 있다.

이 아기도 자라서 엄마와 교감하면서 느낌으로 배운 고자질을 자신도 모르게 학교 친구들과 교제하는 관계에서 자신도 모르게 이간질을 하는 것이다.

엄마의 이간질하는 감정이 아이의 감정으로 이동한 것이다.

엄마가 하는 말과 행동에서 배우는 아이들을 생각한다면 우리들의 가정이 아이들에게 학교라는 것을 알아야 한다.

이간질은 남을 시샘하고 미워하는 마음으로 질투심이 생겨서 진실眞참진. 實열매실.과 다르게 거짓말을 하는 행동이다.

시샘하는 이간질의 성질性성품성. 質바탕질은 거짓말과 친해서 질투하는 마음과 탐내는 욕심을 따라가고 있다.

그래서 우리는 이간질을 경계해야 한다.

남의 것을 탐내는 이간질은 욕심으로 완성한다.

이간질은 교묘한 말로 부부사이를 다투게 하고, 가정을 파괴하고, 사회를 분열시키고, 나라를 망하게 하는 마귀인 것이다.

남을 미워하는 말을 하거나 시기하는 말에 재미있어하고 흥을 부추기면 시기하는 말을 하는 친구는 더 흥이 나서 더 많은 이간질을 할 것이다.

이간질로 좋은 사이를 갈라놓는 마음 아픈 일과, 멀어진 사이를 화해시켜 다시 어울리게 하는 일들의 인연에 따라 소멸되고 소생하는 과정은 자연의 이치와 연결되어 있는 삶과 같다.

한 세대가 가면 한 세대가 오듯이 안개처럼 나타났다 사라지는 과정들은 원인原근원원. 因인할인과 결과에 따른 원리인 것이다.

우리가 사는 사회는 여러 가지 네트−워크network로 연결되어 있다.

서로 연결되어 있는 환경이 어떤 인연으로 만난다 하더라도 만남이 있으면 반듯이 헤어진다는 회자정리會모일회. 者놈자. 定정할정. 離떼어놓을리.의 과정인 것이다.

만나는 원인이 없다면 헤어지는 결과 또한 없기 때문이다.

인연에 따라 만나는 이간질도 시기심과 거짓말과 욕심의 만남을 통해 발생되는 원인과 논리에 따라 만나서 나쁜 일만 만들어내니 얼마나 고통스럽겠는가?

나쁜 것은 나쁜 것과 잘 어울리는 것이다.

그리고 좋은 것은 좋은 것과 잘 어울리는 것이다.

같은 성질끼리 서로 어울리는 유유상종類무리유, 類무리유,相서로상, 從쫓을종.의 관계이기 에 음과 양의 상대성원리가 작용作지을작, 用쓸용.하는 것이다.

세상의 이치는 100% 좋은 것만 존재存있을존, 在있을재.할 수 없다.

그렇다고 나쁜 것만 100% 존재할 수도 없다.

이것이 자연의 이치이고 세상을 살아가는 생활의 이치인 것이다.

우리 조상들도 호사다마好좋을호, 事일사, 多많을다, 魔마귀마.의 정신으로 이 간질의 나쁜 단점을 깨닫고 후세들에게 경계하라고 가르치고 훈계했던 것이다.

시기심을 동반하는 이간질을 여러 가지 맥락으로 이해한다면 우리는 좀 더 우리들의 이웃들과 서로 사랑하는 사회를 만들기 위해 노력해야 한다.

그래서 거짓말을 동반하는 이간질을 양자를 아우르는 보편성普멀리보, 遍두루볼편, 性성품성.의 가치를 수용하려면 올바르지 못한 언행에 호응하기보다는 따끔하게 회초리를 드는 심정으로 충고하는 것이 더 나은 교육이 될 것이다.

자기만을 생각하는 이기적인 이간질은 버려야 한다.

그래서 내가 소중하면 남도 소중하다는 마음을 가져야 한다.

우리는 한 민족으로 같은 부모형제라는 믿음을 가지고 서로를 존중하는 인간중심주의를 가지고 아껴주고 보듬어주는 사회를 만들어야 한다.

그러나 이간질을 부추기는 사람은 인간중심주의를 생각하지 못하고 자신의 이익을 위해 아무렇지 않게 상대를 희생양으로 이용하는 것이다.

상대를 희생양으로 삼는 이간질을 하는 사람은 자신의 체면이나 부끄러움 따위는 안중에도 없고 뻔뻔하고 파렴치한 사람이다.

자신의 체면이나 부끄러움을 모르는 뻔뻔한 이간질은 자기만 살기 위해 아무나 물어뜯는 짐승이나 하는 행동인데도 말이다.

말과 개도 주인을 위해서 견마지로犬개견. 馬말마. 之갈지. 勞일할로.하는 세상이다.

짐승들도 이러한데 사람으로 이간질을 해서 되겠는가?

이간질이 없는 나라를 만들기 위해서는 시기심과 욕심을 버려야 한다.

이간질은 살기 좋은 나라를 만들 수 없다.

나쁜 이간질!

10. 편 가르기

편 가르기는 우리에게 낯선 단어가 아니다.

자라면서 어렸을 때에는 친구들과 편을 갈라 물놀이도 하고 칼싸움이나 총싸움 놀이를 하면서 자랐다.

설 명절에는 가족들이 모이면 편을 나누어 윷놀이를 하고 놀았다.

윷놀이는 양쪽으로 편을 나누기도 하고 여러 편을 나누어 규칙을 정하고 게임을 하면서 놀았던 기억이 난다.

더 자라서 중학교 다닐 때는 마음이 맞는 친구들끼리 한 편이 되어 어울려서 학창시절을 보내기도 했다.

성인이 된 친구들은 자유롭게 서로 생각이 맞는 사람들끼리 모여서 교제하며 살아가는 것이 우리들의 세계이다.

대중매체인 TV-드라마에서 다루는 편 가르기 사건의 원인은 시어머니가 자식을 애지중지 키워서 결혼은 시켰지만 시어머니는 며느리에게 자식을 빼앗겼다는 생각에서 발생하는 편 가르기 드라마도 있다.

시어머니는 자식을 며느리로부터 갈라놓으려고 한다.

시어머니는 자식에게 며느리의 험담을 하며 자식과 며느리 사이에 부부싸움을 부추기는 바보 같은 일을 하는 것이다.

결과는 시어머니가 아들부부 싸움을 부추겨서 자식의 가정이 파괴되고 자식과 며느리가 이혼하게 되는 사건이다.

원인은 시어머니가 자식에게 며느리를 험담하고 자식과 며느리 사이를 갈라놓고 자식가정을 깨트리는 일을 저지르는 것이다.

편 가르기는 가족은 물론이고 친구 사이와 사회에서 인간관계를 파괴시키고 더 나가 나라들 간 전쟁까지 부추기는 마귀 같은 짓이다.

우리 조상들도 편 가르기 역사가 종종 있었다.

우리나라 조선왕조 500년의 역사의 조선시대를 보면 잘 알 수 있을 것이다.

서기1567년 때인 조선 14대 왕인 선조임금 때의 일이다.

당시 정치세력으로 **동인**東동력동. 人사람인.과 **서인**西서녘서. 人사람인.으로 편이 갈라져서 양쪽이 서로 권력을 잡으려고 시기하고 모략하고 자신들의 정치 주장이 옳다고 다투는 일들이 많던 때였다.

당시 당파정치인들은 편 가르기로 동인과 서인, 두 파로 갈라져서 서로 권력을 잡으려고 중상모략을 일삼던 때였다.

두 파로 갈린 동인과 서인은 서로 자신들이 속한 파에서 권력을 잡으려고 임금에게 상대편相서로상. 對대답할대. 便편할편.의 정치를 비방하고 고자질하며 상대편을 궁지에 몰아넣으려는 사건이 비일비재했던 때이다.

편 가르기로 갈라진 동인과 서인들은 서로 권력을 잡으려고 싸우는 바람에 그들 주위에 있던 친인척형제들과 가족들은 권력을 움켜진 당파의 무력에 의해 무슨 일인지도 모르고 친인척형제들과 가족들이 죽임을 당하는 사건이다.

편 가르기는 권력을 잡으려는 무리들이 시작되는 것이다.

조선시대 때는 권력을 잡으려는 모략과 계략에 걸려들면 집안의

3대 자손들까지 죽임을 당하는 끔직한 일들이 많았다.

정권을 잡은 파는 상대 파들의 후안을 없애는 것이다.

당시 편 가르기는 14대 선조 왕 때 권력 욕심을 부리던 뜻이 같은 선비무리들이 붕당정치로 권력을 잡으려고 벌렸던 사건이다.

권력을 잡고 난후 한동안 잠잠했던 무리들은 다시 15대 왕인 광해군 때 상대에게 핍박 받던 파에서 다시 복수의 편 가르기 전쟁이 살아난다.

그리고 16대 왕인 인조임금 때는 임금의 첩으로 들어온 소영 조씨인 한 여인과 그 무리가 정권을 잡기 위해 갖은 중상모략을 꾸며 왕자인 소연세자를 독살하고 그 며느리까지 죽이는 싸움을 벌이는 드라마 "꽃들의 전쟁"에서 뼈아픈 역사를 가르쳐주는 편 가르기 정치권력 싸움이다.

그리고 21세기인 지금 자유민주주의를 지키기 위해 엄격한 헌법 아래 꽃들의 전쟁 같은 권력자들을 처단하는 검찰의 역할이 있어서 그나마 다행이다.

그러나 우리나라는 지금 여당과 야당이 갈라져서 반대만을 위한 반대로 양당이 다투고 싸우기만 하니 우리 선배들이 피 흘려 만들어 놓은 자유민주주의 나라도 파괴破깨트릴파. 壞무너질괴.될 수 있겠다는 생각이 든다.

편 가르기는 우리가 사는 사회를 분열分나눌분. 裂벌일열.시킬 것이고 우리나라가 지키는 자유민주주의까지 망하게 할지 모를 일이다.

착각하지 말자!

지금도 우리나라는 편 가르기 싸움으로 남북으로 두 동강이 난 나라이다.

72년 전에 우리나라는 편 가르기 때문에 같은 민족끼리 남과 북으로 나뉘어서 서로 죽이고 죽는 끔찍한 전쟁까지 한 나라이다.

70년전에 대한민국 역사歷지낼역. 史역사사.에서 같은 동족끼리 1950년 6월 25일 일요에 일어났던 남북전쟁을 생각자!

1945년 8월 15일 우리나라는 일본으로부터 독립과 함께 해방을 맞았다.

당시 우리나라 북쪽에는 인민 모두를 하나로 묶어 똑같이 일하고 똑같이 분배分나눌분. 配아내배.해서 빈부차이가 없이 모든 인민이 다 함께 잘 살자는 마르크스주의를 신봉하는 공산주의 진영이 새롭게 나타났다.

그리고 남쪽에는 개인의 자유를 보장하는 자유민주주의를 주장하는 자유민주주의 진영이 자리 잡고 있었다.

남과 북의 두 진영은 자신들만의 주장을 내세우다 보니 다툼이 일어났고 우리나라는 38선을 두고 둘로 갈라졌다.

우리나라가 남북으로 갈라진 이유도 북한의 김일성이 1950년 4월 소련의 스탈린을 찾아가 우리나라를 공산주의로 만들자고 스탈린에게 전쟁무기를 달라고 도움을 요청하면서 생긴 편 가르기 전쟁이다.

당시 스탈린은 같은 편인 중국의 마우쩌둥의 도움도 받아야 한다고 김일성을 부추기는 바람에 김일성은 중국의 마우쩌둥도 만났고 이에 마우쩌둥도 미국이 참전하면 중국도 참전하겠다는 약속을 받고 전쟁을 일으킨 것이다.

같은 민족끼리 민주주의와 공산주의로 편 가르기를 하고 두 진영으로 갈라지더니 북쪽에서는 남노당과 빨-지산 부대를 만들어서 남쪽에 투입시키고 공산주의가 살길이라고 감언이설과 권모술수로 남한정부를 비방하고 농민과 어민들을 공산주의교육을 시키고 온갖 교묘한 말로 선동하더니 1950년 6월 25일 일요일 새벽 탱크를 앞세우고 38선을 넘어 전쟁을 일으키고 싸움을 걸어왔다.

그리고 서로 죽이고 죽는 전쟁戰싸울전. 爭다툴쟁.을 치룬 나라이다.

피 흘리는 끔찍한 일은 짐승들의 세계에서나 생기는 일이다.

그러나 우리 대한민국에서 남과 북이 편 가르기로 동족인 형제끼리 서로 죽이는 끔찍한 6.25 전쟁이 이어난 것이다.

끔찍한 편 가르기가 6.25 전쟁이 발생한 원인이다.

이 싸움으로 UN군과 한국군과 한국주민, 북한군과 북한주민, 중공군 등 모두 합해 약 500만 명이나 죽거나 실종된 전쟁이었다.

그리고 남한국민과 북한인민이 약 1000만 명의 이산가족이 발생했다.

수십만 명 고아孤외로울고. 兒아이아.와 미망인을 발생시킨 끔직한 전쟁이었다.

1000만 명이나 되는 많은 사람의 인명피해를 발생시킨 사건이 우리나라에서 시작한 6.25 전쟁의 편 가르기 싸움이었다.

천인공노할 일이다.

그 많은 사람의 인명피해를 발생시킨 편 가르기 6.25 전쟁은 우리 자식들에게 대대손손 반면교사의 교훈으로 삼고 잊어서는 안 되는 뼈아픈 역사이다.

북한이 편 가르기를 하는 목적은 남한을 침공해서 공산주의로 만들려고 6.25 전쟁을 일으킨 목적이 분명한 것이다.

우리 대한민국을 빼앗으려는 욕심으로 같은 동족끼리 서로 죽이고 죽이는 싸움까지도 서슴없이 저지른 공산당의 만행인 것이다.

예수님도 잘못된 **사람들의 악한 행위**에 대해 가르치고 훈계하신다.

마가복음7장21~ 23절 말씀이다.

7:21절. 속에서 **곧 사람의 마음에서** 나오는 것은 악한생각과 **곧 음란과 도둑질과 살인과**

:22절. **간음과 탐욕과 악독과 속임과 음탕과 질투와 비방과 교만과 우매함이니**

:23절. **이 모든 악한 것이** 다 속에서 나와서 **사람을 더럽게** 하느니라.

예수님 말씀처럼 사람의 악함이 공산주의 편 가르기 전쟁이다.

얼마나 끔찍하고 무서운 일인가?

그리고 21세기 우리나라 국회의원들의 정당정치에서 편 가르기는 우리가 놀이를 하는 편 가르기 생활문화와 성격이 완전히 다른 것이다.

정권을 잡기 위한 편 가르기는 상대편이 하는 정책과 의견意뜻의. 見볼견.은 무조건 인정하지 않으려는 것이 문제인 것이다.

자기편 의견만을 주장하는 일은 진영 간에 다툼과 분쟁을 만들고 진영 간에 싸움까지 일어나는 것이다.

우리가 직장생활에서 자기들의 의견만을 주장하는 편 가르기를 한다면 직장동료들끼리 엄청난 싸움이 일어날 것이다.

우리가 사는 사회는 그룹을 나누어 단체를 형성하고 다 함께 공동생활을 하면서 서로를 인정하지 않고 편 가르는 것은 위험한 일이라는 것을 우리는 깨달아야 한다.

편 가르기는 작은 싸움이 아니다.

편 가르기 싸움은 지역을 차지하려고 싸우는 불량배들이나 하는 패싸움인 것이다.

이익다툼으로 패싸움하는 것이 얼마나 무서운 일인가?

편 가르기는 이익을 위한 다툼을 시작으로 두 진영 사이에 싸움을 시키려고 이간질을 하는 말에 속아 패싸움으로 번지는 상황으로 주변에 있는 사람들과 주민들에게까지 공포 분위기를 만들고 불안에 떨게 하기 때문이다.

좋은 사이를 갈라놓으려고 하는 편 가르기는 사실을 거짓으로 부풀려서 목적을 달성하려는 계략과 모략이 담겨 있다.

모략으로 꾸민 거짓말은 지나친 욕심 때문이다.

거짓으로 꾸미는 욕심은 상대편을 시샘하고 미워하는 시기심猜샘할시. 忌꺼릴기. 心마음심. 때문에 생기는 것이다.

편 가르기는 시기심과 모략과 거짓말을 동반한다.

만약 우리 사회가 모략과 계략을 하는 국민들이 점점 많아져서 편 가르기를 하고 진영싸움을 한다면 나라는 망하는 것이다.

그리고 편 가르기 싸움이 우리 가정으로 침투한다면 가정이 파괴되는 것이다.

정치권력을 차지하려는 이익집단들이라면 국민들이 피 흘리는 것에 대해 눈 하나 깜빡하지 않을 것이다.

정권을 차지하려는 권력이란 피도 눈물도 없는 것이다.

편 가르기는 우리 국민들을 분열시킬 뿐이다.

우리 조상들의 역사에서 보았듯이 권력을 잡으려는 집단은 자기 진영이 더 정의로운 일을 한다고 갖은 권모술수權저울추권. 謀꾀할모. 術꾀술. 數술수.를 동원한다.

그리고 감언이설과 권모술수로 편 가르기 하는 무리들은 국민들을 희생양으로 이용한다는 것을 우리 국민들은 명심해야 한다.

그 증거는 매표행위를 한다는 것이다.

우리가 60세 이상 노인들에게 1달에 30만 원씩 노령연금을 줄 테니 표를 주세요.

좋은 정책이라고 자기들의 당 후보를 찍어주세요.

정권을 잡으려는 사람들은 하나같이 국민들에게 봉사하겠다고 허리를 굽히면서 왜! 악마 같은 편 가르기 정치를 위해 매표행위를 하는가?

그 돈들은 다 국민들의 피와 땀이 숨어있는 세금인 것이다.

내 돈으로 정치꾼들은 권력을 잡으려고 장사를 하고 있는 것이다.

대중매체인 TV-에서 두 편이 서로 자기들이 잘한다고 고자질과 이간질하는 정치집단들의 행위를 스스로 전 국민을 교육시키고 있다.

국민들에게 봉사하겠다고 허리를 굽히면서 편이 갈라서서 서로 으르렁거리고 싸우는 것이 과연 국민에게 봉사하는 것인지 보라는 것이다.

우리 조상들의 정치역사를 보고 깨달으라는 것이다.

정치집단들은 자기편의 이익과 자신의 이익을 목적으로 한다는 것을 국민들은 드라마를 보면서 알아야 한다는 것이다.

이렇게 대중매체인 TV-에서도 국민들을 교육시키고 있다.

편 가르기는 상대와 상대편을 조금도 배려하지 않는 독재적인 생각에서 시작한다는 것도 우리는 알아야 한다.

따라서 편 가르기를 하는 집단은 권력을 잡기 위한 분명한 목적이 있는 것이다.

이들은 상대편을 배려하지 않는 편 가르기로 정권을 잡으면 그 권력으로 인해 얻어지는 이익이 상당히 많다고 생각하기 때문이다.

이러한 편 가르기는 불나방이 불빛을 탐하여 자기 몸과 날개가 촛불에 타서 죽는 줄도 모르고 날아드는 것이다.

불나방처럼 편 가르기 분쟁은 국민들마저 파멸의 구덩이로 몰아넣을 뿐이다.

그런데도 정치하는 사람들은 편 가르기에 대한 나쁜 문제들을 아직도 위험하게 생각하지 않는 것이 문제인 것이다.

지금 우리나라를 둘러싸고 일어나는 일들을 생각해 보자!

편 가르기로 우리나라와 북한을 대립하도록 만들기 위해 중국을 비롯하여 여러 강대국들이 계산기를 두드리는 것을 경계해야 할 것이다.

우리는 강대국들의 손익계산에 따라 우리나라가 잘못되면 어둠의 블랙홀black hole로 빨려 들어갈 수 있기 때문이다.

6.25처럼 또다시 우리나라가 공산주의와 자유민주주의 강대국들에 의해 편 가르기에 휘말린다면 나라는 어떻게 되겠는가?

생각만 해도 소름 끼치는 일이다.

그러므로 편 가르기를 꾸미는 무리들의 감언이설과 권모술수權저울추권. 謀꾀할모. 術꾀술. 數술수.에 넘어가면 6.25 때처럼 나라가 망할 것이다.

편 가르기는 권력을 오래 잡으려는 욕심 때문에 발생하는 것이다.

지금까지 권력을 오래 잡을 수 있도록 하는 시스템을 바꾸어서 권력을 오래 잡을 수 없는 구조와 시스템으로 바꾸어야 할 것이다.

우리가 겪어서 알듯이 문제를 일으키는 것은 권력이다.

따라서 우리 국민이 다 함께 큰 힘을 모으기 위해서는 국민의 주권主주인주. 權저울추권.을 일부 정치집단에 위임하는 구조를 바꾸어야 한다.

국민이 하나로 단결하게 할 수 있는 정치는 모든 국민이 다 함께 정치에 참여할 수 있는 구조로 바꾸는 것이다.

한 사람이 4년 이상 권력을 잡지 못하도록 해야 한다.

모든 국민이 정치에 참여할 수 있을 때 국민이 뭉치는 나라가 될 것이다.

더 살기 좋은 나라 부강富가멸구. 强굳쎌강.한 나라가 될 것이다.

국민이 단결하는 나라가 된다면 편 가르기 정치도 서서히 사라질 것이다.

편 가르기 정치가 사라질 수 있는 조건은 국민이라면 국회의원이나 정부요직을 할 수 있다는 자부심을 가질 때 국민들은 정직하게 살려고 노력할 것이다.

언제 내가 나라를 위해서 위국헌신爲할위. 國나라국. 獻바칠헌. 身몸신.할지 모르는데 저편 내편은 없고 국민 편만 있을 것이다.

나라와 국민의 이익을 위해 편 가르기를 할 필요를 못 느낄 것이고 편 가르기는 서서히 사라질 것이다.

조선시대에 우리 조상들이 살고 간 역사에서 배우는 것은 당파를 만들고 자기들끼리 집단이익을 위하여 권력정치를 한 잘못을 반면교사反되돌릴반. 面낯면. 敎가르칠교. 師스승사.로 삼아야 할 것이다.

21세기를 살고 있는 지금 다시는 우리나라에서 편 가르기 정치가 사라지도록 구조와 시스템을 바꾸어야 하는 것이다.

그래서 편을 만들 필요가 없게 하는 것이다.

우리 조상들의 정치는 동인과 서인으로 갈라져서 권력을 잡으면 왕이 정치에서 물러나라고 하기 전까지는 쫓아내는 사람이 없었으니 자기가 정치를 하기 싫을 때까지 오래했던 것이 문제였다.

그 당시도 정치를 직업으로 하다 보니 직업을 보전하려면 소속파의 수장과 임금에게 자신이 놀지 않고 일을 잘 하고 있다는 것을 보여주어야 했던 것이다.

따라서 어전회의 때 왕 앞에서 상대파의 잘못을 그럴듯하게 지적하고 판단해줄 때 왕 또한 이 사람이 일을 열심히 잘 하는구나 하고 인정해주었을 것이다.

편 가르기의 당파싸움정치가 피를 부를 수밖에 없는 구조였다.

그러나 21세기의 지금정치시스템은 국민투표로서 지지를 받아야 국회의원이 되는 구조와 시스템이나 정치를 수십 년씩 직업으로 할 수 있는 구조는 왕조시대나 지금의 정당정치나 마찬가지인 것이다.

조선왕조시대에는 권력을 잡으려면 자기당파의 대표가 왕에게 천거해서 권력을 잡을 수 있는 구조이다.

그러나 21세기 지금도 국회의원이 되려면 당에서 공천을 받아야 국회의원에 출마할 수 있는 구조이다.

조선왕정시대나 21세기 지금 시대나 권력 잡는 방법과 권력을 직업으로 하는 구조는 똑같다는 것을 우리는 명심해야 한다.

국회의원이 되면 당을 위해 열심히 일을 해야 하고 그리고 반대당을 열심히 헐뜯고 비판해야 하는 것이다.

편 가르기 정치권력의 잘못은 권력을 직업으로 할 수 있는 구조가 원인인 것이다.

편 가르기의 원인은 명확히 밝혀졌다.

비리와 부패의 원인은 권력을 오래할 수 있는 시스템에 있는 것이다.

그래서 국회의원을 오래 하지 못하도록 국회의원을 1번으로 끝내야 하는 것이다.

당 소속은 다르지만 국회의원을 1번씩 만 할 수 있도록 구조를 법으로 바꾼다면 오직 국민을 위해 봉사하는 정치로 바뀔 확률이 높은 것이다.

권력욕심이 많은 국회의원은 정치권력을 오래하지 못하여 아쉽기는 하겠지만 국민을 위해서는 권력욕심을 버려야 정직한 나라를 만들 수 있기 때문이다.

정직한 나라를 만들기 위해서는 모든 국민을 위한 정치를 하도록 다양한 국민들이 참여할 수 있어야 한다.

4년 후에 본인도 국회의원 자리를 떠나 국민으로 돌아가 자신의 삶을 잘 운영하기 위해서라도 국민을 위한 봉사하는 정치를 할 것이다.

국민들이 국회의원을 4년만 할 수 있도록 투표로 법을 고치는데 굳이 편 가르기를 할 필요가 없을 것이다.

국회의원을 오래 할 수 없도록 해야 한다.

그래야 편 가르기 정치는 사라질 것이다.

11. 생활문화

생활문화란?

사람들이 세상을 살아가면서 행복하게 살기 위해 활동하는 생활 방법이다.

생활문화는 행복을 누리며 죽음을 맞을 때까지 안전하고 편안하고 자유롭게 사는 활동이라 할 것이다.

생활문화는 편하게 생활하는 방식과 방법을 연구하고 발전시켜서 국민들이 행복하게 살기 위한 세상을 만드는 것이다.

그래서 가정생활이 발전하고 국민의 생활문화로 자리 잡게 되는 것이다.

국민의 행복이 하나씩 모여서 나라의 생활문화로 자리 잡는다.

생활문화는 민족의 정신이 담겨있다.

생활문화는 정치, 경제, 사회, 주거, 문화 등 여러 가지 국민의 삶에 필수적인 생활이며 국민들의 행복한 삶이 목적인 것이다.

그리고 나라마다 살아가는 생활문화의 방법과 방식은 조금씩 다르다.

나라마다 음식문화를 보면 쉽게 이해할 수 있을 것이다.

나라 위치에 따라 태양의 일조량과 내리는 비의 강수량과 온도의 차이와 습도에 따라 계절이 조금씩 다르기 때문이다.

그래서 곡물의 모양과 크기가 조금씩 다른 것을 알 수 있다.

따라서 나라마다 음식문화는 조금씩 다를 수밖에 없는 것이다.

곡물의 차이로 인해 음식을 요리하는 방법 또한 조금씩 다른 것이다.

나라마다 음식의 맛 또한 조금씩 다른 것을 알 수 있다.

그래서 그 지역에 살고 있는 사람들이 생활하는 방법에 따라 그들의 음식문화가 만들어지는 것이다.

그리고 민족이 달라서 전달하는 글과 언어 또한 다르다.

따라서 각 나라들은 다른 글과 언어를 사용하고 있다.

언어생활문화는 국민들이 살면서 공동체 안에서 자신들을 위한 일반적이고 상식적인 편리한 생활언어를 국민 모두가 공감하고 공유共함께공. 有있을유.하게 된다.

더 나가 국민들이 공감하고 공유하는 여러 가지 의견에 따라 사상과 이념이 만들어지고 예절과 예술과 종교생활이 만들어지는 것이다.

여러 가지 생활방법과 습관들은 각 나라 국민의 생활정신이 담겨 있고 이 정신을 그 나라의 민족문화民백성민. 族겨레족. 文글월문. 化될화.라고 한다.

각 나라들은 자신들의 자연환경에 적응하며 살기 위해 공통적으로 소유하는 물건들을 그 나라의 물질문화物만물물. 質바탕질. 文글월문. 化될화.라고 하는 것이다.

그래서 살고 있는 집 모양을 그 나라의 건축문화라고 한다.

이렇게 나라마다 나름대로 행복한 삶을 위해 생활하는 방법들을 끊임없이 개발하고 발전시키고 있는 것이다.

우리나라도 국민의 행복을 위해 여러 분야의 생활문화를 연구하고 있다.

각 나라의 생활문화는 국민을 위한 행복한 축복인 것이다.

어떤 나라든지 행복하게 살기 위한 생활문화는 다 중요한 것이다.

그리고 선진국일수록 도덕과 예절생활문화를 더 소중하게 여기는 것을 알 수 있다.

특히 도덕과 정치문화를 중요하게 생각한다.

이유는 공동체생활을 하려면 부모와 자식관계, 친구와 친구관계, 이웃과 이웃관계가 좋아야 나라가 안전하기 때문이다.

좋은 관계를 바탕으로 이웃과 함께 살고 있는 이웃들이 모두 안전하고 자유롭고 평화로운 생활을 공유할 수 있기를 바라기 때문이다.

각 나라들은 자신들이 사는 나라를 행복한 사회로 만들기 위해 올바른 도덕과 예절생활을 만드는데 많은 노력하는 것이다.

세계 여러 나라들은 아이들이 태어나면 어려서부터 예의와 도덕생활을 기본적으로 가르치고 있다.

국민이 안전하게 살 수 있는 나라를 만들기 위해서다.

우리 주변 나라들에서 일어나는 폭동들을 보라!

좋은 이웃들도, 좋은 이웃 나라들도, 정직하고 올바른 도덕과 예의와 예절 안에서 만들 수 있기 때문이다.

우리나라도 자유롭고 평화로운 사회를 만들기 위해서 자라나는 아이들을 올바른 도덕과 예절생활에 신경을 써야 한다.

나라의 안전을 위해서 우선해야 할 일은?

첫째/ 우리 기성세대들은 올바른 말과 행동을 실천하는 생활을 해야 한다.

둘째/ 자식들은 마땅히 부모님께 효도하는 효도문화를 가르쳐야 한다.

셋째/ 아랫사람은 윗사람을 존경하고 존중하는 예절문화를 가르쳐야 한다.

넷째/ 우리 기성세대들은 주위에서 나쁜 일이 발생하면 그 주위에 있는 사람들은 서로 나서서 도와주는 정의로운 예절생활을 해야 한다.

다섯 번째/ 기성세대들은 어떤 상황에서도 거짓말을 하지 않는 정직한 생활을 해야 한다.

그 결과 자식들은 올바른 말과 올바른 행동을 하게 될 것이다.

정의로운 일을 하는 사람들이 존경받는 사회가 될 것이다.

어른들이 올바른 예의와 예절을 지킴으로서 우리 아이들은 안전하고 행복하고 자유롭게 살 수 있는 질서 있는 사회가 만들어질 것이다.

선진국일수록 잘못을 바로잡는 질서의 규정糾꼴규. 正바를정.과 규칙規법규. 則법칙칙.을 국민이 잘 지키는 예의 바른 예절문화를 만들고 있다.

우리도 올바른 예의와 예절생활이 일상생활이 될 수 있도록 노력해야 할 것이다.

그래야 국민이 안전한 생활과 자유를 누릴 수 있을 것이다.

가정에서 부모가 아이들에게 모범이 되는 올바른 말과 행동을 실천하는 모습을 자식들에게 보일 때 자식들도 따라가는 것이다.

그 결과 우리나라는 누구도 넘보지 못하는 강력한 힘을 만들 수 있을 것이다.

따라서 국민은 단결할 것이다.

국민이 단결하면 우리 대한민국은 국력이 강한 나라가 될 것은 명약관화明밝을명. 若같을약. 觀볼관. 火불화.와 같이 강한 국력을 가진 나라가 될 것이 분명하다.

우리나라는 예절이 바른 나라였다.

70년 전인 1900년도 만 하더라도 우리나라는 팔도 어디를 가나 도덕과 예의와 예절이 올바른 백성이었다.

우리 국민은 이웃이 어렵고 힘들어하면 찾아가서 위로하고 십시일반+열십. 匙숟가락시. 一한일. 飯밥반. 서로 도우며 살았던 백성이었다.

콩 한 알도 서로 나누어 먹는 민족이었다.

어쩌다 신문이나 미디어 방송뉴스news에 사람이 잘못되어 죽었다는 뉴스가 나면 나라 전체가 시끄러웠다.

그러나 21세기인 지금 세상은 많이 달라졌다.

사람 목숨이 파리 목숨과 같은 세상이 되었다.

내 이웃에 사는 집에서 자식이 부모를 구타하고 살해하는 일이 생긴다 해도 이웃 사람들은 관심이 없다.

왜 이렇게 되었을까? 우리는 생각해야 한다.

어쩌다 우리나라는 자식이 부모를 공경恭공손할공. 敬공경할경.하지 않고 부모를 구타하고 죽이는 나쁜 사회문화가 만들어졌을까?

어쩌다가 자식이 부모를 섬기는 효도생활문화가 망가졌는가?

어쩌다가 우리 조상들이 그렇게 중요하게 여기던 도덕과 예의와 예절생활문화가 망가지고 있는 것인가?

우리 선조들의 삶은 그들이 살았던 사회를 온갖 값나가는 재물에 눈이 멀기보다는 사람을 더 소중하게 여기는 인간 중심의 인본주의人사람인. 本밑본. 主주인주. 義옳을의.사상으로 사회를 만들고 이끌었다.

우리의 선조들은 우리나라보다 앞선 생활문화를 가진 이웃 나라인 중국의 대학자인 공자와 맹자, 노자의 학문을 배우고 익히고 실천하며 살았다.

공자의 가르침에는 인간의 착한품성은 태어나면서부터 선천적으로 가지고 있으며 사람마다 가지고 있는 마음의 심리를 인간의 본성이라고 가르쳤다.

심리心마음심. 理다스릴리.란 마음의 움직임이다.

공자가 말하는 선천적이라 함은 아이가 어머니 배 속에서 10개월 동안 어머니와 한 몸이 되어 부모가 하는 언어와 행동과 활동하는 생활들을 아기가 나름대로 감각적으로 배운다는 말과 같을 것이다.

그래서 공자님 말씀은?

사람은 어머니 배 속에서 이미 인성과 성격이 만들어진다는 뜻일 것이다.

따라서 아이의 성격은 태어나기 전부터 이미 어머니 배 속에서 성장하면서부터 만들어지며 세상에 태어날 때 지니고 태어난다는 말일 것이다.

그래서 아기는 어머니 배 속에 잉태孕아이밸잉. 胎아이밸태.되면서부터 어머니 배 속에서 부모들의 말과 행동을 본받아 착한인성과 악한인성도 함께 자라고 있다는 뜻일 것이다.

공자님의 가르침은 사람은 자라면서 교육을 통해서 착한 본성을 찾아가는 마음을 수양함으로써 재물보다는 사람을 더 중요하게 여기는 인간중심교육을 시켜야 한다고 훈계하는 것이다.

공자와 뜻을 같이하는 맹자의 가르침에도 인간의 본성에는 선천적으로 인仁어질인. 의義옳을의. 예禮예도예. 지智슬기지.라는 4가지의 품성을 가지고 있다고 했다.

그리고 각 사람들은 자신의 마음에서 우러나오는 이 4가지를 그 사람이 지니고 있는 성품이라고 하며 사단四넷사. 端바를단.으로 나누어 가르쳤다.

따라서 이 4가지 성품을 지닌 마음 중에

첫째, **측은지심**惻슬퍼할측. 隱숨길은. 之갈지. 心마음심.이라 가르친다.

그리고 이 측은지심의 뜻은 내 이웃에 사는 사람이 딱한 일을 당할 때 그 딱한 일을 당하는 사람이 가여워서 불쌍히 여기는 생각하는 마음이라고 가르친다.

그리고 이 마음의 뜻은 어질 인仁에서 우러나온다는 것이다.

둘째, **수오지심**羞바칠수. 惡악할악오. 之갈지. 心마음심.으로 이 말의 뜻은 자기 자신이 하는 옳지 못한 말과 행동을 부끄러워할 줄 알아야 한다고 가르쳤다.

그리고 이 말의 뜻은 옳을 의義에서 우러나온다고 했다.

세 번째, **사양지심**辭말사. 讓사양할양. 之갈지. 心마움심.으로 상대방이 자신에게 부당하게 이익을 준다면 그 이익에 대해서 마땅히 겸손하게 사양해야 한다고 가르친다.

그리고 이 말은 예도 예禮에서 우러나온다고 했다.

네 번째, 로 **시비지심**是옳을시. 非아닐비. 之갈지. 心마음심.으로 어떤 일을 하는 데 있어서 옳은 일인지 나쁜 일인지를 가릴 줄 알아야 한다고 가르쳤다.

그리고 이 말은 슬기 지智에서 우러나온다는 것이다.

맹자님은 짐승이 아닌 사람이라면 이 4가지의 말과 뜻은 꼭 배워서 익혀야 한다고 가르치고 훈계하셨다.

사람이라면 이 4가지의 덕을 배우고 실천하는 사람이 되라고 가르쳤다.

따라서 이 뜻을 깨닫고 따르는 사람을 맹자선생님은 사나이대장부라고 칭송했다.

더 나가 대인이라고 칭송했다.

이와 같이 옛 성인들도 사람이 살아가는 과정은 도덕과 예의에 따른 예절생활을 매우 중요하게 여기면서 살았던 것이다.

우리보다 앞 시대를 살았던 선배들도 도덕과 예의와 예절을 백성들에게 가르쳐 훈계함으로써 사회질서가 바로 서고 이성을 지니고 있는 사람이 사람답게 살 수 있는 생활문화가 만들어진다고 생각했기 때문이다.

옛말에 온고지신溫따뜻할온. 故옛고. 知알지. 新새신.이라는 고사성어가 있다.

이 말은 선배였던 조상들이 가르친 옛 교육을 배우고 깨달아서 그것을 토대로 새로운 교육을 배우라는 말일 것이다.

그러나 우리나라가 언제부터인지 사람이 중요하다는 인간중심 교육보다는 사람을 능력 위주로 줄을 세우는 능력 위주의 교육으로 변질되기 시작했다.

그래서 언제부터인지 조직을 이끄는 대표가 부하보다 학벌이 낮아서 실력이 없다고 부하자신이 생각한다면? 그 부하는 대표의 말에 따르지 않아도 된다는 학벌주의가 나타나기 시작했다.

이로 인해 학벌이 높은 부하의 지식보다 지혜가 많은 연장자의 장점을 깨닫지 못하는 잘못을 범하는 일이 우리 사회를 혼란시키고 있다.

따라서 부하는 지혜가 많은 연장자의 인생선인 상관의 말을 듣지 않는 문제가 발생하기 시작했던 것이다.

이렇게 왜곡된 교육은 지혜가 많은 연장자를 재치고 출세를 우선으로 하는 잘못된 교육으로 변질되어 갔던 것을 우리는 알아야 한다.

정황이 이러하다 보니 예의와 예절생활문화는 알 수 없는 오리무중五다섯오. 里마을리. 霧안개무. 中가운데중.의 상황이다.

그래서 우리가 사는 사회는 꼼수와 속임수가 판을 치는 세상으로 변화되어갔다.

꼼수와 속임수는 어떤 공식으로 계산하면 상대보다 조금이라도 더 나은 점수를 받아서 더 많은 능력을 인정받을 수 있을까?

이렇게 황당한 자신의 목적을 달성하기 위해 갖은 수단과 방법을 가리지 않는 권모술수權저울추권. 謀꾀할모. 術꾀술. 數셀수.가 판을 치는 사회가 되어갔다.

그래서 상대의 환심을 사려고 아첨하는 교묘한 말재주로 교언영색巧공고할교. 言말씀언. 令영령영. 色빛색.하는 말쟁이가 판을 치는 사회가 되어가고 있다.

행동으로 실천하기보다는 말을 잘하는 교활한 사람이 대우받는 세상으로 바뀌고 있는 것이 모든 국민들을 힘들게 하고 있다.

이런 정황과 상황이 현재 우리나라가 당면하고 있는 생활문화인 것이다.

이러한 잘못된 정치문화는 1945. 08. 15. 행방 이후에 자유당의 이기봉 당대표가 권력을 잡으려고 권력욕심을 부리면서 부터일 것이다.

그리고 지금도 일부 정치꾼들은 우리 국민이 다 함께 잘살아야 한다고 부추기면서 나라를 개혁하자고 한다.

그러면서 자신이 속해 있는 당에서 추진하는 정책에 따른 정치가 우리나라 국민을 위해서는 더 잘한다고 자랑을 한다.

그래서 반대편 정치세력의 의견을 아예 무시하고 받아들이지 않는 일이 발생하면서 서로 편을 나누고 상대 당을 비판하면서 싸움정치로 변질되었다.

그래서 이들은 국민들을 선동해서 대모도 한다.

그러다가 정권을 잡은 새로운 정치세력은 기존의 정치세력을 감방으로 보내려고 갖은 명목을 만들어서 국민들을 선동한다.

이에 감방으로 가는 기존정치세력들은 억울해했다.

이러한 진영싸움정치가 우리나라의 생활정치문화로 자리 잡게 된 것은 우리나라가 일본으로부터 해방된 이후를 기점으로 지금까지 계속되는 것이 현실이다.

다시 홀대를 받던 반대 정치세력의 사람들이 권력을 잡았다.

상황은 반전되었고 반대로 이번에는 기존의 정치세력의 사람들이 몇 년에서 몇십 년간 감방으로 여행을 가야 한다.

이런 상황이 우리나라 정치문화 환경이다.

나라의 사정과 형편이 이러다 보니 국민들은 보수와 진보로 갈라져서 보수당원이 수십만 명이다.

이에 뒤지지 않게 진보당원도 수십만 명이다.

그렇다면 이들이 하는 일이 무엇일까?

정당이 다른 이들이 하는 일은 자신이 속한 당에서 권력을 잡게 하려고 전투하는 호위병이라고 할 것이다.

이렇게 호위병을 자처하는 이유는 또 무엇일까?

아무런 대가 없이 나라를 위해서 국민을 위해서 봉사하는 것일까?

그래서 수십만 명이 모여서 자비로 당비도 내고 교통비도 써가면서 국민을 위해 희생하고 봉사하는 것일까?

그리고 이들은 당원으로 사는 것이 이들이 편하게 사는 것일까?

아니다 이들도 권력에 눈이 먼 일부 정치꾼들에 붙어서 권력에 욕심을 부리는 사람들이라 할 것이다.

그래서 이들은 더 많은 자기편을 만들기 위해서 동분서주한다.

이러다가 자기들이 추종하는 정치꾼이 권력을 잡는 날에는 자신도 권력의 한자리를 차지할 수 있기 때문일 것이다.

편이 다른 정치 권력자들에 의해 수시로 일어나는 사회적인 비리들은 또 어떠한 내용들을 담고 있을까?

이런 상황들이 지금 우리나라 국민들이 살아가는 정치생활문화가 되었다.

이러한 잘못된 정치생활문화는 생각해 볼 일이다.

그러나 대다수의 국민들은 이렇게 양당이 갈라서서 자기들만 옳다고 당파싸움 하는 것을 원하지 않는다.

이렇게 서로 갈라서서 으르렁거리며 자신들만이 옳다고 싸우는 것을 미디어 콘텐츠media, contents를 통해 볼 때면 한심하고 짜증만 날 뿐이다.

그리고 우리나라 70~80%의 다수의 국민들은 보수도 진보도 관심이 없다.

관심이 있다면 어떻게 하면 나라가 안정되고 자신을 포함해서 우리 국민 모두가 행복하게 잘 살 수 있을까?

하는 관심뿐이다.

우리나라의 패싸움정치생활문화는 우리나라의 도덕과 예절문화가 붕괴되면서 시작되었다 해도 틀린 말은 아닐 것이다.

이렇게 싸움만 하는 정치생활문화를 고칠 수 있는 방법은 없을까?

권력욕심이란?

함께 정치하는 반대당 동료라도 매섭게 비판해야 하는 비정한 생활인 것이다.

달이 해를 가리면 해가 빛을 잃어버리듯이 국민들에게 희망의 빛이 보이지 않는다면 국민들의 몸과 마음은 힘이 들고 지칠 것이다.

희망이 보이지 않는 현실이 몸과 마음을 지치게 한다면 다수국민들이 살려고 하는 삶 또한 무겁고 힘들다는 것을 정치생활을 하는 사람들은 왜 모르는 것일까?

트집과 허물은 벗길수록 많아진다.

욕심은 채울수록 커지는 것이 아닌가?

그렇다면! 해법을 찾아야 할 것이다.

그리고 해결할 수 있는 방법으로는 어떠한 경우를 막론하고 권력은 오래 잡을 수 없게 하는 방법이 답일 것이다.

그 증거는 흐르지 않는 물은 썩어서 구역질 나는 썩은 냄새를 풍기는 것을 우리는 흐르지 않는 물구덩이를 보면서 알고 있다.

이를 근거로 생각해보면 권력도 오래 잡을수록 그 권력의 힘으로 부정부패는 많아질 수밖에 없을 것이다.

권력에 기대는 부정한 청탁이 많아질 것이고 정직한 사회는 무너질 것이다.

일이야 어떻든 자신에게 재물이 생기는 것을 싫어하는 사람은 없기 때문이다.

자유민주주의 권력은 국민으로부터 나온다.

권력도 국민 모두가 골고루 행사할 수 있는 방법을 만들어야 한다.

수십 년씩 권력을 직업으로 가질 수 없게 하는 것이다.

국회의원자리를 직업으로 생각하게 해서는 안 된다.

권력욕심을 부리지 못하게 법을 만든다면 직업적인 권력문제는 해결될 것이다.

어쩌다가 조선시대의 봉건주의 당파싸움의 정치생활을 상속받았을까?

국회의원이 되면 4년은 국회의원을 할 수 있다.

당대표에게 잘 보여서 4년 후에 국회의원에 다시 출마할 수 있는 공천만 받을 수 있다면 4+4년은 더 국회의원을 할 수 있기 때문이다.

권력의 욕심이란?

이렇게 국민들의 정직한 마음과 정신을 교란시키고 있는 것이다.

보수나 진보정치생활인들이 국민을 위해 봉사하는 정치를 한다는 명목으로 국민을 위하는 척 가면을 쓰고 자기가 속한 당이 정권을 잡을 수 있게 여러 가지 달콤한 감언이설^{甘달감. 言말씀언. 利날까로울이. 說말씀설.}로 말재주를 부리니 정치를 잘 모르는 국민들은 이 말이 옳은지, 저 말이 옳은지 알 수 없게 만든다.

말이란 마술을 부린다.

좋은 사람도 나쁜 놈이라고 4번말을 하면 나쁜 놈이 되는 것이다.

국민을 생각한다면 자신이 지지하는 당의 일을 전달하는 정치인들은 견강부회^{牽끌견. 强굳셀강. 附부칠부. 會모일회.}하는 이치에 맞지 않는 말을 그럴듯하게 만들어 붙여서 자기편에 유리하도록 하기 위해 아리송하고 오묘하게 알아들을 수 없는 말솜씨를 자랑해서는 안 되는 것이다.

그럴듯하게 말솜씨를 자랑하는 정치생활꾼들은 국민들에 대한 예의가 없다는 것을 다수국민들은 알고 있기 때문이다.

말솜씨를 자랑하는 정치꾼들이 하는 일들은 살기 좋은 정직한 대한민국을 만드는 데 걸림돌이 될 뿐이다.

권력욕심에 눈이 먼 정치생활꾼들은 국민들을 고통으로 울부짖는 죽음의 구덩이로 끌고 갈 뿐이다.

정직한 정치는 자유민주주의를 지키기 위해 국민과 약속한 법의 규정과 규칙에 근거한 명료한 표현을 하는 것이 특징이다.

국민들은 권모술수權저울추권. 謀꾀할모. 術꾀술. 數셀수로 목적을 달성하기 위해 수단과 방법을 가리지 않는 모략과 술책의 말장난에 속지 말아야 한다.

욕심이 많은 정치인들은 정치활동을 현실성이 없는 탁상공론卓높을탁. 上위상. 空빌공. 論말할논.의 허황된 생각에서 하는 말이기 때문이다.

권력에 눈이 먼 정치꾼들은 개 눈에 똥밖에 안 보이는 말처럼 권력만 찾아다니는 불나방일 뿐 국민을 올바르게 지도할 생각을 못 하는 것이다.

국민에게 모범을 보이며 국민들을 가르치고 이끌어야 할 지도자 되려면 재물을 멀리하고 도덕과 예절이 정직한 사람이어야 한다.

법을 어기는 사람이 지도자가 된다면 경천동지驚놀랄경. 天하늘천. 動움직일동. 地땅지.할 놀라는 일들이 많이 생길 것이다.

도덕과 윤리가 올바르지 못한 사람은 국민을 가르칠 자격이 없다.

정직하지 못한 지도자의 말은 국민이 따르지 않기 때문이다.

어떤 일이든 꼼수만 부릴 것이다.

국민의 세금을 훔치는 지도자가 국민을 도둑이라고 할 수는 없는 것이다.

우리나라에서 이런 도둑들은 국민이 피땀 흘려 낸 세금을 훔치면서 국민들이 알지 못하도록 경강부회하는 말로 요술을 부린다.

국민을 위한 정치는 국민을 위해 봉사하는 것이다.

어려운 문제일수록 국민을 생각하고 양보해야 하는 것이다.

그래서 야든 여든 국민을 위하는 일이라면 서로 양보할 수 있어야 한다.

우리의 일상생활에 자리 잡고 있는 정치생활의 장점과 단점을 구분하고 사회계층간 불평등한 사회적인 문제가 있는지를 분별해야 하는 것이다.

우리가 살고 있는 사회는 어떤 일이든지 100%가 좋다거나 100%가 나쁜 환경과 구조를 가질 수는 없다.

세상일은 **호사다마**好좋을호. 事일사. 多多 많다. 魔魔마귀마.의 이치를 담고 있다.

좋은 일에는 방해하는 일도 있는 것이다.

우리가 사는 사회는 자연적인 환경과 인위적인 현상이 함께 존재하기 때문이다.

그래서 국민에게 꼭 필요한 일이라면 양보해야 하는 것이다.

우리가 사는 사회 환경이 아무리 좋은 구조를 갖추었다 하더라도 반드시 나쁜 구조와 함께 동행하는 것을 알아야 한다.

어떤 문제든지 50%의 장점과 50% 단점을 담고 있는 것이다.

국민이 잘 살 수 있도록 정직한 생활문화를 만들어야 한다.

어른들은 아이들의 거울이다.

12. 도덕과 윤리

도덕과 윤리란?

도덕과 윤리는 사람은 짐승들과 달리 이성적인 판단을 하며 사람으로서 마땅히 올바르게 생각하는 것을 말과 행동으로 표현하는 활동이다.

도덕과 윤리의 근본根뿌리근. 本밑본.은 올바른 생각을 실천하는 행동이다.

그렇다면 사람이 생각 하는 도덕과 윤리의 활동은 태어날 때 이미 지니고 태어난다고 보아야 할 것이다.

그러므로 도덕과 윤리는 우리가 공동생활을 하는 가운데 다 함께 안전한 생활을 하기 위해서 활동하는 말과 행동인 것이다.

그래서 도덕과 윤리는 우리 조상들이 살아온 역사 속에서 습관이 된 말과 행동으로 국민들의 자유로운 생활이었다.

자유로운 대화에서 국민들의 자유로운 생활에 따른 방식과 방법을 백성들이 공감하면서 행동이 습관이 된 것이다.

국민들의 습관적인 행위가 도덕과 윤리로 만들어진 것이다.

국민 모두가 안전하고 평화롭게 살 수 있도록 법에 의한 규범에 따른 규정과 규칙을 정하고 국민들이 지키면서 살았다.

그 결과 백성들이 도덕과 윤리를 지킴으로서 국민들이 생활하는 공동체 모두가 안전하고 자유로운 생활을 보장받았던 것이다.

우리 조상들은 도덕과 윤리를 잘 지킬 수 있도록 하기 위해서 윗사람과 아랫사람의 순차에 따라 서로 존중하고 존경해야 하는 말과 행동을 자율적으로 할 수 있도록 가정에서부터 교육을 시킨 것이다.

가정서부터 자율적인 교육을 통해 아랫사람은 위 어른을 존경하는 예절교육을 가르치고 지킬 수 있었다.

질서를 지키는 도덕과 윤리는 나는 물론이고 상대와 이웃들과의 관계를 안전하고 편안하게 만들어 주는 역할을 했던 것이다.

그래서 지금을 살아가는 우리들도 안전한 공동생활을 하기 위해서는 다 함께 약속한 법의 규범에 따른 규정과 규칙規법규. 則법칙칙. 지켜야 하는 것이다.

공동생활의 교육에서 우리가 지키기로 약속한 도덕과 윤리의 질서는 우리 스스로 지켜야 한다고 생각하는 것이다.

따라서 교육을 통한 도덕과 윤리의 가치관은 각 사람이 양심적으로 행동하는 자율적인 윤리관으로 성장하는 역할을 하는 것이다.

이와 같이 도덕과 윤리는?

우리가 살면서 서로 다른 모습을 인정하고 존중하기 위하여 지켜오는 습관習익힐습. 慣버릇관.적이고 체계적인 제도制마틀제. 度법도도.인 것이다.

도덕과 윤리관은 자연의 이치를 따르는 순수하고 깨끗한 인간이 지니고 있는 순진한 사람들의 마음과 행동이라고 할 수 있다.

지금으로부터 약 2500년 전인 BC.5세기에 살았던 고대그리스 철학자 플라톤Platon.과 소크라테스Socrates. 그리고 아리스토텔레스Airstoteles. 등의 고대학자들도 그 당시 사람이 살아가는 인간관계의 중요성을 가르쳤다.

그들이 일관되게 교육시킨 것은 사람의 도덕과 윤리의식은 모두가 살아가는 사회에서 언제 어디서나 우리들이 서로 공감할 수 있는 인간본성의 보편적인 행동이라고 가르치고 훈계했던 것이다.

이렇게 고대 유럽그리스의 철학자들도 인간의 도덕과 윤리는 이성을 가진 인간이 지켜야 할 도리라고 가르쳤던 것이다.

우리가 살아가는 사회는 모두가 편안하고 안전하게 생활을 할 수 있도록 환경을 만들어야 하기 때문이라고 말한다.

이렇게 고대 유럽의 학자들은 도덕적 윤리의식을 가르치고 훈계했던 것이다.

그 결과 도덕과 윤리는 이웃들에게 해를 끼치는 말과 행동을 하는 사람이 있다면 주위에 있는 사람들이 서로 나서서 이웃에게 해를 끼치지 못하도록 설득하고 제제를 해야 하는 것이다.

도덕과 윤리는 어려움에 처한 이웃을 도와주는 것이다.

그 이유는 사람의 소중하기 때문이다.

그래서 이웃사람이 자기 마음에 들지 않는다고 해서 괴롭히거나 폭행을 하거나 힘으로 살인을 해서는 안 되는 것이다.

우리가 살고 있는 사회는 농경사회에서 공업사회를 거치면서 첨단과학정보사회로 발전함에 따라 빈부의 격차는 더욱 심해지고 있다.

그리고 현실의 빈부차이는 정보사회로 발전하는 학벌차이로 인해 경제적 차등이 더욱 심해지고 있는 실정이다.

이에 꾀를 부리는 사람들은 더 많이 가지려고 경제적 범죄를 저지르고 더 나가 도둑질과 폭력과 살인까지 하는 사회로 변질시키고 있는 것이 문제이다.

우리가 사는 사회를 안전한 사회로 다시 회복시키기 위해서는 우리가 스스로 지키고 행해야 할 도덕道길도. 德덕덕.과 윤리倫인륜윤. 理다스릴리.는 모든 국민이 공감하고 지킬 때 우리가 사는 사회를 안전하고 평화로운 사회로 되돌릴 수 있는 것이다.

특히 우리가 활동하는 직장생활에서 공익을 위한 도덕과 윤리의식을 가지야 한다.

정직한 말과 행동은 서로가 공감하고 신뢰하기 때문이다.

도덕과 윤리를 지키기 위해서는 서로 정직한 말과 정직한 행동을 함으로써 서로를 신뢰할 수 있을 것이다.

따라서 직장에서도 도덕과 윤리의식이 중요한 것이다.

우리가 직업을 자신의 이익만을 추구하는 수단으로만 활용한다면 돈 욕심 때문에 도덕과 윤리의식은 망가질 수 있다.

돈 욕심 때문에 도덕과 윤리의 도리에 어긋나는 비리非아닐비. 理다스릴리.들과 부정不아닌가부. 바를 正.한 일들이 생길 것이다.

그 문제로 공금을 횡령하거나 공금을 마치 자기 주머닛돈인 양 착각할 수 있기 때문이다.

이러한 사건들은 직장에서 직업윤리 의식과 도덕적 가치판단이 흐려져서 올바르게 판단을 하지 못하기 때문이다.

사람은 공동체 생활에서도 자신의 이익을 먼저 생각하는 동물이기 때문이다.

그래서 직장에서도 도덕과 윤리가 중요하다는 것을 인식하고 교육시킬 때 부정부패가 없는 공동체가 만들어지는 것이다.

도덕과 윤리는 자신도 모르게 배운다.

아이가 어머니 배 속에서 10개월간 어머니와 함께 지내면서 어머니의 말과 행동에서 도덕과 윤리의식을 아기는 자신도 모르는 사이에 조금씩 감각적으로 인식하고 느끼면서 배우는 것이다.

우리는 자연의 이치를 따라 살아갈 수밖에 없고 또 그 속에서 지혜知알지. 慧슬기로울혜.를배우며 살기 때문이다.

이 지구는 인간을 비롯해서 셀 수 없이 많은 생명들이 살고 있다.

이 생명들은 그 나름대로 질서가 있고 이들은 자신들의 질서 안에서 생명을 유지하며 살아간다.

지구에 존재하는 수많은 생명들은 자기들이 생활하는 위치에서 생존을 위해 자연환경의 질서에 따라 살 수밖에 없기 때문이다.

자연에서 살고 있는 수많은 생명들의 교훈에서 우리도 우리들이 지켜야 할 질서 가운데 도덕과 윤리를 지키면서 살고 있는 것이다.

19세기에 살았던 독일의 사회학자 막스베버Max Weber.가 강조하는 인간으로서의 책임 있는 도덕에 따른 윤리적인 행동은 자연과학과 사회과학의 관점으로 해석할 수 있다고 가르쳤다.

막스베버Max Weber.가 생각하는 사회과학적인 도덕에 따른 윤리의식의 가치는 사실에 근거해서 관찰하고 행동으로 검증할 수 있는 지식과 지혜를 인정하려는 실증론의 실증주의철학과 뜻을 같이 한다고 설명하고 있다.

사람들의 도덕적인 윤리의식과 기본적인 이해는 자신이 생각하는 철학 속에 있다고 보아야 한다는 것이다.

따라서 도덕적인 윤리의식은 자신이 생각하는 마음과 의지에 따라 합리적인 인간관계에서 발생하는 가치성에 의해 나타난다는 것이다.

이러한 도덕적인 윤리는 자연과학적 해석이다.

더 나가 우리 인간관계의 윤리뿐만 아니라 생태계까지도 포함된다.

지금 현재 세대와 미래 세대까지 고려하여 사람의 행위에 대한 포괄적인 책임윤리를 강조했던 것이다.

　우리 인간은 지각없는 미물인 동물들과 달리 스스로 깨달을 수 있기 때문이다.

　보잘것없는 미물인 파충류와 동물들은 어떤 일에 대한 의견이나 사물을 헤아리고 판단하는 능력이 없다.

　그러나 우리 인간은 생각하는 능력을 가지고 있다.

　그러므로 인간은 어마어마한 이성적인 능력을 가지고 이 세상에 태어났으며 이 세상을 살아가고 있는 것이다.

　하지만 능력이 많은 인간이라 하더라도 자연의 순리를 어긴다면 안전한 생활을 보장받을 수 없는 것이다.

　그 이유는 우리는 스스로 자연에 대한 가치에 대하여 도덕적인 윤리의식을 상실함으로써 환경은 파괴되고 재해를 당하면서 고통을 겪으며 살고 있다.

　이와 같이 자연을 파괴하는 행위도 우리가 돈을 벌기 위한 욕심 때문에 발생하는 생활도덕이 문제이기 때문이다.

　돈 욕심 때문에 우리가 자연에 대한 도덕과 윤리를 지키지 않음으로써 너무나 많은 각종이산화탄소들을 배출하는 생활이 문제를 만들고 있다.

　그러나 태풍과 해일과 지진과 화산폭발 등 자연적인현상이 원인이 되어 일어나는 자연재해도 있다.

　이런저런 재해로 우리는 혹독한 대가를 치르며 살고 있는 것이다.

　그렇다면 우리는 자연에 존재하는 일원으로써 자연을 아끼고 사랑하는 마음으로 자연에 대한 도덕과 윤리적인 가치도 생각해야 할 것이다.

사람들이 생각하는 자연에 대한 가치를 알고 자연을 지키려는 질서에 의해 이 지구를 지탱할 수 있게 하기 때문이다.

그래서 직장을 포함해서 우리가 공동생활을 하는 과정들이 자연을 위한 도덕적 윤리의식은 가져야 한다는 것이다.

모든 국민이 안전하고 평화롭게 살기 위해서라도 각자가 이성적인 판단을 할 줄 알아야 한다는 것이다.

우리가 지켜야 할 도덕적 규범에 따른 윤리적인 규칙과 규정은 반드시 지키고 따름으로서 불행한 일들을 막을 수 있는 것이다.

그 결과 우리가 생활하는 사회는 도덕과 윤리의 틀 안에서 최대한의 안전한 자유를 보장받을 수 있는 것이다.

자연의 질서와 사람의 안전한 생활을 위해서는 도덕과 윤리를 지키지 않으면 법의 강제를 받아야 한다.

그 이유는 도덕에 따른 윤리적인 생활은 자연을 파괴한다거나 이웃에게 피해를 주지 못하게 하는 유일한 제도이기 때문이다.

상대를 괴롭히거나 상대방相서로상. 對대답할대. 方모방.의 물건을 빼앗는 행동으로 도덕과 윤리를 파괴하면 우리가 사는 사회는 어떻게 되겠는가?

도덕과 윤리를 지키지 않는 행동은 인간으로서 이성적인 판단을 하지 못하는 들짐승들이나 하는 지나친 욕심에서 시작한다.

자기만을 생각하는 짐승처럼 지나친 욕심이 남의 물건을 훔치거나 강탈한다면 우선은 기분이 좋을지는 모르겠다.

하지만 지나친 욕심으로 도덕과 윤리를 지키지 않고 선을 넘는다면 사람이 지니고 있는 이성적인 판단을 상실하는 것이다.

도덕과 윤리를 상실한 욕심은 사람의 마음을 짐승으로 만든다.

그러나 이런 짐승도 자기보다 더 힘이 강한 나쁜 욕심을 부리는 짐승 같은 인간을 만나면 자신도 안전을 장담할 수 없다는 것을 알아야 한다.

짐승처럼 욕심 많은 사람은 어리석은 사람이다.

자기밖에 모르는 짐승 같은 욕심은 우리 가사는 사회를 무법천지로 만들 것이다.

도덕과 윤리가 파괴된 사회는 우리들의 안전한 생활을 보장할 수 없다.

그러므로 도덕과 윤리를 파괴하는 자신만을 생각하는 짐승 같은 행동은 법의 강제를 받는 것이 마땅한 것이다.

짐승들은 자신의 생존을 위해서는 상대방의 생명은 안중에도 없다.

강자가 약자를 잡아먹는 약육강식弱약할약. 肉고기육. 强굳셀강. 食밥식.의 세상이기 때문이다.

도덕과 윤리가 파괴된 사회는 짐승들같이 힘에 의해서만 생존할 수 있다.

우리는 다 함께 안전하게 살기 위해서는 도덕과 윤리의 규정과 규칙을 자율적으로 지켜야 하는 것이다.

인간은 이성적인 판단을 하는 동물이다.

모두가 안전한 생활을 위해 질서를 지켜야 한다.

그러나 자고 일어나면 세상이 시끄럽다.

누가 누구를 죽였네, 누가 도둑질을 하다가 잡혔네, 누가 어떤 여성을 성추행했네, 더 나가 사람으로서는 도저히 용서할 수 없는 철면피 같은 사건이 발생하고 있는 세상이 지금 우리가 살고 있는 세상이다.

어린 자식을 낳아 버리거나 죽이는가 하면, 자기를 낳고 길러준 부모님을 때리고 살해하는 사건들이 비일비재한 세상이 아닌가?

지금 우리가 살아가는 세상은 도덕과 윤리는 사라지고 인간의 양심마저 완전히 무너진 세상에서 살고 있다.

그러나 인간은 도덕과 윤리보다 앞서서 자연의 순리에 따른 양심의 혼을 가지고 있다는 것을 알아야 한다.

우리보다 앞에 살았던 우리 조상들은 도덕과 윤리를 지키기 위해서는 목숨까지 버리며 살았던 선배들이 많다.

우리 선배들은 그때그때 상황에 따라 정직한 행동을 했던 인물들이다.

정직한 학자들은 자신이 당면하고 있는 정황과 상황에서 자신의 도덕과 윤리적인 양심에 따라 행동하는 지도력의 권위를 지니고 살았다.

어려운 상황에도 본인이 하려는 행위가 모든 사람들의 도덕적인 양심에도 공감할 수 있는지를 항상 생각하고 살았던 것이다.

하나님이 우리사람을 창조하시고 사람이 세상을 어떻게 살아야 하는지에 대한 하나님의 가르침을 보자!

하나님의 가르침을 보면 **사람이 세상에서 수고하는 모든 일들은 자신의 입을 위해서 수고**하는 것이라고 말씀하신다.

그러나 **그 입은 아무리 채워도 만족함을 모른다**고 가르치고 훈계하셨다.”

인간이 도덕과 윤리를 지키지 않고 자기만 생각하는 **인간이 가진 욕심**인 것이다.

그리고 그 욕심으로 인해 많은 죄를 지으면서 이 세상을 살고 있다.

그래서 하나님이 인간에게 명령하신다.

⑤ 네 부모를 공경하라

⑥ 살인하지 말라

⑦ 간음하지 말라

⑧ 도둑질하지 말라

⑨ 네 이웃에 대하여 거짓증거하지 말라

⑩ 네 이웃의 집을 탐하지 말라.”고 명령하셨다.

그러나 이 가르침은 교회를 다니는 교인들만 꼭 지키라는 것이 아니다.

불교에서나 유교에서나 도교에서나 마찬가지 진리인 것이다.

사람으로서 꼭 지켜야 하는 인간의 본분이기 때문이다.

그래서 도덕과 윤리를 배우고 깨달아야 한다는 것이다.

우리 인간들이 하는 악한 행위들은 하나님의 가르침을 무시하고 살아간다.

욕심 때문이다.

인간들도 어리석은 동물이라고 스스로 폭로하고 있다.

어리석음이 욕심에서 시작된다는 것을 말이다.

사람의 욕심은 태어나서 세상을 살면서 배우는 것이다.

하나님의 말씀이다.

하나님은 사람을 깨끗하게 지으셨으나 인간들이 **살아가면서 자신을 위해서 꾀를 부리는 것이라.**고 경고하셨다.

하나님의 말씀처럼 우리가 살아가는 세상은 먹는 욕심과 재물욕심과 권력욕심과 즐거움을 추구하는 욕심 때문에 우리들이 지켜야 할 도덕과 윤리를 무시하는 생활을 한다는 것이다.

욕심 때문에 서로 시기하고 다투는 세상으로 변하는 것이다.

시기하고 다투는 문제들은 우리가 지키면서 살아가야 할 도덕과 윤리에 따른 예절을 지키지 않기 때문이다.

남보다 더 많이 가져야 하고 더 많은 행복을 누리기 위한 욕심들 때문에 각자가 꼼수를 부리는 잘못된 생활을 반복하는 것이다.

옛말에 윗물이 맑아야 아랫물이 맑다는 교훈이 있다.

기성세대들이 문제인 것이다.

잘못된 도덕적 의식은 기성세대들이 솔선수범해서 고쳐야 할 것이다.

그래야만 욕심도 버릴 수 있는 것이다.

혼자만을 위한 욕심을 버리고 돈이라는 자원을 모든 국민이 다 함께 범사에 사용할 수 있는 사회적인 시스템도 만들어야 하는 것이다.

그 결과 국민이 다 함께 잘 살 수 있도록 서로가 모자란 것을 채워주는 사랑하는 나눔의 생활시스템으로 발전할 수 있기 때문이다.

그렇다면 우리가 나눌 수 있는 방법을 만들어야 한다.

하나님의 가르침이다.

전10:19절 잔치는 **희락을 위하여 베푸**는 것이요. **포도주는 생명을 기쁘게** 하는 것이나 **돈은 범사에 이용**되느니라. 라고 가르치신다.

전 5:15~16절 그가 **모태에서 벌거벗고 나왔은즉** 그가 나온 대로 돌아가고 **수고하여 얻은 것을** 아무것도 **자기 손에 가지고 가지 못하리니 바람을 잡으려는** 수고가 **그에게 무엇이 유익하랴.** 라고 경고하셨다.

그렇다고 어렵게 돈을 번 부자들에게 하기 좋은 말로 사회에 헌신하라고 하면서 아무런 대가 없이 공짜로 헌납하게 해서도 안 되는 것이다.

부자들도 생명을 거는 일들을 하면서 목숨을 아끼지 않고 모은 재산이기 때문이다.

그러므로 우리들도 부자들에게 대가를 지불해야 하는 것이 하나님이 우리 인간에게 가르친 사람의 도리인 것이다.

부자들의 노고를 인정하고 존경하는 마음과 고마워하는 마음을 항상 가져야 하는 것도 부자들에 대한 도덕과 윤리인 것이다.

이것이 하나님이 우리에게 가르치는 지혜인 것이다.

셀 수 없이 어마어마한 돈은 아무나 버는 것이 아니다.

그러므로 부자들이 베푸는 배려에 존중과 존경하는 마음으로 감사함을 전달하는 도덕과 윤리적인 사회를 만들어야 한다.

이 세상에는 공짜란 없는 것이다.

부자들을 인정하는 사회가 중요하다.

부자를 인정하는 사회는 국민에게 어려움이 닥쳐와도 국민들이 희망을 꿈꿀 수 있는 도덕과 윤리가 살아있는 사회가 될 것이다.

그리고 국민들이 존경하는 지도자는 지도자의 도덕과 윤리에서 나온다.

존경하는 지도자를 감시하는 것도 지도자의 도덕과 윤리가 감시하는 것이다.

국민에게 존경받을 지도력은?

국민이 지키려는 도덕과 윤리인 것이다.

13. 가정교육

가정교육이란?

부부를 중심으로 부모와 자식들이 함께 생활을 하면서 자연스럽게 부모가 하는 말과 행동을 배우는 것을 가정교육이라 한다.

우리들의 가정은 아이들이 세상에 태어나서 처음으로 지식과 지혜를 배울 수 있는 교육장인 것이다.

지식과 지혜를 배우는 가정교육은 아이들이 자라면서 부모와 자녀 관계가 안정적인 가족관계로 자리 잡아 가는 것이다.

가족들은 부모를 중심으로 자연스럽게 형제간의 상하관계가 성립되고 부모님이 만들어주는 주위 환경의 영향을 받으며 형성되는 성격과 습관적인 태도 등을 가정교육家집가. 庭뜰정. 敎가르침교. 育기를육.이라 정의할 수 있다.

가정교육은 부모들이 생활하는 방식과 방법을 아이들이 보고 배우면서 아이들은 부모님의 활동을 거울처럼 재조명하는 것이라고 할 것이다.

그래서 부모들은 자식들에게 어떤 모습을 보여 주어야 할지 생각해야 하는 것이다.

아이들은 보는 대로 배우기 때문이다.

보는 대로 배우는 아이들을 우리 부모들은 자식들이 사회에서 어

떤 사람이 되기를 바라는지 생각하고 교육적인 가치관을 정립해야
한다.

부모들이 아이를 교육시키는 목적이 아이를 출세시키는 교육이
먼저인지?

아니면 사람다운 인성교육이 먼저인지를 분간해야 하는 것이다.

그러나 요즘 부모들은 자식을 남보다 뛰어나게 키우기를 좋아한다.

남보다 뛰어나게 키우려는 것은 아이가 세상을 안전하고 행복하
게 살기 위해서는 남보다 먼저 성공하는 것을 중요하게 생각하기
때문이다.

그래서 부모는 자식이 출세出날출. 世대세.하기를 바라는 것이다.

자녀들의 삶을 조금 깊이 생각한다면 출세도 중요하겠지만 우선
사람답게 살 수 있는 인간의 가치를 생각하는 인간중심교육이 더
중요할 것 같다.

그래서 자식들이 사람답게 살 수 있도록 옳고 그름을 분별하는
삶의 가치를 배우는 것이 더 중요하지 않을까?

아이들의 부모들이 바라는 교육은 아이들이 자라서 반듯한 사람
이 되는 사회였으면 좋지 않을까 생각한다.

그래서 우리나라의 부모들은 자기 아이들의 반듯함을 서로 자랑
하는 엄마 아빠가 많았으면 좋을 것 같다.

우리 아이들은 부모가 가르치지 않아도 부모들이 세상을 살아가
는 모습을 거울처럼 따라가는 아이들을 많이 볼 수 있다.

아이들의 선생님은 부모이기 때문이다.

대부분의 아이들은 부모님의 직업을 따라간다.

아이들은 자신들도 인지하지 못하는 사이에 의식과 무의식無없을무. 意

뜻의 識알식.적으로 부모님이 하는 행동을 늘 교감하면서 살기 때문이다.

그래서 아이들이 자라는 주위환경 周두루주. 圍둘레위. 環고리환. 境지경경.이 중요하다는 것을 부모님들은 많은 관심을 가져야 하는 것이다.

기성세대들이 생각해야 할 것은 우리 조상들이 그들의 자식들을 어떻게 가르치며 훈계했는지 생각해야 할 것이다.

우리 조상들의 교육의 뿌리는 온고지신 溫따뜻할온. 故옛고. 知알지. 新새신.의 뿌리이다.

조상들은 불교사상과 유교사관을 배우고 자식들에게 가르쳤다.

우리 조상들의 교육방법을 생각해보자.

공자선생은 BC.551년에 우리이웃 나라인 중국노나라에서 태어나서BC.479년까지 72년을 살다간 성인이다.

공자선생의 대표적인 기록은 논어 論말할논. 語말씀어.이다.

공자선생의 사상인 인仁어질인.은 어질다의 뜻을 담고 있다.

이를 토대로 부모님을 공경하는 효도孝효도효. 道길도. 정신을 깨닫게 하고 가르쳤다.

사람으로서 마땅히 지켜야 할 예禮예도예.의를 가르침으로서 이를 바탕으로 조상을 잘 섬기는 제사제도를 만든 것이다.

이 제도는 도덕과 윤리를 실천하는 사서오경 四넉사.書쓸서. 五다섯오. 經날경.을 중심으로 한 유교사상의 교육이다.

사서는 공자와 그의 제자들이한 말과 행동으로 기록한 유교경전의 하나인 논어論말할논. 語말씀어.이며 맹자孟맏맹. 子아들자.와 대학大큰대. 學배울학.과 어떤 쪽으로 치우침이 없는 중용中가운데중. 庸쓸용.의 정신을 가르치고 있다.

그리고 오경은 사람이 이 세상을 살아가면서 지키고 살아야 할 예의범절을 중심으로 한 서적이며 ① 시경 詩시시. 經날경.은 공자가 집필한 자연과 인간에 대한 문학이다.

두 번째 ② 서경 書쓸서. 經날경.은 요임금과 순임금 때부터 주나라까지 정치와 행정 등의 정사政정사정. 事일사.를 요약하여 공자선생이 집필한 서적이다.

그리고 ③ 주역周두루주. 易바꿀역.은 중국 주나라 때 철학서로서 우리가 살고 있는 우주관계의 천무. 지리. 인사. 물상. 등 음과 양의 원리에 따라 해석한 서적이다.

그리고 ④ 예기禮예도예. 記기록할기.는 의례에 대한 도덕에 관한 예의를 근본으로 한 정신을 실천하는 서적이다.

그리고 ⑤ 춘추春봄춘. 秋가을추.는 노나라 은공에서 애 공까지 12대를 거치면서 242년간 기록한 서적이며 이렇게 5권의 책을 기초로 하여 사람이 군자가 되기 위해 깨달아야 할 인성교육을 가르치는 것이다.

이 교육은 우리가 세상을 살아가면서 기초적인 생활규범으로 시작으로 세상을 살아가는 이치를 가르치고 있다.

그러나 이 가르침으로 인해 한 편에서는 옛 것만을 따르는 봉건주의교육으로 새롭게 개혁하려는 진보주의를 부정하는 보수주의적인 교육이라고 비판하며 반쪽자리교육으로 부정적인 사상교육이라고 하는 편도 있다.

그러나 공자선생의 교육은 잘못 된 교육이 아닌 것이다.

공자선생의 인간중심주의교육을 권력욕심이 많은 사람들이 정치적으로 이용함으로써 공자선생님이 생각하는 순수한 인본주의 예절교육은 정치가들에 의해 잘 못 해석되어가고 있기 때문이다.

맹자선생은 공자 사후 100년이 지난 후에 태어난 인물이다.

맹자선생은 BC. 372년에 태어나서 BC. 289년경까지 84년을 살았다.

선생은 중국 춘추 전국시대를 살았던 존경받는 성인이다.

맹자선생은 공자의 도덕의 학문과 학풍을 이어받아 연구한 학자이다.

그래서인지 맹자선생은 인간의 본성은 자연의 원리에 따라 물이 아래로 흐르는 법칙을 깨달아야 하며 인간의 본성은 선천적으로 착하다는 맹자선생님이 가르치는 **성선설**性성품성. 善착할선. 說말씀설.은 유교사관으로 사람이 세상을 살면서 도덕을 생활화해야 한다고 강조한 학자이다.

맹자선생의 유교사관의 가르침에 의하면 사람본성은 선하고 착한 마음을 지니고 태어난다는 것이다.

그래서 맹자선생님의 가르침은 사람은 남이 불행한 일을 당한 모습을 보면 불쌍히 여기는 마음으로 ① **측은지심**惻슬퍼할측. 隱숨길은. 之갈지. 心마음심.의 심리작용이 일어난다는 것이다. 이 말은 **어질**인(仁)을 뜻한다.

그리고 ② 두 번째로는 인간은 자신스스로가 옳지 못한 말과 옳지 못한 행동을 하는 것을 느낀다면 스스로가 부끄러워하는 **수오지심**羞부끄러울수. 惡미워할오. 之의지. 心마음심.의 심리작용이 일어난다고 가르친다.

이 말은 **옳을**의(義)에 대한 가르침이다.

그리고 ③ 세 번째로는 사람은 상대방을 대하면서 스스로 겸손하고 사양하는 마음을 가져야 한다는 것이다.

이 말은 **사양지심**辭말사. 讓사양할양. 之의지. 心마음심.의 심리가 작용한다는 것이다.

이 글은 **예도 예**禮를 뜻한다고 했다.

그리고 ④ 네 번째로 사람은 옳고 그름을 스스로 가릴 줄 알아야 한다는 가르침이다. 이 말은 **시비지심**是옳을시. 非그를비. 之의지. 心마음심의.의 심리가 작용한다는 것이다.

이 글은 **슬기 지**智라는 뜻을 가지고 있다.

이렇게 맹자孟子 선생은 인간이 지니고 있는 4가지의 마음인 인仁어질인. 의義옳을의. 예禮예절예. 지智지혜지.를 깊이 생각하고 마음을 가다듬으면 지혜롭고 스기로운 사람이 된다는 가르침이다.

이 4가지 인仁어질인. 의義옳을의. 예禮예절예. 지智지혜지.의 뜻을 깨닫고 우리가 살아간다면 우리 가사는 사회는 안전하고 평온한 세상이 된다고 가르쳤다.

맹자선생님이 이렇게 훌륭한 학자가 되기까지는 어린맹자를 잘 키워주신 어머니의 가정교육家집가. 庭뜰정. 敎가르칠교. 育기를육.이 있다.

맹자선생님 어머님에 따르면 자식 맹자를 사람답게 키우기 위해서 어려운 생활 속에서도 세 번씩이나 이사를 했다.

당시 맹자의 어머니는 가정형편이 어려워서 동네에서 멀리 동떨어진 공동묘지共함께공. 同한가지동. 墓무덤묘. 地땅지.가 가까운 곳에 집을 얻어 이사를 했다.

그랬더니 어린맹자가 자고 일어나서 매일 보는 것은 사람을 매장하고 장사지내는 모습을 보면서 지냈다.

그래서인지 맹자는 늘 손으로 땅을 파고 장사지내는 흉내를 하며 놀았단다.

그래서 맹자어머니는 맹자의 교육이 걱정이 되어 이번에는 시장市저자시. 場마당장.가까운 곳으로 이사를 했다고 한다.

그랬더니 여기서는 맹자가 늘 보는 것이 상인들이 물건을 팔고 사는 모습만 보아서인지 맹자는 늘 장사하는 흉내를 하며 놀았단다.

맹자가 물건 파는 흉내를 하는 모습을 보면서 맹자의 어머니가 어린맹자는 보는 대로 배운다는 것을 깨달았다.

그래서 이번에는 집세가 비싸더라도 글공부하는 서당書쓸서. 堂집당.이 가까운 곳으로 이사를 했던 것이다.

그랬더니 비로소 맹자가 공부工장인공. 夫지아비부.하는 모습으로 바뀌었다.

맹자의 어머니는 맹자를 인간다운 사람으로 키우기 위해 세 번씩이나 이사를 하면서 아들맹자를 세상에서 유명한 대학자로 키운 것이다.

수많은 세월이 지난 지금 맹자를 가르쳤던 맹자어머니의 모습에서 맹모삼천지교孟맏맹. 母어미모. 三석삼. 遷옮길천. 之갈지. 敎가르칠교.라는 유명한 말로 전해지고 있다.

이렇게 맹자어머니는 아들맹자를 인본주의를 중요하게 여기는 인간중심교육을 시키기 위해 당시 어려운 가정형편에도 3번씩이나 이사를 하면서 교육을 시켰다는 유명한 이야기이다.

그리고 2300년이 지난 지금도 맹자 어머니의 교육방법이 고전古옛고. 傳전할전.으로 이어져 우리들의 가정교육에 좋은 영양을 주고 있다.

우리도 아이들을 올바르게 가르치기 위해서는 올바른 교육방향이 어디인지를 생각하고 좋은 교육환경環고리환. 境지경경.을 만들어주어야 하겠다.

그러나 요즘 우리가 사는 사회에서 기성세대들은 아이들의 교육에 대해 신경을 별로 쓰지 않는 것 같아서 걱정이다.

요즘 학교주위를 살펴보면 술집을 시작으로 오락장 그리고 숙박시설이 즐비하다.

이런 환경 속에서 아이들은 무엇을 보고 배울까?

2300년 전 맹자 어머니는 당신의 자식이 출세하는 것을 바라지 않았다.

만약 맹자어머니가 그때 살림살이가 궁핍함을 먼저 생각하고 자식맹자와 잘 먹고 잘살기를 원했다면 어떻게 되었을까?

경제적인 어려움을 극복하기 위해 아들맹자가 돈을 많이 벌어서 성공하는 아들이 되기를 바랐다면?

그래서 맹자의 성장成이룰성. 長길장.과정에서 장사를 잘하는 상인이 되기를 바랐다면? 맹자는 수완이 좋은 장사꾼이 되어서 돈을 많이 벌고 동내에서 촌부가 되었을지 모르는 일일 것이다.

그러나 맹자 어머니는 맹자가 출세出날출. 世대세.하는 것 보다는 인간다운 정이 많은 자식이 되기를 바랐던 것이다.

그래서 공동묘지에서 시장으로 시장에서 서당근처로 이사를 했던 것이다.

21세기 아이들을 키우는 부모들도 생각해야 할 것이다.

우리도 아이들 교육에 크게 영향을 주는 가정과 사회와 학교 주위환경에 대한 중요성重무거울중. 要구할요. 性성품성.은 부모들은 알아야 할 것이다.

그래서인지 요즘 학부모들도 아이들이 다니는 학교學배울학. 校학교교.주변의 환경과 집안분위기에 신경을 많이 쓰는 것 같다.

우리는 가정생활을 하면서 형제간에 우애를 배운다.

그리고 부모를 통해 위 사람을 공경恭공손할공. 敬공결경할공.하는 습관도 배운다.

아이들이 다니는 학교에서는 선생님을 존경하고 친구들과 사이 좋은 교제 관계가 형성되는 것을 가르치고 있다.

가정교육을 통해 우리 아이들은 사람이 살아가는 올바른 철학이 일취월장日해일. 就이룰취. 月달월. 將장차장. 자라야 하기 때문이다.

그러나 지금 우리가 살고 있는 사회에서 일어나는 일들을 보면서 믿기지 않은 일들이 많이 일어나고 있는 것을 알 수 있다.

요즘 미디어media 콘텐츠contents를 통한 뉴스news를 보면서 자식을 낳아도 자식을 키우기 힘들다는 이유로 자식을 버리거나 죽이는 부모가 있는가 하면 자신의 이익을 위해서는 친구를 배신하는 동료들도 많은 세상이 되었다.

윗사람을 공경할 줄 모르고 자신의 마음에 들지 않는다는 이유로 폭력을 행사하는 철면피 같은 인간도 많아지는 실정이다.

그러나 우리나라는 70년 전 우리들의 할아버지가 살던 때만 하더라도 예절을 중요하게 여기면서 살았던 동방예의지국 이었다.

우리나라 역사를 보면 무인시대를 거치면서 약자는 강자에게 먹히는 약육강식弱약할약. 肉고기육. 强굳셀강. 食밥식.의 생활이었다.

그러나 조선시대 때부터는 우리선조들은 도덕道길도. 德덕덕.과 윤리를 중요하게 여기고 지키면서 살기 시작했다.

그 당시 백성들의 교육정신은 부모님을 공경하고 존경하는 효도孝효도효. 道길도. 정신을 가르쳤다.

그리고 친구 간에 재물보다는 우정을 지키는 신의信믿을신. 義옳의의. 정신을 가르쳤다.

나라를 위해서라면 목숨을 버리면서까지 나라를 사랑하는 민족정신民백성민. 族겨레족. 精쓿을쌍정. 神귀신신.을 가르쳤다.

그렇다고 해서 지금 21세기를 살아가는 현대시대 속에서 유교사관을 교육의 목표로 삼자는 것이 아니다.

세월이 지나지날수록 조상이 살아온 역사를 바탕으로 우리가 생활하는 교육이념의 과정들은 나날이 성장하며 발전하기 때문이다.

우리 조상들이 살고 간 교육정신을 우리도 배우고 익혀야 한다.

우리선조들의 교육정신을 발판으로 더 나은 가정교육을 생각해 보자는 것이다.

우리 조상들은 가르침은

① 임금과 신하사이의 도리인 **군위신강**君임금군. 爲삼을위. 臣신하신. 綱벼리강.과

② 아버지와 자식사이에 지켜야 할 도리인 **부위자강**父아비부. 爲삼을위. 子아들자. 綱벼리강.과

③ 남편과 아내사이에 지켜야 할 도리인 **부위부강**夫지아비부. 爲삼을위. 婦지어미부. 綱벼리강. 이렇게 세 가지를 정치적도덕의 기초로 삼았다.

그리고 이 **삼강**三석삼. 剛굳쎌강.을 중요하게 여기면서 가르쳤다.

공자의 가르침인 일반유학에서는 사람이 지켜야 할 다섯 가지 도리를 가르쳤다.

① 부모는 자식에게 인자하고 자녀는 부모를 존경하고 섬기라는 가정윤리의 실천덕목인 오륜의 하나로 **부자유친**父아비부. 子아들자. 有있을유. 親친할친.의 정신이다.

그리고 ② 임금과 신하 사이에 의리를 바탕으로 두어야 할 유교의 원리인 **군신유의**君임금군. 臣신하신. 有있을유. 義의리의.의 정신이다.

그리고 ③ 부부 사이에 구별이 있어야 할 오륜의 하나로 **부부유별**夫지아비부. 婦며느리부. 有있을유. 別나눌별.의 정신이다.

그리고 ④ 어른과 어린아이사이에 사회적인 순서와 질서가 있는 오륜의 하나로 **장유유서**長길장. 幼어릴유. 有있을유. 序차례서.의 정신이다.

그리고 ⑤ 벗 사이의 도리는 믿음이 있어야 한다는 오륜의 하나로 **붕우유신**朋벗붕. 友벗우. 有있을유. 信믿을신.의 정신이다.

이렇게 5가지 인간관계의 **오륜**五다섯오. 倫인륜윤.을 사람이 지켜야 할 도리로 가르쳤다.

옛날 우리 조상들은 가정에서 먼저 도덕과 윤리를 가르쳤다.

백성들에게는 사람의 근본과 사람으로서 행할 바른 행동과 마땅히 지켜야 할 예절과 도리와 지식을 훈계하고 깨닫게 했던 것이다.

그 당시 우리조선이라는 나라를 올바르게 세울 수 있는 성실한 교육이 가정에서부터 이루어졌던 것이다.

그 결과 우리나라는 밤에도 문을 잠그지 않고 잠을 자는 문화가 형성되었다.

그래서 도둑이 없는 나라였다.

이웃이 불의한 일을 당하면 그 주위에 있는 사람들은 어려움을 무릅쓰고 힘없는 사람을 도와주는 인정 많은 백성이었다.

그래서 나쁜 놈들은 부끄러워서 살 수가 없는 나라였다.

남을 비방誹헐뜯을비. 謗헐뜯을방.하지 않는 민족정신을 깨달으며 살았다.

그래서 학식과 덕망이 높은 군자君임금군. 子아들자.들을 많이 배출하는 나라였다.

서로 양보하는 덕이 많은 민족이었다.

군자의 가르침은 후대에 거울이 될 만한 귀중한 민족정신이었다.

그 예로 우리는 국기에 대해 경례를 한다.

우리는 국민교육헌장도 낭독했다.

이것은 선진국인 미국을 보고 배운 것이다.

미국사람들은 국기에 대한 민족정신이 뛰어난 민족이다.

그들은 흑인이나 백인이나 황색인이나 이웃주민들끼리 문제가 생겨서 서로 다투다가도 국기 앞에서는 다투는 것을 멈추는 민족이다.

그래서 미국과 이념이 다른 나라와 전쟁을 하면 그들은 국가國나라국.家집가.를 위해서 죽음을 불사한다.

우리나라도 70년 전까지만 하더라도 가문을 소중히 여기는 집안에서는 나라를 사랑하는 민족정신을 가르쳤고 나라를 위해서는 목숨을 아끼지 않았다.

이 가르침은 불과 70년 전까지만 해도 우리 선배들은 조상들이 배우고 익혔던 삼강오륜을 학문으로 익히고 가르쳤다.

그런데 1970년대부터 우리나라는 고도의 산업화가 이루어지면서 가정교육도 서서히 바뀌기 시작했다.

대가족중심에서 부부중심이 되는 핵가족 중심으로 바뀌기 시작한 것이 불과 40년 밖에 되지 않는다.

그리고 교육체제도 사회중심에서 전문가 중심교육으로 바뀌기 시작했다.

이런 환경에 영향을 받아서인지 가정교육도 인간관계人사람인. 間틈간. 關빛장관. 係걸릴계.보다 물질을 중요시하는 교육으로 변하기 시작하였다.

어느새 사람이 중요하던 사회에서 물질이 더 중요한 사회로 변질되고 변화하기 시작했다.

여기서부터 도덕과 윤리의 가치관은 서서히 무너지기 시작했던 것이다.

언제부터인지 우리가 생활하는 사회는 출세를 목표로 돈과 권력을 쫓아가는 세상으로 변해가고 있다.

우리나라 정치현장을 보면 쉽게 이해할 수 있을 것이다.

우리들의 생활에서 매일 매일 미디어 콘텐츠media contents.의 다양한 정치 쇼를 보면 이해가 쉬울 것이다.

방송 토론자인 페ー널panel-.들을 보면 자기가 속한 당을 위해서는 사실이 분명하지 않은 일들을 교묘한 해석의 말로 교언영색巧공교할교. 言말씀언. 令영영. 色빛색.의 말솜씨를 자랑하며 싸우는 꼴이 우습다.

이런 페ー 널들의 말장난의 싸움을 보면서 자라는 우리 꿈나무들은 어떤 미래의 꿈을 꾸고 있을지 걱정이 된다.

아이들은 보는 대로 배운다.

아이들의 거울은 기성세대들이다.

아이들의 지도하는 기성세대들은 깨달아야 할 것이다.

우리가 사는 세상을 더 살기 좋은 사회로 만들기 위해서는 더 늦기 전에 우리 기성세대들이 출세出날출. 世대세.를 위해 돈과 권력을 좇아가는 사회보다는 사람을 더 중요하게 여기는 사회를 다시 되찾아야 할 것이다.

그러려면 우리 조상들이 살고 간 역사 가운데 우리에게 가르쳐준 가정교육을 다시 정립해야 할 것이다.

부모의 올바른 언행과 올바른 행동이 가정교육家집가. 庭뜰정. 敎가르칠교. 育기를육.이라는 것을 우리 조상들의 삶을 통해 깨달았기 때문이다.

우리가 사는 세상은?

이 지구상에 존재하는 어떤 나라이든지 가정을 시작으로 사회가 형성되고 국가가 탄생誕태어날탄. 生날생.하는 것이다.

나라의 희망은 가정교육이다.

14. 질서

질서秩차례질. 序차례서.란?

질서는 자유로운 활동을 위한 조건이다.

질서는 우리가 생활하는 가정과 사회를 안전하고 자유롭게 활동할 수 있는 좋은 환경으로 안내한다.

자유롭고 안전한 질서는 자연환경의 순환작용을 보면 쉽게 알 수 있다.

질서를 지키는 건강한 순환작용은 살아 움직이는 생명들의 활동이다.

그래서 살아 움직이는 벌레들과 곤충들과 파충류 등 동물들과 식물들의 생태계를 보면 쉽게 이해할 수 있는 것이다.

살아 움직이는 유기체간 활동으로 생명들이 필요로 하는 영양분을 섭취하고 그 영양분에 의해 생존生날생. 存존재존.하는 과정에서 질서는 시작된다.

먹이사슬에 의한 질서는 자연생태계를 건강하게 유지시키고 있다.

최상위 먹이사슬인 사람이 소비하고 버려지는 각종 음식찌꺼기들은 땅속에 살고 있는 여러 종류의 박테리아와 각종 미생물에 의해 분해되고 정화되는 질서를 거치면서 더럽혀진 흙을 깨끗하게 정화시키는 것이다.

미생물에 의해 분해된 영양소들은 또 다른 생명들이 생존하는 데 없어서는 안 되는 칼슘, 인, 물, 철, 요오드 등의 다양한 영양분을 만들어 낸다.

따라서 각종 채소와 식물들을 다시 풍성하게 성장시키는 작용을 하는 것이다.

건강하고 풍성하게 자란 식물들은 여러 종류의 채식동물이 먹고 건강하게 자라게 하는 역할을 한다.

자연의 질서는 채식동물들을 먹는 사람들과 육식동물에 의해서 채식동물의 개체수가 주위환경에 알맞게 유지될 수 있는 것이다.

이렇게 자연환경에서의 위계질서는 순환작용의 과정을 거치면서 이 지구의 흙 을 깨끗하게 정화하는 작용을 하고 있다.

이와 같이 자연은 먹이사슬에 의해 질서가 유지된다.

만약 먹이사슬에 의해 살아 움직이는 유기체들의 활동에서 한 부분이라도 없어진다면 우리가 살고 있는 이 지구는 깨끗한 환경을 유지할 수 없는 것이다.

깨끗한 순환과정의 연결고리를 자연의 질서라고 한다.

자연환경의 순환작용에 따른 과정과 질서가 없다면 우리가 살고 있는 이 지구는 쓰레기장으로 변할 것이다.

그러나 다행히도 이 지구는 자연을 깨끗하게 정화시킬 수 있는 자정작용을 하는 능력을 가지고 있다.

우리들이 먹고 버리는 오염된 음식찌꺼기나 하천의 침전물들은 각종 다양한 미생물들의 질서에 의해 분해되면서 자연환경은 회복되는 것이다.

사람들이 인위적으로 정화 시키지 않는다 하더라도 땅은 스스로 깨끗하게 정화 시킬 수 있는 질서를 지키며 자정활동을 하고 있다.

자연의 질서는?

지구 전체를 하나로 형성하기 위해서 연결된 사이사이에서 생존하고 있는 미생물들의 규칙적인 질서로 완성되는 시스템인 것이다.

우리는 지구의 자정능력이 자연을 깨끗하게 하는 순환의 질서를 우리 인간이 살아가는 질서에 대한 문제를 해결하는데 도움이 될 것이다.

자연의 질서를 보면서 우리는 자연의 한 부분으로써 우리가 살아가는 사회질서에 대한 방법을 깨달아야 할 것이다.

자연의 순환과정에서 보았듯이 우리가 살고 있는 사회가 국민들의 안전한 생활을 위해서 질서가 꼭 필요하다.

우리나라 국민 각자가 스스로 질서를 지킴으로서 나라의 질서를 확립하고 국민들은 안전하고 편안한 생활을 하게 될 것이다.

우리가 강제로 질서를 유지하려면 그 비용이 만만치 않을뿐더러 국민 모두가 자발적으로 공감하지 못하는 질서는 오래 지속할 수 없다.

국민 모두가 사회질서정의를 공감하고 지킬 때 국민 모두가 안전하고 평화로운 생활을 보장할 수 있다.

따라서 우리는 모든 국민이 안전한 생활을 할 수 있도록 질서를 지키는 생활을 어떤 방법으로 유지해야 할지 고민해야 한다.

국가는 질서를 유지하려는 목적을 국민들에게 분명하게 알리고 국민들이 공감하고 따를 수 있도록 노력해야 할 책임이 있다.

국가는 국민과 의논하고 국민들이 안전하게 생활할 수 있는 질서문제에 대해 국민이 공감할 수 있는 규범과 규정과 규칙을 확립해야 한다.

강력한 법을 바탕으로 우리는 질서를 기초로 자유를 누릴 수 있으며 국민들은 편한 생활을 할 수 있을 것이다.

다 함께 생활하는 사회는 나 혼자 사는 세상이 아니다.

모든 국민이 자기가 하고 싶은 대로 자기 마음대로 산다면 질서를 확립할 필요도 없거니와 질서를 지키는 생활은 필요가 없는 것이다.

혹시라도 공정한 질서가 망가지는 사회가 된다면 질서를 지키지 않음으로써 서로가 안전을 보장할 수 없을 것이다.

국민이 자유롭게 살기 위해서는 강제적인 법을 이용해서라도 우리가 해야 하는 행동과 해서는 안 되는 행동을 분별하고 질서를 지키게 해야 한다.

나라를 지탱할 수 있는 질서 있는 행위를 서로 인정하고 공감해 줄 때 국민은 자유를 누릴 수 있는 것이다.

모든 국민이 자유를 누리기 위해서는 법에 의한 규범에 맞는 규정과 규칙을 지키는 질서가 필요한 것이다.

국민의 생활을 안전하게 만들기 위해서는 지금까지 적용해온 애매한 법을 정비해서 강력한 법法법法으로 재정립해야 할 필요가 있다.

지금까지 적용한 법을 보면 권력이 있는 사람은 권력으로 돈이 많은 부들은 돈으로 빠져나갈 수 있게 애매한 법을 적용하는 사례가 너무 많았기 때문이다.

애매한 법은 모든 국민에게 공정하지 못하다.

그래서 강력한 법으로 다시 재정립해야 할 필요가 있다는 것이다.

강력한 법의 규범과 규정과 규칙을 법률로 재정비한다면 우리 스스로의 행동을 조절하는 역할에 힘을 더할 것이다.

질서는 자율적으로 지키게 하는 것이 중요하다.

자율적인 질서는 자연의 순환작용에서 배워야 하겠다.

자연 순환작용은 죽음으로 책임지는 질서이다.

우리들의 각 가정은 부모와 자식과의 질서와 형제간에 위계질서가 있다.

아이들이 자라서 학교생활을 하면서도 선생님을 중심으로 학급을 이끌어가기 위해각 반의 반장과 부반장 분단장 등 각 직책이 있다.

남자라면 군대생활을 했거나 할 것이다.

군대에는 계급의 질서가 있다.

생존을 위한 사회생활은 자신이 가지고 있는 직업과 직장에 따라 대표를 중심으로 각 직책에 따른 질서 속에서 살고 있다.

우리가 살고 있는 사회가 위계질서 位자리위. 階섬돌계. 秩차례질. 序차례서.가 없는 사회라면 우리가 사는 사회는 어떻게 될 것인가?

질서가 없는 사회라면 우리는 자유로운 생활에 불안을 느끼게 될 것이다.

우리가 살고 있는 사회는 자연과 달라서 사람들은 자신의 생존을 위해서 질서를 지키려는 의지를 가져야 한다.

우리가 일을 하면서 가끔 다투는 것을 보면 이해가 될 것이다.

어떤 일에 대해서 스스로 행동하며 그 행동이 옳은지를 스스로 판단하기 때문이다.

그래서 질서를 지키지 않고 법을 위반했을 때는 그 법에 따라 그 대가를 치룰 각오도 해야 하는 것이다.

법의 대가는 질서위반에 대해 부과하는 과태료 또는 신체의 자유를 구속받을 수 있다는 것을 우리는 알고 있다.

질서를 위반하고 사회의 안전을 어지럽힌다면 나라에서 정한 강제적인 법에 따라 처벌을 받는 것이다.

법에 의해 강제적으로 신체의 자유를 구속하는 것은 모든 국민의 안전한 생활을 위해 어쩔 수 없는 질서를 지키는 수단이고 방법인 것이다.

국민들의 안전한 생활을 위해 필수적인 질서의 균형을 맞추기 위해서는 자율적인 질서와 강제적인 질서가 필요한 것이다.

법의 순차적인 강제적인 절차까지 모든 국민이 인정하고 받아들일 때 모든 국민들의 생활 질서는 확립되기 때문이다.

따라서 모든 국민이 인정하는 질서는 불만이 없는 것이다.

질서는 국민의 자유로운 생활과 편안한 생활 역시 보장받을 수 있기 때문이다.

우리가 지키려는 생활의 질서는 우리의 자유로운 생활을 위해서는 여러 번 반복해서 강조한다 하더라도 부족함이 없을 것이다.

질서는 곧 자유이기 때문이다.

세계2차 대전을 우승으로 이끈 영국의 수상 윈스턴-처칠이 남긴 말 중에 우리들이 누리는 자유의 중요함을 깨닫게 하는 유명한 글이 있다.

윈스턴- 처칠의 말이다.

처칠은 "인생의 처음25년 동안 나는 **자유**를 갈망했다.

그 다음 25년 동안 나는 **질서**를 추구했다.

그리고 25년이 지난 후에야 비로소 나는 **질서가 자유**라는 사실을 깨달았다."

질서가 자유라는 말은 세계적으로 똑똑하고 유명한 영국의 처칠 수상도 75년의 인생을 살고 난 후에야 비로소 질서의 가치가 자유라는 것을 깨달았다고 고백하고 있다는 사실이다.

영국의 처칠 수상은 질서가 자유라는 사실을 뒤 늦게 알았다는 것에 대하여 부끄럽게 생각하지 않았다.

그래서 많은 사람들은 그를 존경하는 것이다.

이와 같이 역사의 인물들이 말하는 교훈에서 사회는 계속 발전하는 것이다.

우리가 사는 사회의 안전과 평화를 지키기 위해서 우리는 다 함께 질서를 잘 지키는 방법을 많이 연구해야 하는 것이다.

우리나라의 모든 국민은 질서를 의무적으로 잘 지키는 사회문화를 만드는데 앞장서야 하겠다.

국민스스로 질서를 잘 지키는 사회문화가 만들어진다면 우리나라는 모든 국민이 하나로 단결할 수 있고 부강한 나라가 될 것이다.

우리나라를 부강한 나라로 만들기 위한 질서는 어떻게 시작해야 하는가?

질서는 크게 두 가지로 정리할 수 있다.

첫 번째로는 우선 나라 안의 질서와 다음으로 나라밖의 질서가 있을 것이다.

나라 안에서는 나라를 유지할 수 있는 질서와 나라밖에서는 세계의 평화를 유지할 수 있는 질서를 확립하는 것이다.

우리가 잘 알고 있듯이 모든 일에는 순서가 있는 것이다.

우리 사회가 올바른 질서를 확립하기 위해서는 우리들의 꿈나무들인 아이들에게 질서를 잘 지킬 수 있는 문화를 만들어 주어야 한다.

우리 기성세대들은 아이들에게 하는 말과 행동은 하나라는 것을 행동으로 아이들에게 보여주어야 한다.

그래서 아이들과 약속한 것은 어떠한 일이 있더라도 꼭 지켜서 아이들에게 약속을 지키는 습관을 가르쳐야 하겠다.

아이들과 사회활동을 하면서도 두 사람 이상 일 때는 줄을 서서 우리의 차례가 올 때 까지 순서를 기다리는 행동을 보여줌으로써 아이들이 순서와 차례를 배우게 하는 것이다.

우리 아이들의 첫 번째 지도자는 부모이며 아이들은 부모들이 하는 말과 행동을 보는 대로 배우는 순진하고 착한 마음을 가지고 있다.

우리가 살아가면서 우리가 사는 사회에서 질서가 무너지는 일들을 많이 보면서 살고 있는 것을 우리 스스로는 부끄러워할 줄 알아야 한다.

각종 대중매체인 미디어media와 인터넷과 컴퓨터 통신 등을 통하여 제공되는 각종 콘텐츠contents의 정보를 통해 알 수 있는 것이다.

여러 가지 사회의 비리를 보면 다음과 같다.

학교입시에서 청탁비리와 직장의 채용에서의 청탁비리와 각종 이익에 얽혀서 돈을 착취하는 부정한 비리 등등이다.

우리가 생존生날생. 存있을존.을 위해 살아가는 사회에서 공정한 질서가 무너진다면 국민들의 정신은 병들어가는 것이다.

권력을 국민으로부터 위임받은 사람들이 편을 가르고 자기편의 손을 들어주는 부정한 법질서를 보면서 우리 국민들은 본인의 생존을 위해서 어떻게 살아야 하는지를 늘 걱정하고 있다.

우리 국민들은 어느 쪽으로 치우침이 없는 올바른 행위에 따른 공정公공변할공. 正바를정.한 기회의 질서가 무너지는 것을 보면서 국민들은 정치하는 지도자들을 신뢰하지 않고 있다.

그 결과 국민들은 정치지도자들이 지킨다고 말하는 공정한 질서를 믿지 않는다.

국민들도 자신의 생존을 위해 스스로 지켜야 할 질서는 지키지 않을 것이고 각자 살기 위해서 꼼수를 부릴 것이 뻔한 일이다.

스스로 살아야 하기 때문이다.

혼자만 공정한 질서秩차례질. 序차례서.를 지키다가는 생존할 수 없는 것을 알았기 때문이다.

살기 위해서 거짓말이 판을 치는 나라.

살기 위해서 꼼수가 판치는 나라.

그래야 생존할 수 있는 나라.

참으로 한심한 나라.

질서란 개인을 넘어 나라의 존망이 달린 것이다.

이럼에도 불구하고 자기만을 위한 질서와 자기편만을 위한 질서秩차례질. 序차례서.를 생각한다면 우리나라는 자유가 사라질 것이다.

질서는 자유이기 때문이다.

15. 정의

정의正바를정. 義옳을의.란?

정의는 하나님이 인간들이 사는 세상을 더욱 살기 좋은 세상으로 만들어 주시기 위해서 인간에게 선물로 주신 살아있는 진리를 따르는 지식知알지. 識알식.과 지혜智슬기지. 慧슬기로울혜.인 것이다.

그 증거의 말씀이다.

시89:14의 **말씀이다.**

공의와 정의가 주의 보좌의 기초라

인자함과 진실함이 주 앞에 있나이다.

이어지는 예수님의 말씀이다.

마6:33. **그런즉 너희는 먼저 그의 나라와 그의 의를 구하라**

그리하면 이 모든 것을 너희에게 더하시리라ㅡ

정의의 스승은 정직이다.

정의는 거짓이 없는 정직한 마음이다.

정직은 도덕과 윤리를 근본으로 한다.

그래서 정의는 진짜와 가짜를 구분한다.

정의는 아이들의 순수함처럼 정직正바를정. 直곧을직.하다는 뜻을 담고 있다.

그래서 우리가 하는 말과 행동이 좋은 일인지 나쁜 일인지를 구별하고 옳고 그름을 생각하고 올바른 말을 행동으로 보여주는 것을 정의라고 한다.

그러나 정의에 대해 해석하는 문제는 해석하는 일부학자學배울학. 者놈자.마다 여러 견해와 의견을 가진다.

하지만 대다수 학자들은 정의라는 뜻에 대하여 생각하고 이해하고 해석하는 논리들은 하나같이 참된 이치와 진리로 해석한다.

그 결과 정의는 우리가 자유를 누리며 살기 위해서는 꼭 따라야 할 진리인 것이다.

정의에 대한 예를 들어보자!

복숭아과일은 복숭아나무에서 맺는다.

사과나무는 사과열매를 맺는다.

이렇게 일어나는 현상의 진리에 대하여 실상을 순서에 따라 정직하게 말하는 것을 정의라고 하는 것이다.

반대로 사과는 나무에 맺는 과일이기는 하지만 뿌리에서 영양공급을 받아야 열매를 맺을 수 있기 때문에 뿌리과일이다.

이렇게 실상으로 나무에 열리는 사실과 다르게 말을 만들어서 그럴듯하게 말하는 것은 거짓말을 하는 것이다.

또 복숭아열매는 영하의 날씨에도 맺는다. 등 이렇게 설득하려는 말은 실상을 거짓으로 왜곡시키는 것이다.

이와 같이 사실과 다르게 표현함으로써 실지 일어나는 진리에 대한 현상을 왜곡시키는 말은 진실이 아닌 거짓말인 것이다.

그리고 우리가 정의로운 사회를 중요하게 여기는 이유는 모든 국민들이 다 함께 행복하게 살기 위해서는 정직한 사회를 만들어야 하기 때문이다.

그래야 거짓말을 하지 않는 나라가 되고 정의_{正바를정. 義옳을의}로운 나라와 사회를 만들 수 있기 때문이다.

우리가 의지하고 사는 법원에서의 정의란?

justice. 모든 국민이 지키자고 약속한 정의를 지키는 법은 그 법률에 따라 공정하고 공평하게 심판한다는 이념_{理다스릴이. 念생각할념}이 담겨있다.

이 이념이 모든 국민들이 지키자고 약속한 정의 와 헌법정신이다.

그래서 법 앞에서는 대통령이라 하더라도 지위고하를 막론하고 국민 모두는 법 앞에서는 모두 평등하다는 뜻을 가지고 있다.

이와 같이 정의_{justice}는 우리가 지키자고 약속한 올바른 도리이며 진리이다.

justice. 정의란?

국민들이 법으로 약속한 문제의 규정과 규칙을 말과 행동을 반드시 지켜야 한다.

그래서 국민 모두가 함께 생활하는 관계 속에서 정의는 올바른 진리를 약속하고 그 약속한 말은 정직하게 행동으로 보여주는 것이다.

그러므로 모든 사람들이 어떤 사물에 대하여 설명하는 상황이라면 그 모양과 그때에 표현하는 말들을 더 보태지 않고 보고 들은 그대로 정직하게 표현하는 것을 정의라고 하는 것이다.

사람 간의 관계에서 도덕과 윤리적인 정의는 개인이 생각하는 마음으로 움직이는 상황을 바탕으로 판단하기 때문이다.

만약 어떤 사람이 심리적으로 자신의 이익을 위해 상대방과의 관계에서 말로 속이고 그 속인 말을 듣지 않는다고 행동으로 상대방의 물건이나 돈을 빼앗고 자신의 이익을 취득했다면 국민 모두가 지키자고 약속한 도덕과 윤리적 정의를 위반하고 상대를 거짓말로 속이고 폭행한 사기와 폭행의 범죄행위가 되는 것이다.

그러나 정의를 지키는 사람은 자신의 이익을 위해 상대를 속이는 말과 행동으로 상대에게 거짓말을 하고 폭행하지 않는다.

혹시나 상대방에게 속이는 말과 행동으로 상대에게 피해를 입혔다면 우리가 약속한 헌법정신에 따른 **정의**justice의 심판을 받는 것을 감수해야 하는 것이다.

따라서 상대방에게 손해를 끼친 부분 대하여는 법적인 제제와 함께 금전적인 배상을 해주어야 하는 것이다.

국민전체가 안정된 생활을 유지하기 위해서는 상대방에게 손해를 입히는 일을 한다면 손해를 가한사람은 정의의 심판을 받는 것이다.

정의를 지키지 않는 행동으로 편법과 불법을 저지르는 사람이 있다면 반드시 법적인 처벌을 받게 하는 사회가 정의로운 사회이기 때문이다.

정의로운 사회는 높은 자리의 권력을 가진 사람이라 하더라도 법 앞에서는 판사가 권력자의 눈치를 보고 정의로운 헌법과 법률을 위반하게 된 사정이나 인정상 정황들을 참작하는 판결을 한다면 그 판사는 정의로운 판사가 아닌 것이다.

혹시라도 이러한 차별적인 법의 판단이 만들어진다면 이런 편법은 권력을 가진 사람들이나 할 수 있는 활동이기 때문이다.

그리고 판사가 정의로운 척 법의 명목을 내세워 권력자의 편을 들어준다면 권력을 가진 사람은 판사의 도움으로 법을 지키지 않아도 되고 그 대가로 조금의 벌금형罰罪벌. 金쇠금. 刑형벌형.으로 판결하는 일들이 많아진다면 법원은 스스로 법의 정의를 속이는 꼴이 될 것이다.

판사가 국민을 속인다면 헌법정신은 사라지고 정의로운 사회를 만들 수 없다는 것을 재판관들은 깨달아야 한다.

이와 같은 잘못된 판결을 한다면 국민들과 약속한 정직正바를정. 直곧 올직.한 법의 정의까지 망가뜨릴 뿐이다.

정직하지 못한 판사에 의해 정의로운 법은 왜곡되고 힘없는 국민들은 억울해하고 분해서 이를 갈며 슬퍼한다는 것을 판사들은 깊이 반성해야 한다.

힘 있는 쪽 편을 들어주는 왜곡된 판결은 정의로운 사회를 만드는 헌법정신을 무너트리는 범죄행위이기 때문이다.

그러므로 사법부는 왜곡된 정의를 바로 잡기 위해서는 국민과 약속한 법정신을 인정하는 올바른 정의를 바로 세우는 데 앞장 서야 한다.

우리나라가 더 살기 좋은 정의로운 사회로 만들기 위해서는 재판관들이 재판하는 법에만 의존하기보다는 국민들이 재판을 감시하는 제도를 만들어야 한다.

법관의 자격을 선민후사先먼저선. 民백성민. 後뒤후. 事일사.할 수 있는 인재를 양성하는 것과 함께 법을 잘 지킬 수 있는 교육이 필요한 것이다.

먼저 사회지도층 역할을 하는 교육계와 종교계와 언론계에 몸 담고 있는 사람들이 솔선수범하여 정직한 말과 행동을 보여야 할 것이다.

그래서 도덕과 윤리를 왜곡시키는 거짓된 행동들이 더 이상 우리들의 생활 속에서 자리 잡지 못하도록 해야 한다.

우리가 지키려는 정의로운 도덕과 윤리는 어떤 물건을 사고파는 장사꾼들이 하는 장사의 수단이 아니다.

우리가 지키려는 Justice에 따른 도덕과 윤리는 우리들이 마음으로 생각하는 것들을 말과 행동으로 상대에게 전해주는 행위이기 때문이다.

생각이 행동으로 나타날 때 그 사람의 마음도 알 수 있는 것이다.

그래서 우리가 하는 말과 행동이 정직하지 못할 때는 스스로 정의롭지 못했다고 양심의 가책의 심판을 받게 하는 것이다.

정의定定할정.義옳을의. definition라는 말은 우리가 상의하고 지키기로 합의하는 대화에서 약속하는 문제들이 정직한 행동으로 연결되기 때문이다.

하나님께서도 우리 인간이 정의롭지 못하고 죄를 짓는 행위에 대하여 경고하셨다.

약1:15절. **욕심이 잉태한즉 죄를 낳고, 죄가 성장한즉 사망을 낳느니라**

우리가 성경말씀에서 깨달았듯이 우리나라를 정의로운 나라로 만들기 위해서는 모든 국민이 지키기로 약속한 법의 규정과 규칙을 꼭 지켜야 하는 것이다.

Justice 정의란?

모든 국민이 대화에서 합의하고 약속하는 내용들을 인정하고 결정하는 문제들을 행동으로 보여주는 약속이기 때문이다.

우리 국민 각 개인에게 일어나는 일에 대한 상황을 이해하고 각 국민들은 자신이 당면한 문제를 올바르게 실천하는 것이 정의이기 때문이다.

우리가 다 함께 정의로운 나라를 만들기 위해서 국민이 의논한 내용을 인정하고 각자의 욕심을 위해서 거짓말을 하지 않는 것이다.

그 결과 Justice의 정의로운 나라가 만들어지는 것이다.

정의로운 나라를 만드는 목적은 국민 모두가 다 함께 평화롭게 잘 살 수 있도록 하기 위해서는 정의로운 사회는 꼭 만들어야 하는 것이다.

사람은 사물의 이치를 논리적으로 판단하는 이성적인 마음을 가지고 있다.

사람은 움직이는 심리心마음심. 理다스릴리.의 상황을 표현하는 동물이다.

인간은 생각하는 동물이다.

인간은 느끼는 동물이다.

인간은 감각하는 동물이다.

정의가 살아있는 나라에서는 어려운 이웃을 보살펴서 나눔을 함께하고 협력해서 다 함께 공생하려고 노력한다.

Justice 정의는 우리가 살고 있는 세상을 밝게 만들어주는 것이다.

지금으로부터 약2300년 전인 BC. 384~322년까지 62년을 살았던 고대그리스 철학자이며 논리학자이며 시인이며 과학자인 **아리스토텔레스**도 정의를 두 가지로 정리한 것을 볼 수 있다.

① 첫 번째는 **평균적 정의**로서 같은 것은 같게 판단했다.

예를 든다면 선거권을 말할 수 있다.

어떤 나라이든지 그 나라의 국민이라면 남자든 여자든 노예이든 주인이든 평등하게 선거권을 모두다 주어야 한다는 것이다.

나이가 18세 이상의 모든 국민이라면 선거권을 준다고 약속하고 평균적 정의를 법으로 규정해야 한다는 것이다.

그래서 여자라서 또는 못생겨서 선거권을 주지 말자는 편견이 없다.

권력을 잡으려고 돈으로 각 국민의 주권을 사서 국회의원이 되려고 거래할 수 없다는 것이다.

다시 말해 매표행위로 권력을 잡을 수 없다는 것이다.

② 두 번째 정의로는 **분배적 정의**가 있다.

분배적 정의는 어떤 것을 나눌 때 적용하는 정의이다.

분배하려는 것이 이익이 되는 것과 부담이 되는 것으로 분리했다.

여기서 이익이 되는 것은 임금을 받는 것과 선거권 같은 것이고 부담이 되는 것은 노동을 하는 것과 세금을 내는 것으로 구분할 수 있다.

이것들을 분배하는 과정에서 연결되어있는 품목의 득과 실에 대한 해석으로 노동과 노동에 따른 노임을 같은 것은 같은 것끼리 분배한다는 뜻이다.

즉 돈은 다 필요한 것이므로 노동한 만큼 똑같이 분배한다.

그러나 사람마다 필요한 것이 다를 수 있는 것이다.

이 뜻은 다른 것은 다르게 판단한다는 것이다.

이럴 때는 각자가 필요한 것들끼리 노동의 대가를 계산해서 분배한다는 뜻이다.

따라서 사람에 따라 노력한 만큼의 분배_{分나눌분.配아내배.}를 받는다는 말이다.

이와 같이 고대시대의 철학자 아리스토텔레스도 정의를 두 가지로 나누었다.

그리고 현대의 훌륭한 미국의 철학자인 존-롤스 _{John-Rawls.1921~2002=81세}도 두 가지의 큰 틀의 정의를 강조했다.

함께 살아가는 모든 사람은

① 첫 번째로 자유를 완벽하게 누릴 수 있도록 하여야 한다는 원칙이다.

그리고 이 정의는 모든 사람은 법으로 양심과 사상의 자유와 권리를 동등하게 가져야 한다는 **자유평등원칙**의 정의이다.

② 두 번째는 가장 빈곤한 사람들의 복지에 대해서는 우선적으로 배려配아내배. 慮생각할려.해야 한다는 **차등의 원칙**이라고 했다.

이 원칙은 그 사회에서 경제적으로 가장 어려운 사람들에게게만큼은 경제적인 혜택을 주기로 결정하는 원칙을 말한다.

존-롤스 철학자도 성경에서 예수님의 말씀에서 깨달았을 것이다.

마25:38.40절 어느 때에 나그네 되신 것을 보고 영접하였으며 **헐 벗으신 것을 보고 옷 입혔나이까?** 하고 물으니.

너희가 여기 내 형제 중에 지극히 작 은자 하나에게 한한 것이 곧 내 게 한 것이니라.

이렇게 존-롤스철학자도 두 가지 정의를 강조했다.

그리고 우리 사회를 보다 안전하게 생활할 수 있도록 하는* **교정 적정의**가 있다.

우리가 헌법재판소 앞에 세워놓은 정의의 여인상이 한손엔 저울과 다른 한손엔 법전을 들고 국민 모두가 지키기로 약속한 법을 위반 할 때는 지위고하는 막론하고 위반한 만큼 저울로 정확하고 공정하게 재판을 하겠다는 뜻을 표현하고 있는 것을 엿볼 수 있다.

이 정의는 죄를 지은 사람에게 공정하게 죄를 지은만큼 벌을 주는 판결하겠다는 뜻을 가지고 있는 것이다.

어떤 사건에 대한 재판을 할 때 그 사건의 당사자가 가지는 의무적인시간의 책임으로 공무원이면 공무시간을 구분하고 따라서 피해를 주는 행동을 구분해서 각각 부분을 나누어 판결한다는 정의를 말한다.

그리고 * **절차적정의**가 있다.

이 절차적 정의는 법의 규칙을 위반한 범법행위에 대한 문제를 입증하는 과정이 정당하게 법을 지키며 입증하였는지 아니면 법을 어기면서 입증하였는지를 가려내는 과정상의 정의다.

만약 입증하는 방법이 정당한 법을 어기면서까지 입증하였다면 입증과정을 불법으로 간주한다는 뜻이다.

그래서 절차적 정의로 인정받지 못한다는 것이다.

그러나 절차적 정의도 일부권력을 가진 집단을 위한 왜곡된 정의라고 할 수 있다. 자기들의 범법행위와 불법행위를 감추기 위해서 만들어낸 왜곡된 법이라고 할 수 있다는 말이다.

그 이유를 따져보면 21세기를 살고 있는 지금 일어나고 있는 지능적인 범죄는 나날이 발전하고 있기 때문이다.

집요하게 지능적으로 이루어지는 범죄를 찾아낸다는 것은 매우 어렵다.

경찰 10명이 도둑놈 1명을 지키기 어렵다는 말도 옛말이 되었다.

이제는 경찰 30명이 도둑놈 1명을 지킬지 모르겠다.

그렇기 때문에 절차적 입증의 한계점은 폭력과 살인하겠다고 협박하고 증거를 수집하는 행동을 제외하고는/ 어떤 방법을 동원하든지 범죄사실을 밝혀내는 것에 대해서는 모두다 인정해주어야 하겠다.

왜냐하면?

우리나라가 정말 정의로운 사회인가를 자문해야 할 상황이기 때문이다.

요즘 우리나라에서는 사회적으로 거짓과 진실의 다툼이 많이 발생하고 있다.

우리나라는 과연 정의로운 사회라고 할 수 있는가?

많은 의문을 제시한다.

정의로운 사회가 되려면 지금 우리가 살고 있는 사회에서 일어나는 모든 일들이 정직해야 한다는 것을 우리 국민은 다 잘 알고 있다.

그러나 지금 우리나라대중매체인 미디어media를 통하거나 신문과 잡지 등의 소식인 뉴스news의 메시지는 가관이 아니다.

① 꼼수가 통하는 나라.

② 거짓말이 통하는 나라.

③ 끝까지 우기면 이길 수 있는 나라.

④ 빽이 통하는 나라.

⑤ 편법이 판치는 나라.

⑥ 불법이 판치는 나라.

이런 우스꽝스런 나라가 지금 우리나라의 현실이다.

위와 같은 일들이 정의正바를정. 義옳을의.라는 이름으로 둔갑한 지 오래이다.

따라서 모든 국민을 기망하는 뉴스가 하루가 멀다 하고 모든 국민들에게 그럴듯한 해석을 통해 견강부회牽끌견. 强굳셀강. 附붙을부. 會모일회.하는 말솜씨로 국민들의 올바른 정신을 혼돈시키고 있는 것이다.

따라서 현재진행형으로 우리 사회를 깜깜한 굴속으로 끌고 가고 있는 상황이다.

우리가 아는 상식은 어떤 문제든지 원인과 과정과 결과가 연결되어 있다.

그리고 우리가 살아가는 사회생활 속에는 수학적이고 과학적이고 인문학적 과정의 관계가 얼기설기 얽혀있다.

따라서 우리는 모두가 다 함께 공생하고 공존하기 위해서는 우리는 정직한 정신을 올바르게 행동해야 할 행위적인 의무를 가져야 하기 때문이다.

그러나 안타깝게도 우리 국민 모두가 약속한 정의를 무시하고 저마다 생각하는 정의의 차이가 문제를 발생시키고 있다.

그 증거는 사법부의 판단이 정직하지 못하고 오락가락하니 국민들도 정직 正바를정. 直굳을직.하지 못하게 되는 것이 문제이다.

그래서 모든 국민이 다 함께 공생하고 공존할 수 있도록 법을 규정하고 규칙을 만들고 지키기로 약속했던 것이다.

이럼에도 불구하고 정치집단들은 자기들의 합리화를 위해 여러 가지 감언이설 甘달감. 言말씀언. 利날카로울이. 說말씀설.을 동원하고 말솜씨를 자랑하며 정당하다고 주장한다.

이렇게 감언이설을 하며 거짓말로 속이는 사회가 사라지지 않는다면 우리가 생활하는 환경을 정직한 사회 社토지이신사. 會모일회.로 만들기 위해서 법을 지켜야 할 필요도 없는 것이다.

그래서 국민들이 의지하는 안전한 법이 안개처럼 사라지고/ 각자 마음대로 사는 세상이 되고/ 국민들의 마음에서 정직한 말과 올바른 행동이 변질된다면/ 우리가 사는 사회는 무법천지 無없을무. 法법법. 天하늘천. 地땅지.로 변할 것이다.

우리가 믿고 의지해야 할 법정에서 Justice 정의를 바로 세워야 함에도 불구하고 정치권력을 욕심내는 일부 판사들에 의해 한쪽 편에 치우쳐서 두둔하는 재판이 계속 이어진다면 우리나라의 미래는 희망이 없을 것이다.

법정에서 권력을 가진 죄인의 편을 들고 아리송한 법률을 적용하고 지은 죄를 없었던 것으로 만들어 준다면 우리가 사는 사회는 어떻게 되겠는가?

언제부터인지 우리 사회社토지의신사. 솔모일회.가 아리송하고 이상한 병에 걸려서 그럴듯하게 거짓말을 잘하는 정의로 둔갑하고 있다.

그리고 이 아리송한 정의가 우리들의 마음속 깊숙이 자리를 잡아가고 있다.

이제부터라도 우리 사회는 국민 모두에게 평등하고 공정한 생존을 위해서는 악성희귀병에 걸린 우리나라의 왜곡된 정의를 치료治다스릴치. 療병고칠료.해야 한다.

가정과 학교를 비롯해서 교육 분야에 종사하는 올바른 사람들과 경제와 정치 분야에서 근무하는 올바른 사람들과 함께 정의로운 사회를 만들기 위해서는 정신을 바짝 차려야 할 것이다.

우리가 잘 알듯이 대다수의 국민들은 먹고 사는 문제를 해결하기 위해서 시간에 허덕이다 보니 나라의 희망찬 Justice 정의를 향한 일에는 많은 관심을 가지지 못하는 것이 현실이기 때문이다.

그래서 국민에게 주권을 위임받은 국회의원들은 정직한 나라를 만드는 일에 대하여 책임이 더욱더 막중한 것을 알아야 한다.

그래서 책임 있게 의정활동을 하는 국회의원들이 많아져서 정직한 나라를 만들어야 하고/ 이를 바탕으로 모든 국민들이 안전하게 평화를 누리며 잘 사는 사회가 만들어져야 하고/ 따라서 우리나라는 정직이 상식이 통하는 나라로 거듭나야 하겠다.

정직한 생활이 상식이 되기 위해서는 나라의 주인인 국민의 권력을 일부 정치인들의 영역에 두어서는 안 되겠다.

국민들이 잠깐 동안 맡긴 정의의 권력을 직업으로 삶는 정치인들이 4년에서 많게는 10~30년까지 직장으로 생각하고 권력을 행사하게 해서는 안 되겠다.

그 이유는 자유민주주의의 주인은 국민이기 때문이다.

국민이 주인이 되는 나라를 만들기 위해서는 모든 국민이 함께 정치에 동참하는 시스템을 만들어서 정의가 바로 서는 구조를 다시 만들어야 할 것이다.

정의는 국민의 생명이기 때문이다.

16. 공정과 공의

공정公공변할 공. 正바를정.과 공의公공변할 공. 義옳을의의.란?

하나님의 말씀이다.

공의라는 말은 이 지구상에 첫 탄생한 인간에게 선함과 악함을 올바르게 알게 하시고 옳은 행위와 올바르지 못한 행위에 따라 그 행위대로 상과 벌로 공정하게 심판하신다는 하나님의 뜻이 담겨 있다.

그래서 공의는 사람의 모습이나 사람의 직위를 따지지 않고 공정하고 공의롭게 판단하라는 뜻을 담고 있다.

상과 벌을 받는 사람의 사회적 위치를 보고 판단하지 않고 동등한 사람으로만 판단하고 공정하고 공의롭게 심판 한다는 뜻이다.

BC.800년 전 지금부터 약 2800년 전에 이스라엘 남유다왕국에서 살았던 이사야 선지자는 하나님의 뜻을 받아 시편에 이렇게 말씀하셨다.

시 8:8절. **공의로 세계를 심판하심이여 정직으로 만민에게 판결을 내리시리로다.**

그리고 예수님도 AD.100년 인 약2000년 전에 이렇게 말씀하셨다.

제자인 요한에 의한 성경말씀이다.

요 7:24절. **외모로 판단하지 말고 공의롭게 판단하라 하시니라.**

예를 들어 두 자식을 키우는 아이엄마가 있다고 하자!

엄마가 두 자식에게 떡을 주려고 하는데 큰자식에게는 떡 두 개를 주고 작은 자식 에게는 떡 세 개를 준다면 두 개를 받은 큰자식은 불평을 할 것이다.

그래서 어머니는 공평하고 공정하게 두 자식들에게 똑같이 떡 두 개씩 나누어 주는 것이다.

엄마의 자식사랑이 공정하고 공의로운 것이다.

우리가 사는 사회는 단체가 질서를 유지하며 집단생활을 하는 과정에서 개인의 자유를 보호하고 보장하는 사회이다.

우리대한민국은 자유를 따르고 지키는 자유민주주의사회이다.

우리나라는 모든 국민들에게 나라에서 실행하는 행정상의 과정들이 공정하고 공의롭게 행정업무를 처리하고 있다.

국가가 국민을 위하여 민원업무를 좌나 우로 치우침이 없이 공정하게 봉사함으로서 모든 국민은 출생에서부터 학교입학과 의료서비스와 직장선택과정 등의 법률적인 업무가 국민들에게 믿음을 줄 수 있는 것이다.

그 믿음을 바탕으로 국민이 바라는 자유민주주의사회는 보호받는다.

그러나 우리가 살아가는 사회의 과정들이 공정하지 못하다면 국민들은 나라에서 하는 일을 믿으려 하지 않을 것이다.

그래서 국민들에게 제공하는 민원업무와 법률적인 업무가 차별받고 공정하지 못하다면 국민들은 제각기 자신의 생존을 위해 나름대로 꾀를 부리고 꼼수를 부리고 요령을 부릴 것이다.

요즘 대중 매체인 미디어media 방송과 신문 등 보도에 의하면 국민들이 실망하는 뉴스news가 공공연히 등장하는 것을 볼 수 있다.

대중매체들에 의하면 공정한 경쟁을 위해 성실하게 노력하는 많은 사람들에게 허탈함과 실망을 주는 소식들은 이러하다.

국가 공공기관에서 공무원을 채용하기 위해서 채용시험이 있었고 일부대학에서는 특과학생을 뽑기 위한 시험이 있었다.

그런데 무슨 일인지는 모르겠으나 공무원시험을 보지 않았는데도 시험을 본 사람들 속에 끼어 채용되었다는 소식이 들리고 대학에서는 입시문제가 유출되고 이로 인해 높은 점수를 받은 학생이 장학금까지 받는다는 소식이 들린다면?

이런 소식들을 듣는 대 다수 국민들은 과연 우리가 사는 사회가 공정한 사회라고 인정하지 않을 것이다.

부정한 방법으로 채용되는 일이나 입학入들입. 學배울학.이 이루어지는 과정은 기득권을 가진 사람들이나 할 수 있는 비리라고 다수국민들은 생각할 것이다.

대다수 국민들은 비리가 많은 우리 사회는 공정하고 공의로운 사회가 아니고 불공정한 사회라고 생각할 것이다.

권력을 가진 사람들이나 할 수 있는 비리가 많은 부정한 일들도 이상한 논리로 두둔하고 심리하는 일부 재판관들도 있다.

그렇다면 우리나라법원은 과연 공정하게 법을 집행하는 나라인가?

법을 심리하고 집행할 수 있는 권력을 국민으로부터 위임받은 관리들은 법의 양심에 따라 자신이 재판하는 불법행위가 국민을 위해 공정하게 처리하고 있는지를 스스로 자문해야 할 것이다.

그렇지만 법원에 근무하는 많은 공무원들 중에는 정직하고 권력을 탐내지 않는 청렴한 정신을 갖춘 법관法법법. 官벼슬관.들이 많다는 것도 알고 있다.

이렇게 공정하고 공의로운 법원공무원들에 의해 우리 사회가 그나마 지탱하고 있다는 것도 알고 있다.

정직한 재판관들이 자신들이 법원에서 담당하는 재판과정들이 헌법정신을 바탕으로 공정公공변될 공.正바를정.하고 공의롭게 판단하고 판결하는 것을 위국헌신爲할위. 國나라국. 獻바칠헌. 身몸신.으로 삼고 있다는 것도 알고 있다.

선민후사先앞선. 民백성민. 後뒤후. 私사사사.하는 공정한 판사들에 의해 우리 국민國나라국. 民백성민.들은 법원을 믿고 신뢰하는 것이다.

재판 과정을 공정하고 공의롭게 심리하고 정의를 바로 세우는 재판관이 많아질수록 우리나라는 희망希바랄희. 望바랄망.이 있는 것이다.

그러나 반대로 이번 재판은 차별적인 판결로 인해 공정성에 의문을 제기하는 사람들이 많아서 공정한 재판인지를 확인하기 위해서 재심사가 요구되는 사건이라고 말들이 많은 사건이야? 라고 법원의 판단에 대하여 인정받지 못하는 판결을 보는 다수국민들은 법원을 어떻게 믿겠는가?

공정해야 할 재판을 왜곡시킨 법원에 대하여 국민들은 의문이 많을 것이다.

이렇게 의문이 많은 재판은 공정하고 공의로운 헌법정신은 왜곡되고 사적인 감정에 얽혀있는 차별적인 불공정한 재판은 국민에게 신뢰받을 수 없을 것이다.

한쪽 의견만 들어주고 상대방 의견을 무시하는 판결이 될 것이고 이러한 차별적인 판결을 받은 국민은 억울하고 분해 할 것이다.

사법정의司맡을사. 法법법. 正바를정. 義옳을의.의 핵심은 정의와 공정과 공의로운 판결이 이루어져야 하는 것이다.

돈과 권력의 눈치를 보는 일부 재판관들은 깊이 반성해야 할 것이다.

우리 국민이 다 함께 잘살기 위해서는 우리가 생활하는 사회를 공정하고 공의로운 헌법정신이 살아있는 사회로 만들어야 한다.

사람의 마음은 진화하는 유기체有있을유. 機틀기. 體몸체.이다.

그래서 자신의 미래를 생각하는 대다수국민들은 사회생활을 하는 과정들이 공정한 나라가 되기를 바라는 것이다.

그러나 상대와 생각을 거래하는 과정에서 큰 도움을 받았다면 무슨 일이든지 도와주려는 마음이 생길 것이다.

사람이라면 자신을 도와준 상대방에게 마음의 빚을 진 사람은 그 진 빚을 갚기 위해 무슨 일이든지 도와주려고 할 것이다.

사람은 인지상정人사람인. 之갈지. 常항상상. 情뜻정.의 마음이 있다.

그래서 마음에 빚을 진 사람의 일을 도와주려고 할 때는 어떤 일이든지 공정公공변할공. 正바를정.하게 일을 도와주기는 어려울 것이다.

마음의 빚이 있기 때문이다.

그러나 공인이라면 국민들에게는 큰 죄를 짓는 일이다.

공정과 공의를 스스로 무너트리기 때문이다.

지도자로서 하면 안 되는 선사후민先먼저선. 私사사사. 後뒤후. 民백성민.한 일이기 때문이다.

우리가 잘 알듯이 마음에 빚을 진 사람은 무슨 일이든지 상대를 도와주어야 자신의 마음도 편해질 것이다.

그러나 마음으로 진 빚에 너무 치우치다 보면 앞. 뒤를 가리지 못하고 무조건 도와주려고만 할 것이다.

마음에 진 빚 때문에 일을 도와준다 하더라도 그 도와주려고 하는 일이 공적인 일인지 사적인 일인지를 판단하지 못 하는 것이다.

마음에 진 빚 때문에 공정과 공의의 마음은 눈을 가릴 것이다.

사람은 자신의 위치에 따라 하는 일에 대해서 해도 되는 일인지 하면 안 되는 일인지를 판단하는 양심을 가지고 있다.

상대방에게 마음의 빚을 진 일이 있다 하더라도 자신이 상대를 도와주려고하는 일이 옳은 일인지 옳지 못한 일인지를 생각하고 판단하는 양심의 가치관價값과 値값지. 觀볼관.이 있다는 말이다.

그래서 마음으로 진 빚이 있는 사람의 일을 도와주려고 하는 일이 또 다른 사람에게 피해를 주는 일인지 판단하고 도와주어야 한다는 것이다.

도와주려고 하는 일이 공무원들이 하는 공공의 일인지 아니면 기득권이나 할 수 있는 청탁하는 일인지를 판단할 줄 알아야 한다는 것이다.

공무원이 하는 업무라면 모든 국민을 대상으로 공정하게 해야 하는 일이므로 도와주면 안 될 것이고 청탁하는 일이라면 더욱 더 안 될 것이다.

공공의 일을 하는 사람은 좌나 우로 치우치는 일을 해서는 안 되기 때문이다.

예를 들어 아버지가 어떤 사람을 도와주려는 생각으로 꾀를 부리는 말과 꼼수를 부리는 말을 아이가 듣는다면 그 아이는 꼼수를 배우기 때문이다.

우리나라는 4년에 한번 씩 국회의원선거와 시의원/ 구 의원/ 그리고 지역구 단체장인 시장/ 구청장/ 선거와 5년에 한 번 대통령 선거까지 있다.

이러다보니 많은 감투자리가 기다리는 정치구조가 우리나라의 현주소이다.

5년마다 우리나랏일부 정치인들은 자기편사람을 만들기 위해 혈안이 되어있다.

그 이유는 정권을 잡기 위해서 자신이 가진 능력을 바탕으로 사람들을 끌어모으고 끌어들인 사람들에게 국회의원 공천이나 장차관자리를 주겠다고 암묵적인 약속을 하고 앞으로 같은 편이 되어 많은 사람을 모우고 정권을 잡아보자고 정치흥정을 하기 위해서 만나는 일이 많을 것이다.

이런 흥정을 바탕으로 제수가 좋으면 대통령이 되고 총리가 되고 각종 장차관들이 만들어지고 이런 흥정에 의해 마음의 빚을 지는 사람이 생기고 하는 것이 우리나라의 비리온상이 되어 공정한 헌법질서를 무너트리고 있다.

이에 마음에 빚을 진 사람이 요청하는 일을 거부하지 못하고 청탁하는 다른 사람에게 또 다른 권력의 자리를 나누어 주고 있다.

이렇게 자기들끼리 감투를 나누어 가지고 또 다른 사람을 자기편 사람으로 만들고 계속해서 세력을 모우고 그 사람들에게 또 감투를 주고받고 있다.

이런 일들이 지금우리나라에서 일어나고 있는 정치꾼들의 모습이다.

이렇게 모인사람들이 편을 만들고 자기편에서 정권을 잡으려고 안간힘을 쓰니 이들로 인해 비리는 계속 만들어지는 것이다.

권력에 욕심이 많은 일부 정치꾼들은 부끄러움도 없나보다.

자기들이 하는 일은 스스로 국민을 위해 정의로운 나라/ 공정한 나라를 만들기 위해 일을 한다고 자랑하고 홍보까지 하니 말이다.

어처구니없는 일이다.

이들은 권력에 욕심이 많아서 권력을 거래를 하고 있다는 것조차도 모른 척하고 자기만 정의로운 사람인 양 우쭐대는 모습이 부끄럽지도 않은 모양이다.

국민을 위한다는 말도 정의와 공정과 평등을 위한다는 말도 새빨간 거짓말이다.

이렇게 편을 나누고 정권을 잡으려는 목적은 단 하나 자신이 권력을 잡기 위한 목적뿐이라는 것도 스스로 알고 있을 것이다.

그래서 국회의원이 된다면? 장관이 된다면? 차관이 된다면? 시장이 된다면? 구청장이 된다면? 정부의 주요 요직을 받는다면?

자기 미천 한 푼 안 들이고 억대의 연봉은 물론이거니와 권력 자리에 따라 셀 수 없이 많은 대우를 받는 행운을 잡는 것이다.

그것도 4년은 보장받는 자리이다.

권력에 욕심이 많은 사람에게서 상식이 통하는 나라/정의로운 나라/공정한 나라/ 공의로운 나라/를 바란다는 것은 우리 스스로 자문해야 할 일이다.

복잡한 환경 속에서 요즘 다수청년들마저 바라는 꿈이 권력을 잡을 수 있는 정치에 관심이 많이 쏠리고 있는 현상이 한심한 현실이다.

이러다 보니 나라를 위해 자신이 피땀 흘려 노력해서 돈을 벌고 세금을 내는 청년들은 그다지 많지 않은 것 같아서 씁쓸하다.

청년들의 바람은 젊은 혈기로 왕성하게 활동할 수 있는 나이에 맞게 씩씩하게 일할 수 있는 환경에서 멋있게 성공할 수 있는 청년이 되기를 바라고 있을 것이다.

나 역시 그렇게 청년시절을 보냈으니 말이다.

요즘 우리 국민들이 뼈 빠지게 벌어서 나라를 위해 내는 세금이 600조 나 된다.

그 근거는 우리나라가 1년에 살림살이로 쓰는 예산이 600조나 쓰고 있으니 말이다.

그런데 요즘 뉴스에 따르면 국민이 낸 세금이 태양광 사업 등 여러 좋은 명목 아래 어디론가 줄줄 세어나가고 있다는 소식이다.

이런 뉴스를 접하는 대다수국민들은 피같이 벌어서 낸 세금이 이렇게 허무하게 도둑질을 당한다는 심정을 정치하는 사람들은 알고나 있을까?

다수 국민들은 일할 맛도 안 날 것이다.

우리가 기대하고 기다리는 기회는 평등한 나라/ 과정은 공정한 나라/ 그 결과는 정의로운 나라는 어디로 숨었는가?

우리나라가 아직 공정한 나라로 가는 길은 그림의 떡이란 말인가?

하지만 아직 늦지 않았다는 생각으로 자식들의 미래를 생각해서라도 공정한 나라를 만들고 평등한 기회와 공정한 질서는 바로 세워야 할 것이다.

만약 지위가 높은 사람이라고 절차와 질서를 안 지켜도 눈감아주는 사회가 된다면 국민들도 급행료를 주고라도 절차와 질서를 무시할 것이다.

따라서 공정한 사회는 무너지고 불공정한 사회가 안개처럼 국민들의 마음에 자리 잡게 될 것이다.

그 결과 공정한 사회는 깜깜한 땅속구덩이로 묻힐 것이다.

그리고 불공정한 기능장애가 병病병병.이 되어 우리 국민들의 마음속에 조금씩 스며들고 우리들의 생활문화로 자리 잡는다면 우리 사회는 어떻게 되겠는가?

우리 사회는 점점 올바르지 못한 비리들이 여기저기서 터져 나올 것이다.

그리고 공정한 사회는 소리 없이 안개처럼 사라질 것이다.

정직하고 공정한 법질서가 무너지는 원인 중에는 사회의 지도자 위치에 있는 사람들의 잘못된 생각이 큰 문제인 것도 우리는 알아야 한다.

그러나 지도자들은 말한다.

공정한 사회를 지키기 위한 처벌법을 많이 만들어 놓았기 때문에 우리나라는 아직 정의가 살아있다고 말을 한다.

그래서 불공정不아니불.公공변될 공. 正바를정.한 일들이 아무리 많이 생긴다 하더라도 법원에서 법대로 처벌하면 해결된다는 것이다.

그러므로 정의롭고 공정한 우리 사회는 잘 지켜지고 있다는 것이다.

그러나 많은 국민들은 그렇게 생각하지 않는다는 것을 정치하는 지도자들은 알아야 할 것이다.

그 이유는 법을 조종할 수 있는 사람은 권력을 가진 특별한 사람이나 할 수 있고 누릴 수 있는 혜택이기 때문이다.

대다수의 국민들은 먹고 살기도 힘든 생활에 시달리고 있고 인생을 살아가는데 시달려서 법원에 갈 시간과 비용조차 없다.

또한 소송을 한다 해도 소송 할 돈도 없다.

먹고 살기 힘든 생활을 하고 있기 때문이다.

이쯤 해서 우리 국민들은 생각해야 한다.

우리 국민들에게는 변호사辯말잘할변. 護변호할호. 士선비사.의 혜택은 그림의 떡이다.

그래서 대다수국민들은 자신의 정의를 찾기 위해서 법원에 가지 않아도 정의로운 사회가 될 수 있도록 하기 위한 공정한 구조와 시스템system을 바라고 있다.

더하여 법원으로 가지 않아도 정의롭고 공정한 사회를 만들기 위해서는 모든 국민이 직접 참여할 수 있는 방법을 만들어야 할 것이다.

그 방법을 실현하기 위해서는 모든 재판에는 검사와 판사와 재판을 감시할 수 있는 다수국민이 함께 참여하고 심판하는 **국민 참여 심판**제의 구조화 시스템을 만드는 것이다.

그리고 또 다른 방법의 하나로 국회의원권력을 오랫동안 잡고 행사할 수 없도록 기간을 단축시키는 방법과 구조를 만들어야 하겠다.

그 예로 국회의원임기를 단임제로 하되 지금 시행중인 4년에서 5년으로 늘리고 헌법정신을 담아 헌법기관인 국회에서도 어떤 방법으로도 의문을 제기할 수 없도록 법으로 약속하는 것이다.

우리가 알고 있듯이 권력을 오래 잡지 못하는 구조를 만드는 이유는 올바르지 못한 불공정한 사회는 권력을 가지려는 욕심에서 발생하기 때문이다.

그 증거는 공산주의 사회의 구조와 시스템을 보면 쉽게 이해할 수 있을 것이다.

개인은 욕심을 낮추고 권력을 잡으려는 사람은 권력의 욕심을 버린다면 우리나라의 공정한 사회는 자연스럽게 만들어질 수 있을 것이다.

우리가 정직하고 공정한 나라를 만드는 방법을 배우는 곳은 가정교육에서부터 시작되어 학교를 통하고 사회에서 나타나는 결과이다.

그러므로 우리들의 각 가정교육이 정말로 중요하다는 것을 국민들은 알고 있다.

그러나 우리나라 정치인들은 하루가 멀다 하고 권력다툼을 하기 때문에 불공정한 일이 많이 발생하고 있고 정치 다툼 때문에 공정한 사회를 만들기는 매우 어려운 것이 지금의 실정이다.

정치인들의 다툼이 가정에 있는 뉴스매체인 TV를 통해 우리 아이들이 사회의 불공정한 일들을 많이 보니 자식들에게 정직하고 공정한 교육을 시킨다는 것이 부모로서 부끄러운 일일 것이다.

가정을 책임지는 부모들이 사회생활을 하는 과정에서 공정한 질서를 지키다가 손해를 본다면 부모들도 공정한 절차를 지키려고 하지 않을 것이다.

사회생활을 하는 과정에서 편법과 반칙과 불공정한 행위로 이익을 많이 보는 현실인데 공정한 절차를 지키기는 더욱 어려울 것이다.

공정을 지키지 않는 것이 이익을 보는 사회인데 굳이 내가 손해를 보며 공정한 절차와 질서를 지킬 필요가 없는 것이다.

가정에서 자녀들에게 공정한 질서를 지키라고 가르치기도 부끄럽다.

차라리 무관심하는 것이 자식이나 내가 편하기 때문이다.

하지만 우리 자식들의 미래를 생각한다면 한 번 더 고민하고 잘못된 불공정한 절차를 공정하게 바로 세우는데 환골탈태換바꿀환. 骨뼈골. 奪빼앗을탈. 胎아이밸태.하는 심정으로 공정한 질서를 바로잡아야 하겠다.

우리 부모들은 경제적으로 빈부의 차이가 많다.

그래서 자식들이 시작하는 인생의 여정에도 차이가 많이 날 것이다.

그러나 평등한 기회와 공정한 절차와 과정만큼은 공의로 와야 우리 아이들의 미래가 조금이라도 평등해질 것이다.

이렇게 평등한 기회와 절차적 과정의 문제들이 공정하게 해결되지 않는다면 빈부간의 차이가 더 많이 벌어질 것이다.

경제적인 차이에 따른 갈등과 대립이 우리 사회를 분열시키고 있는 것도 현실이다.

그렇다면 공정한 사회를 만들기 위해서는 어떻게 해야 하는 것이 좋겠는지를 토론하고 공감을 끌어내고 갈피를 잡는 것이 중요할 것이다.

우리가 사는 사회는 셀 수 없이 많은 생각들이 움직이고 있다.

5000만의 국민이라면 5000만 개의 생각들이 움직인다고 보아야 할 것이다.

그러므로 어떠한 좋은 대안을 내놓는다 하더라도 모든 국민들이 100% 만족하다고 생각하지 않을 것이다.

만족할 수 없는 경제적 갈등 속에서 우리가 기대할 수 있는 것은 오직 모든 국민이 합의하고 공감하고 인정할 수 있는 방법뿐인 것이다.

그러므로 경제적 어려움에 있는 국민들만큼은 꼭 집어내는 핀셋 구제법을 만들고 이에 모든 국민들이 합의하는 것이다.

인간은 욕심이 많은 동물이다.

욕심은 죄를 만들고 죄는 죽음을 부를 수 있다.

먹고 살기 힘든 가난한 사람들의 욕심은 살기 위해 생존하기 위한 양식욕심이기에 사람의 본성인 착한 마음도 병들게 한다.

그래서 사람은 배고픈 환경에서는 성격이 포악해지고 이성을 잃어버리고 짐승 같은 행동도 가리지 않는 것이다.

옛말에 이런 말이 있다.

사람이 3일을 굶으면 못할 일이 없다.

도둑질과 강도 짓을 하더라도 먹어야 산다는 말이다.

먹고 사는 문제는 생존하는 데 없어서는 안 되는 필수적인 문제이다.

또 다른 옛말이 있다.

처녀가 아이를 임신해도 할 말은 있다.

공동묘지에 있는 수많은 무덤들도 핑계 없는 무덤은 하나도 없다는 말이다.

이 얼마나 아이러니 한 말인가?

이와 같이 사람은 자신의 부정한 행위가 있다 하더라도 정당화시키기 위하여 거짓말과 속임수에 능한 꾀가 많은 동물이라는 것이다.

사회질서를 유지하기 위해 경제적인 불만은 법적으로 분배할 수 있는 과정을 만들고 빈부의 차이를 해결할 수 있어야 한다.

경제적인 공정과 평등平평등할 평. 等가지런할등.에 대한 문제는 모든 국민이 공감하고 합의를 거치고 인정해야 하기 때문이다.

그래야만 다 함께 공생, 공존하며 살아야 할 동일성同한가지동.一한일.性성품성.에 대한 보편성普넓리보.遍두루편.性성품성.의 복지를 공감할 수 있고 서로 인정할 수 있다.

따라서 각 사람의 노력에 따라 공정한 분배와 동등한 공의를 인정할 수 있을 때만이 우리 국민은 다 함께 행복을 누릴 수 있는 것이다.

그리고 우리 자식들의 미래도 공정하고 공의로운 사회로 만들 수 있는 것이다.

공정한 사회는 국민은 하나로 단결시킬 것이다.

불교에서는 자신의 존재는 없다는 **무아**無없을무. 我나아.와. 집착과 대립과 차별이 없는 **무상**無없을무. 相서로상.과 아무런 생각과 감정이 없는 **무념**無없을무. 念생각할념.이라는 말의 뜻을 가르침이 있다.

부처님이 가르치는 이 말씀을 부처님께서 언제 깨닫고 미래 세대를 위해서 가르치고 훈계하셨는지는 정확히 알 수 없으나 추측건대 부처님의 탄생이 BC.600년 전 지금부터 약 2600년 전이므로 그때로 추정할 수 있을 것이다.

무상이란 뜻은 **모든 사물은** 때가 되면 **없어지는 공**空**이어서 일정한 모습이나 형태가 없는 양상**樣相**이기에 집착과 대립과 차별하는** 마음이 없다는 말씀이다.

그래서 **불가에서는 어떤 일을 판단하는 마음은 어느 한쪽으로 치우지지 않는 마음이라는** 뜻일 것이다.

따라서 **자연의 순리를** 따르는 자유가 **진리**라는 것을 깨달아야 한다는 **부처님의 가르침**일 것이다.

우리 기성세대들은 때가 되면 이 세상을 떠난다.

우리 미래세대를 위해서라도!

공정하고 공의로운 사회가 필요한 것이다.

17. 평등

평등平평평할평. 等기지런할 등.이란?

사람들의 사회적 지위고하地땅지. 位자리위. 高높을고. 下아래하.를 막론하고 차별하지 않고 동등同한가지동. 等가지런할 등.하게 대할 때 평등하다고 말한다.

그래서 어느 한쪽으로 치우치지 않고 정직한 말과 행동을 지향하는 견해와 의견을 평등平평평할평. 等기지런할 등.이라고 말하는 것이다.

모든 국민은 남녀고하를 막론하고 태어난 장소가 다르다 하더라도 사람은 모두 법 앞에 차별 없이 평등하다는 것이다.

그리고 사람은 누구나 무한한 잠재력을 가지고 동등하게 이 세상에 태어나기 때문에 평등하다고 말하는 것이다.

이와 같이 동등한 잠재력을 가지고 태어나는 것처럼 우리가 평등하게 살아가는 방법을 법으로 만든 것이다.

그래서 모든 국민은 법 앞에서 누구나 평등한 권리를 가지는 것은 헌법정신에 따라 만들어진 법에 의해 보호받는 것이다

평등한 법은 우리가 살아가는 사회에서 누구는 잘생겨서 대접하고 누구는 못생겨서 차별差어긋날차. 別나눌별.하면 안 된다는 뜻을 담고 있다.

이런 사회를 평등한 사회라고 말하는 것이다.

모든 사람이 동등하다고 인정할 때 평등이라는 가치가 있다.

우리가 평등한 사회를 만들기 위해서는 쌍방이 서로 차별差어긋날차. 別나눌별.을 하지 않는 사회를 만들어야 한다.

노숙자는 초라하다고 무시한다거나 차별한다면 그런 사회는 평등한 사회라고 할 수 없는 것이다.

돈이 많아서 좋은 옷을 입고 좋은 차를 타고 다니는 부자들을 특별히 대우해주는 사회도 평등한 사회라고 할 수 없다.

국회의원이나 장관이나 권력을 가진 사람들이라고 대우를 받는 사회 또한 평등한 사회라고 말할 수 없다.

그러나 우리가 알고 있듯이 우리 사회는 권력을 가진 사람이나 재산이 많은 사람을 경계하면서도 존경尊높을존. 敬곤경할경.하는 사회라서 씁쓸하다.

1945년 8월 15일 우리나라는 일본 제국주의로부터 해방된 후에 우리의 불평등한 사회는 일본으로부터 물려받은 산물이라 할 것이다.

그 산물은 일본이 우리나라를 감시하기 위해 본국에서 낙하산 인물들을 계속 내려 보내서 감시를 했고 독립정부 이후 일본의 영양을 받아 그들이 하는 행세를 그대로 본받았기 때문일 것이다.

역사를 살펴보면 1945년 8월 15일 일본이 2차 세계대전에서 패전함으로 연합군聯잇달연. 合합할합. 軍군사군.에게 무조건 항복했다.

따라서 우리는 강자독식의 원리에 의해 자유를 어부지리漁고기잡을어. 父아비부. 之갈지. 利날까로울리.로 얻은 나라이다.

우리가 얻은 교육은 강력한 힘을 가지고 있을 때 만 이 자유도 지킬 수 있다는 것을 우리는 2차 세계대전을 통해 다시 깨달았다.

강력한 힘에 의해 자유自스스로자. 由말미암을유.도 보장받을 수 있다는 것도 재확인했다.

36년 동안 일본의 식민지였던 우리나라는 해방을 맞았고 우리는 일본의 식민지植심을식. 民백성민. 地땅지.에서 자유를 되찾은 나라이다.

해방 이후 자유당 이승만 정부 때부터 지금까지 장관의 자리는 경험이 없어도 실력이 없어도 대통령의 권한으로 주는 자리가 되었다.

대통령의 권력이란?

대통령의 정권을 위해 도움이 되어야 하기 때문에 대통령의 업무 추진에 꼭 필요한 사람이라면 대통령의 권한에 의해 장관의 자리를 얻을 수 있는 것이다.

하지만 인간이 지닌 욕심에 따른 권력도 있을 수 있다.

국민의 자유로운 생활과 평등한 세상을 만들고 행복을 누리기 위해서는 필수적인 권력도 필요할 것이다.

하지만 모든 국민에게 평등한 기회를 주고 다 같이 잘살게 하는 자유로운 시장경제를 바탕으로 백성을 다스리는 목민관의 정신을 담은 권력이라야 한다.

그 결과 만민萬일만만. 民백성민.에게 존경받는 지도자가 되는 것이다.

존경받는 지도자는 국민 모두가 골고루 잘 살 수 있게 하는 자유로운 시장경제환경을 만들어 주어야 한다.

국민을 자유로운 생활가운데 화합하게 만드는 지도자를 대통령★ 큰대. 統큰줄기통. 領웃깃령.이라 할 수 있을 것이다.

사람은 서로의 이익을 위해서 끼리끼리 어울리는 동물이다.

우리가 사는 세상을 보다 자유롭고 평등한 세상으로 만들기 위해서 꼭 필요한 권력이라면 모든 국민들은 인정할 수 있을 것이다.

국민이 없는 나라가 어디 있겠는가?

우리가 생활하는 사회는 개인이 노력한 만큼 수익을 보장받는 구조라면 평등한 사회라고 누구나 인정할 수 있을 것이다.

국민이 안전하고 평등한 경제활동을 할 수 있도록 나라를 책임지는 대통령은 헌법질서 아래 권력을 행사해야 할 것이다.

대통령의 권한은 행정부를 잘 운영함으로써 국가의 안보와 국가의 질서를 바로잡고

모든 국민의 생명과 재산을 보호하는 임무이기 때문이다.

국가의 보호 아래 국민은 자유로운 시장경제를 바탕으로 자유로운 경제활동을 통해 수익을 창출하고 가정을 이끌어갈 때 행복을 누릴 수 있기 때문이다.

평등한 나라를 만들기 위해서는 각자의 일을 하는 것이다.

대통령은 평등한 나라를 만들기 위해서 행정부의 수장으로서 입법부나 사법부의 권력을 넘나들면 안 되는 것이다.

대통령의 자리는 국민의 자유와 평등을 위해서는 자유민주주의의 초석인 삼권분립의 원칙을 지켜야 할 책임과 의무가 있기 때문이다.

우리나라가 현재 잘못 운영하고 있는 대통령중심제의 문제점을 보안하고 대통령이 행정부를 잘 운영하고 국민의 생활을 보살펴야 한다.

대통령은 사법부와 입법부를 넘나들 수 없는 시스템을 보안할 필요가 있다.

대통령이 직간접적으로 입법부와 사법부를 넘나들 수 없도록 하기 위해서는 검찰을 독립시키고 입법부에 관심을 가질 수 없도록 하는 것이다.

방법의 하나로 행정부에서 장차관을 하던 사람을 국회의원선거가 다가오면 국회의원입후보로 공천할 수 없도록 하는 것이다.

우리가 잘 알듯이 이런 제도를 통해 대통령이 입법부에 간접적으로 권력을 행사할 수 있는 일이 만들어지기 때문이다.

행정부에 소속되어있는 검찰은 대통령의 눈치를 볼 수밖에 없는 구조이기 때문에 검찰을 행정부에서 완전히 독립시켜야 할 것이다.

그리고 입법부도 행정부의 정책의 발목을 잡고 행정부의 수장인 대통령이 추진하는 일을 하지 못하게 태클을 걸지 못하도록 법을 보안할 필요가 있다.

대통령은 나라 살림을 잘하고 입법부는 국민이 자유로운 경제활동을 위한 법을 추진하고 사법부는 자유로운 경제활동의 부정을 바로잡는 역할을 하는 것이다.

3권 분립의 기능이 원활할 때 국민경제도 잘 되는 것이다.

국가가 위기였을 때도 우리보다 앞서 살았던 선배들도 국가가 국민을 위해 운영될 수 있도록 많은 노력을 했던 흔적들을 엿볼 수 있다.

우리나라가 해방을 맞을 당시 우리 선배들은 평등한 사회를 만들기 위해 1944년 여 운형 선생이 이끌던 조선건국동맹조직에 이어 조선건국준비위원회를 만들었다.

이때 조소앙 선생이 임시정부에서 활동하며 **삼균주의**를 바탕으로 평등한 사회의 초석이 되는 기초를 만들기 시작한다.

조소앙 선생은 3가지 부분에서 평등해지자는 것을 주장했다.

① **사람과 사람** ② **민족과 민족** ③ **나라와 나라** 사이에 차별 없는 평등한 권리를 실현하고 누리자는 **균등주의**를 만들자는 것이다.

따라서 정치적이나 경제적이나 사회적으로나 차별이 없는 **균등주**

의인 평등한 세상을 실현하자는 것이었다.

그러나 남한과 북한이 분단되는 상황으로 인해 균등주의는 좌절되었다.

그리고 우리나라는 1945년 8월 15일 일제로부터 독립 이후 강대국들의 사상 다툼에 끼어 1945년 12월 모스크바 3국 외상회의에서 우리의 의견과 달리 미국. 영국. 소련 등의 강대국에 의해 **신탁통치**가 결정되었다.

신탁통치는 그동안 우리나라는 자주적으로 주권을 지킬 수 없는 힘이 없는 나라였기에 강대국으로부터 따돌림을 받은 것과 무엇이 다르겠는가?

여기서 우리가 얻은 교훈은校학교교. 訓가르칠훈. 나라가 힘이 없으면 강자에게 먹힌다는 **약육강식**弱약할약. 肉고기육. 强굳셀강. 食밥식.을 배우고 깨달아야 한다.

1946년 통일임시정부의 수립을 위해 남북이 더욱 힘을 모아 협력하자는 남북합작운동이 벌어졌다.

그래서 남쪽의 김구선생님이 북한을 방문한다.

그러나 남한과 북한은 이념적인 사상에 따른 생각과 의견 차이로 인해 점점 어려운 상황으로 설상가상雪눈설. 上윗상. 加더할가. 霜서리상.이였다.

이유는 공산주의창시자인 칼-마르크스 추종자인 레닌과 스탈린식 공산주의를 주장하는 북한과 하나님이 주신 자유민주주의를 주장하는 남한의 갈등이다.

1945년 해방 이후 우리대한민국은 한 핏줄인 민족을 두 체제로 갈라지게 만드는 뼈아픈 지경에 이르렀다.

그 결과 1948년 남한은 미국의 주도 아래 단독선거를 했다.

그리고 선거에 의해 자유당의 이승만 선생이 초대대통령으로 선출되었고 우리 대한민국정부가 수립되었다.

당시 인류는 20세기 들어 평등한 사회를 만들기 위해 칼-마르크스주의 공산당 출현으로 공산주의가 이론에서 현실로 나타나기 시작한다.

러시아는 **1917년 레닌의 혁명으로 사회주의 국가가 되었다.**

사회주의로 만든 소비에트공화국을 평등한 사회로 만든다는 명목아래 레닌은 공산주의를 실천하기로 마음먹는다.

따라서 소련의 레닌은 사회주의 공산당은 모든 국민이 차별 없이 평등하게 살 수 있는 체제라고 강조한다.

칼-마르크스주의에 의하면 평등한 사회를 파괴하는 것은 사유재산이 많고 작은 소유로 의해 불평등이 시작되었다고 강조한다.

따라서 **불평등을 낳은 사유재산을 파기**해야 한다고 주장하며 선동했다.

그래서 공산주의 국가에서는 **개인의 모든 재산을 국가에 양도하라!**

그리고 **국가는 재산이 국가 것이라는 것을 인정받아라!**

칼-마르크스 공산주의는 사유재산이 평등한 사회를 방해한다는 것이다.

사유재산을 인정하는 사회에서는 사람들의 생각이 불평등不아니불. 平평평할평. 等가지런할등.하기 때문에 인간관계가 파괴된다는 것이다.

그래서 평등한 공산주의 사회를 건설하자는 이론을 강조하며 시작한 마르크스 공산주의는 21세기인 지금 어떠한 결과를 낳고 있는가?

그들이 강조하는 평등은 자신들의 권력을 유지하기 위해 일부 공산당원들의 소유물이 된 것이 아닌가?

그리고 공산당원이 아닌 국민들은 개나 소나 돼지가 되어서 평등한 세상은 뒤로하고 공산주의 권력을 위해 노예생활을 하고 있지 않은가?

공산주의란 이렇게 사람이 사람을 억압抑누를억. 壓누를압.하고 자신들 집단이익을 위해 평등을 미끼로 모든 국민을 강제로 억압하는 제도이다.

그리고 공산주의를 추종하는 무리들은 자신들 집단을 죽을 때 까지 장기집권을 잡으려고 또 다른 불평등한 권력의 욕심을 부리는 것이다.

반대로 자유민주주의에서의 평등이란?

모든 국민은 누구나 자유와 평등한 권리를 가지는 것이다.

따라서 누구나 법적으로 평등한 권리를 보장받는다.

그래서 누구나 학업의 자유와 직업의 자유가 있다.

그리고 남녀를 막론하고 성인이 되면 누구나 선거권과 선거에 후보로 참여할 수 있는 피선거권을 가진다.

자유민주주의의 모든 국민은 국민이 다 함께 약속한 헌법정신아래 자유로운 생활을 할 수 있으며 평등한 권리를 가지며 공명정대公 공변할공. 明밝을명. 正바를정. 大큰대.하게 어떤 일에서나 개인의 가치를 먼저 생각할 수 있다.

따라서 모든 국민은 평등한 기회와 공정한 과정을 주장할 수 있다.

평등한 기회의 결과는 자신이 노력한 만큼 결실과 열매를 맺는 것이다.

노력의 대가인 자업자득自스스로자. 業업업. 自스스로자. 得얻을득.이라 할 것이다.

자유로운 노력을 바탕으로 얻어지는 평등한 경쟁의 열매는 불만이 없는 것이다.

평등한 기회와 경쟁은 **본래 하나님이 우리에게 희망**을 전달하신 선물이었다.

그래서 지구최초 인간이 살아가는 역사를 살펴보면?

우리 인간은 약7000~8000년 전 경에 첫 인간인 아담을 시작으로 하나님께 버림을 받은 인간은 원시시대와 고대시대를 거치면서 중세시대와 인류문명으로 이어지는 전환기에서 이성을 깨닫지 못하고 짐승들이 살아가는 과정으로 생존을 넘나드는 생활이었던 것이다.

하나님께 버림받은 인간은 유리하는 방랑자생활에서 강자독식이라는 힘의 논리 아래 무법천지와 같은 세상을 살았다.

그 결과 많은 사람이 죽고 죽이는 과정을 거치면서 누구든지 언제 죽을지 모르는 불안한 세상을 살았던 것이다.

인간의 욕심이 가득 찬 세상에서 평등이라는 말을 할 수 있는지 우리는 스스로 자문하기로 하자!

언제 죽을지 모르는 불안한 생활가운데 인간이 지니고 있는 양심적인 사람들이 하나둘씩 나타나기 시작했다.

가족과 씨족생활을 하면서 어미와 아비와 가족들과 친인척에 대한 도덕과 윤리적인 행동들이 나타났던 것이다.

짐승들과 같은 생활에서는 생존할 수 없다는 것을 깨달으면서 불안한 마음을 조이면서 또 언제 힘이 더 센 놈이 나타나 내 목숨을 노릴지 모르는 일이다.

초조한 생활가운데 대화를 하고 약속을 하면서 서로가 공생공존하기 위해 이성적인 판단을 했을 것이다.

동양에서는 약 BC.600년 전 지금부터 약2600년 전에 **불교사상을** 깨달으면서 **공자의 유교사상도** 싹트기 시작했고 이를 바탕으로 우리나라에서도 공자의 유교사상과 부처님의 불교사상이 자리잡아가며 사람다운 삶으로 변하기 시작했던 것이다.

그러나 유럽에서는 약 5000년 전부터 이미 **하나님**의 영도아래 인간이 지켜야 할 도덕과 윤리의 법도가 자리 잡고 있었다.

그럼에도 불구하고 하나님의 은혜아래 살아가는 인간들은 하나님의 가르침으로 모든 백성들은 하나같이 자유와 **평등한 생활을 할 수 있도록 10계명**을 지키라고 선물을 주셨으나 이 명령을 무시하고 하나님이 주신 이성적인 판단을 깨닫지 못하고 살았다.

그리고 자신의 욕심慾욕심欲. 心마음심.을 위해 하나님이 우리에게 주시는 평등한 세상을 위한 **율법도** 지키지 않는 무지한 세상을 살았다.

공자의 유교사관도 사람이 질서를 지킴으로서 사회가 안정되고 평화를 유지할 수 있고 모든 사람이 **평등**하게 살아갈 수 있다고 가르치고 훈계하셨다.

그리고 **불교의 부처님의 가르침도** 자연의 순리와 이치에 따라 지구상에 생존하는 모든 생명들은 누구에게도 구속 받지 않고 자유로운 생활을 하는 것이 **평등**하게 사는 것이라고 가르치셨다.

그 결과 어떤 생명도 살생 하지 말라고 훈계하신다.

그러나 하나님의 가르침은 공자와 부처가 가르치는 질서는 물론이거니와 이 지구에 살아가는 인간에게 평등하게 사는 방법을 가르쳐 주셨다.

근거의 말씀이다.

마태복음 5:3~10절의 **예수님의 산상수훈**의 가르침이다.

:3 마음이 가난한자는 복이 있나니 하늘나라가 그들의 것임이라.

:4 애통하는 자는 복이 있나니 그들이 위로를 받을 것이요.

:5 마음이 온유한 자는 복이 있나니 그들이 땅을 기업으로 받을 것임이요.

:6 의에 주리고 목마른 자는 복이 있나니 그들이 배부를 것임이요.

:7 긍휼히 여기는 자는 복이 있나니 그들이 긍휼히 여김을 받을 것임이요.

:8 마음이 청결한 자는 복이 있나니 그들이 하나님을 볼 것임이요.

:9 화평하게 하는 자는 복이 있나니 그들이 하나님의 아들이라 여김을 받을 것임이요.

:10 의를 위하여 박해를 받는 자는 복이 있나니 천국이 그들의 것임이라.

:11 나로 말미암아 너희를 욕하고 박해하고 거짓으로 너희를 거슬러 모든 악한 말을 할 때에는 너희에게 복이 있나니.

:12 기뻐하고 즐거워하라 하늘에서 너희의 상이 큼이라 너희 전에 있었던 선지자들도 이같이 박해하였느니라.

이 말씀은 사람은 누구나 정직하고 정의롭게 행동하면 모두 다 평등하게 살 수 있는 존재라는 것을 처음부터 끝까지 깨닫게 하는 예수님의 가르침이다.

그래서 평등한 세상을 만들기 위해서는

⑤ **마음이 가난한 사람은** 마음이 깨끗한 사람이다.

⑥ **마음이 깨끗한 사람은 먹을 것이 없어도** 남의 것을 빼앗지 않으려는 마음이다.

⑦ **마음 깨끗한 사람은** 마음이 온유한 사람이다.

⑧ **마음이 깨끗한 사람은** 마음이 맑은 사람이다.

⑨ **마음이 깨끗해서 청결한 사람은** 주위를 화평하게 하는 사람이다.

⑩ **마음이 깨끗한 사람은 정직한 마음으로** 어려운 사람을 도와주는 사람이며 **이런 사람을 박해하는 사람은 나쁘고** 악한 사람이다.

이와 같이 욕심을 부리는 마음은 평등한 사회를 만들 수 없다는 가르침이다.

마음이 가난한 사람이란 말은 그 사람의 생각을 해석한 것으로서 마음이 파란 하늘처럼 청결하고 깨끗하다는 뜻이다.

그리고 사람들은 살기 위해서는 먹어야 한다.

그래서 사람은 남보다 더 많이 먹으려 하고/ 더 많은 것을 가지려 하고/ 상대를 속이고 욕심을 부리는 것이 각자가 살기 위한 방법으로 생각하며 살았다.

그러나 예수님의 가르침은 만약 인간이 살기 위해서 먹고 입는 것 때문에 짐승들처럼 욕심을 부리고 싸우는 것은 인간이 지니고 있는 자유와 평등平平평할평. 等가지런할등.한 세상을 만들지 못한다는 것이다.

그래서 하나님이 이 세상을 평등한 세상으로 만들기 위해 인간人 사람인. 間틈간.이 지니고 있는 마음을 깨끗하게 정화 시키라는 것이다.

만약 깨닫지 못하면 세상은 무법천지가 되고 생지옥 같은 아비규 환阿언덕아. 鼻코비. 叫부르짖을규. 喚부를환.의 세상이 된다는 것이다.

자유를 누리는 평등한 세상을 만들기 위해서는 욕심을 버려야 한다는 말씀이다.

그래서 많이 가진 사람은 나눌 줄 아는 온유한 마음을 가져야 한다는 것이다.

하나님께서도 우리가 사는 이 세상을 평등한 사회로 만들기 위해 특별히 안식년과 희년의 제도를 만드셨다.

안식년은 7년마다 한 번씩 6년 농사 후에는 일 년간 그 땅에 농사를 짓지 못하게 하셨고 땅이 쉬는 1년 동안에 그 땅에서 자연적_{自스스로자. 然그러할연. 的과녁적}으로 생산되는 곡물은 가난하고 힘들게 사는 사람들의 몫으로 남겨두게 하셨다.

그리고 희년은 7년이 7번째 다음해인 50년 되는 해에는 노비도 해방시키셨고 가난하게 살던 사람들이 소유했던 땅들은 다시 돌려주는 토지환원제를 시행하셨다.

우리도 하나님의 가르침을 따라 평등한 사회를 만들어야 할 것이다.

평등한 사회는 하나님의 세상이다.

18. 자유

자유 自스스로자. 由말미암을유. 란?

사람이 태어나서 삶이 시작되는 것이 자유이다.

인간은 자신이 태어나고 싶다고 해서 태어나는 것이 아니기 때문이다.

자신도 모르게 어미를 통해 자유롭게 태어나는 것이다.

우리가 아는 것은 자신의 의지대로 태어날 수 없다는 것이다.

우리는 하나님이 창조하신 지구의 자연환경의 순리에 따라 세상에 태어난다.

그래서 자연환경의 순리를 자유라고 하는 것이다.

나를 낳아주신 부모님도 그랬을 것이다.

우리도 부모님의 자유의지로 세상에 태어나는 것이다.

그러므로 나를 낳아주신 부모님께 항상 감사하는 마음으로 살아야 하는 것이다.

또한 나를 낳고 지극정성으로 나를 길러주신 부모님께 효도해야 하는 것이다.

이것이 사람이 지니고 있는 자유의 가치인 것이다.

효도하는 것은 부모님 은혜에 감사 感느낄감. 謝사례할사.하는 마음이고 그 마음도 자연의 순리에 따른 자연의 도리 道길도. 理다스릴리.인 것이다.

그리고 자연의 순리에 따라 부모님이 생각하는 마음에 의해 나는 선택받는다.

자연에 순리는 인간이 본래 지니고 있는 정신 중 한 부분인 번식 본능을 따라 자유로운 선택으로 이루어지기 때문이다.

그리고 이 정신은 지구상에 존재하는 생명체라면 다 지니고 있다.

그 증거로 민들레 홀씨 같은 생명도 자연스럽게 바람을 타고 자신이 살아가야 할 보금자리를 찾아가고 있지 않은가?

이러한 현상을 자유라고 하는 것이다.

우리가 살고 있는 이 지구에는 물, 불, 공기, 흙 이렇게 4가지 원소와 지구의 기운인 바람으로 구성되어 있다.

여기서 정신은 바람이라는 성질이라고 할 것이다.

그래서인지 사람이 생각하는 마음은 항상 변화무쌍變변할변. 化될화.無없을무. 雙쌍쌍.하다.

이 변화무쌍한 생각과 마음은 자신이 하고 싶은 자유로운 행동에 대해 옳고 옳지 못함을 분별하고 판다하고 있다.

옳은 행동과 나쁜 행동을 구별하는 논리적論말할논. 理다스릴리. 的과녁적.인 생각으로 판단하는 이성적인 정신은 사람만 가지고 있다.

사람이 지니고 있는 정신은 항상 바람을 타고 자유롭게 정직한 마음을 쫓아가는 구름과 같은 것이다.

그래서인지 사람이 생각하는 자유로운 바람이 자유로이 일어도 어디서 와서 어디로 가는지 아무도 모르는 것이다.

예수님께서 요한복음3;8절에서 한 말씀이다.

바람이 임의로 불매 네가 그 소리는 들어도 어디서 와서 어디로 가는지 알지 못하나니 성령으로 난 사람도 다 그러하니라—

말씀처럼 이성을 가지고 판단하는 우리 인간도 알 수 없는 것이 바람인 것이다.

정리하면 바람은 자유이며 자유는 바람이다 할 것이다.

우리가 바람과 같은 자유를 쉽게 이해할 수 있는 것은 지금우리가 살고 있는 지구에 존재하는 생명체들이 생활하고 생존하는 모습을 조금만 관찰해도 좀 더 쉽게 이해 할 수 있을 것이다.

그리고 우리의 몸에는 수분이 70%를 차지하고 있다.

우리 몸은 단백질과 탄수화물과 지방과 조금의 미네랄성분 등으로 구성되어있다.

이 성분들은 모두다 지구에 존재하고 있는 물과 흙의 성분들이다.

물과 흙의 성분들과 함께 우리 몸을 지탱하게 할 수 있게 하는 자유의정신인 바람같이 성분이 담겨져 있는 것이다.

이 정신이 몸을 움직이게 하는 바람인 것이다.

이 말의 증거는 성경 말씀에 나타난다.

증거를 확인 할 수 있는 창세기2장7절의 하나님의 말씀이다.

여호와 하나님이 땅의 흙으로 사람을 지으시고

생기를 그 코에 불어 넣으시니 사람이 생령이 되니라

하나님의 말씀 중에 생령이란 말씀은 생명이 살아 움직인다는 말씀이다.

다시 말해 하나님이 생령의 바람을 사람의 코에 불어 넣음으로서 사람은 몸을 움직이게 하는 자유정신이 담겨있다는 말씀이다.

그 예로 우리 몸이 흔들리면 정신 똑 바로차려 라는 말을 하지 않는가?

정신에는 불의 성질과 바람의 성질이 있고 이 성질이 합쳐지면 우리가 화를 내기도 하고 소리를 지르고 다투기도 하며 싸우기까지 하는 것이다.

또한 물과 바람의 성질이 합쳐지면 싸늘한 표정과 냉정한 성질이 발생해서 불의 성질을 다스릴 수 있다고 이해할 수 있을 것이다.

이렇게 사람의 몸은 자유를 담은 여러 가지 자연의 복합적인 작용에 의해 자기만의 독특한 성질인 특성이 만들어지고 활동하는 것이다.

지금으로부터 약 2400년 전인 BC.4세기에 살았던 그리스의 고대 철학자인 아리스토텔레스의 철학에 의하면 이 지구에는 4가지의 원소가 존재한다고 했다.

그리고 이 4가지의 원소 중에는 위와 아래로 운동을 하려고 하는 각각의 성질을 가지고 있다고 한다.

여기서 아래로 움직이려고 하는 원소는 물과 흙이며 위로 움직이려고 하는 원소는 공기와 불이라고 설명 하고 있다.

이렇게 지구에 존재하는 원소들은 각각의 성질을 가지고 있다는 것이다.

따라서 각 원소들은 자기의 무게에 비례해서 움직이려고 한다는 것이다.

그래서인지 이 지구상에 살고 있는 약80억 명이나 되는 그 많은 사람들은 성격과 성질이 각각 다르다는 것을 알 수 있다.

그래서 혹자는 이렇게 말한다.

우리 몸은 지구를 닮은 작은 우주라고 말한다.

그리고 사람은 자연을 담고 있는 자유로운 객체라는 것이다.

객체는 자주적으로 움직인다.

자주적으로 움직이는 객체는 동등한 다른 객체의 자유를 강제로 빼앗고 지배할 수 없는 것이다.

그 이유는 각각의 객체는 동일한 자유를 담고 있기 때문이다.

자유로운 객체는 서로가 동등하고 평등하기 때문이다.

그리고 자유롭게 존재하는 이지구의 물과 불은 사람의 지식과 지혜로 어느 정도 조정할 수 있겠지만 100% 강제로 조종할 수 없는 것이다.

우리가 잘 알고 있듯이 사람이 자연을 사람의 힘과 지식으로 조종할 수 있다면 이 지구상에는 자연재해는 없을 것이다.

이와 같이 자연의 자유自스스로자. 由말미암을유.는 아무도 조종할 수 없는 것이다.

자연을 담고 있는 사람의 자유自스스로자. 由말미암을유. 또한 마찬가지인 것이다.

인간이 지니고 있는 자유로운 성질을 또 다른 인간이 억압한다면 인간은 생존生날생. 存있을존.의 가치를 잃어버리는 것이다.

그래서 사람은 자연을 사랑하는 성질을 가지고 있으며 또 자연을 지키려고 하는 마음도 가지고 있는 것이다.

사람이 자연이고 자연이 자유이기 때문이다.

자연을 담고 있는 사람은 자유로운 성질을 따라 항상 자유를 따라가는 바람 같은 마음을 가지고 있다.

자유를 따르는 마음은?

물질적으로나 정신적으로 누구에게도 구속받거나 얽매이지 않고 자기의 생각을 말하고 행동하는 성질을 가지고 있다.

그래서 자기가 생각하고 표현하고 싶은 말을 자기의 의지대로 하려고 한다.

자유를 품고 있는 사람은 자신이 자유롭게 가고 싶은 곳이 있다면 그곳으로 가려고 자유롭게 움직이는 것이다.

이것이 자유를 품고 있는 인간의 바람 같은 성질인 것이다.

자유민주주의를 따르는 우리나라에서도 개인의 자유로운 생활을 보장하고 있다.

자유민주주의를 따르는 우리나라에서는 자신이 공부를 잘하면 자신의 실력으로 사회적으로 높은 자리에 오를 수도 있다.

노력을 많이 하고 공부를 잘하는 사람은 자신의 의지대로 사업을 하고 돈을 많이 벌고 부자도 될 수 있다.

더 나가 사법고시에 응시하여 합격하면 판사도 될 수 있는 것이다.

자유민주주의에서는 누구나 자유롭게 교육의 자유와 직업의 자유에 따라 사업가도 될 수 있고 공무원도 될 수 있다.

자유민주주의에서는 공부를 많이 하는 사람은 남보다 먼저 출세出날출. 世대세.할 수 있다는 말이다.

따라서 자신의 노력에 따라 목적을 이루고 성공成이룰성. 功공공.을 한다면 자신은 행복하게 잘 살 수 있는 것이다.

우리나라는 개인의 자유自스스로자. 由말미암을유.를 보장하고 보호하는 자유민주주의 공화국이다.

자유민주주의 나라에서는 자신이 믿고 싶은 종교에 따라 기독교나 불교나 자유롭게 마음대로 믿을 수 있는 종교의 자유를 보장한다.

그리고 자신이 생각하는 일들을 글로 써서 출판하는 출판의 자유도 있다.

더 나가 신문 방송을 통하거나 집회를 통해 많은 사람에게 자기의 생각을 전달傳전할전. 達통달할단.할 수 있는 언론의 자유도 있다.

이렇게 자유는 모든 국민들을 행복하게 만드는 역할을 하는 것이다.

그러나 공산주의에서는 개인의 자유는 없다.

그 이유는 공산주의를 추종하는 사람들은 자기들끼리만 권력을 가지고 호화롭게 잘 살기 위해 똘똘 뭉친 이기적인 집단이기 때문이다.

그래서 국민 각 사람의 학업의 자유와/ 직업의 자유와/ 종교의 자유와/ 언론의 자유가/ 없는 나라이다.

공산주의 나라에서는 하고 싶은 말이 있어도 마음대로 할 수 없고/ 책을 쓰고 싶어도 자기 마음대로 쓸 수 없다/ 공산당 책임자에게 허락을 받아야 할 수 있다.

공산주의는 자유를 박탈하고 억압하는 나라이기에 국민 각 개인은 자유로운 생활을 할 수 없는 나라이다.

공부를 하려면 허락을 받아야 하고/ 취미생활을 하려해도 허락을 받아야 한다.

더 나가 돈을 벌고 싶어서 장사를 하고 싶어도 허락을 받아야 하는 것이다.

예를 들어 평양에 계시는 부모님을 만나고 싶어도 허락을 받아야 만날 수 있다.

그래서 개인이 하고 싶다고 마음대로 할 수 없는 사회이다.

공산주의에 사는 국민들은 얼마나 자유를 기다리겠는가?

그들이 기다리는 자유를 우리 대한민국에 살고 있는 국민들은 마음껏 누리고 살고 있으니 자유가 귀중하다는 것을 우리 국민들은 느끼지 못할 것이다.

그러나 이렇게 귀중한 자유를 더 많이 누리려고 불만을 하는 사람들이 종종 있다.

그래서 더 많은 자유를 요구한다.

착각하지 말자.

자기 마음대로 생각하고 행동하는 자유가 있다 하더라도 남의 자유와 권리를 침범해서는 안 되는 자유도 있다.

자유민주주의나라의 자유란?

모든 국민이 합의한 범위範법범. 圍둘레위. 안에서의 자유를 말한다.

합의하는 범위는 우리가 누리는 자유에도 꼭 지켜야 하는 헌법정신을 담은 법률과 법칙法법법. 則법칙칙.이 있다는 것이다.

누구든지 자신이 자유를 누리려면 모든 국민이 약속하고 만든 헌법정신에 따라 다른 사람의 자유를 인정해주어야 한다는 것이다.

어떠한 이유로도 상대방의 자유로운 생각을 자신의 논리나 기준에 따라 판단하고

자신의 논리와 다르다고 해서 상대방을 헐뜯고 비방해서는 안 되는 통제받는 자유가 있다는 것을 알아야 한다.

자유민주주의에서는 상대방이 하는 말이 자신의 마음에 들지 않는 다고해서 고의적으로 비판批칠비. 判판가름할 판.하고 폭언과 폭행까지 하면 안 된다는 것이다.

상대방의 자유로운 주장主주인주. 張베풀장.도 이해하고 인정해주어야 하는 것이 자유민주주의 사회인 것이다.

자유민주주의 사회는 상대방의 자유는 물론이거니와 자신의자유도 정당하게 인정받을 수 있는 나라이기 때문이다.

자유민주주의自스스로자. 由말미암을유. 民백성민. 主주인주. 主주인주. 義옳을의. 나라는

나도 상대방도 자유롭게 생활을 해야 하기 때문이다.

공산주의는 자기밖에 없다.

공산주의 집단은 국민의 자유를 **빼앗고** 자신들만 자유를 누리는 집단이다.

1차 대전 당시 **무솔리니**의 **파시즘**fascism과 **히틀러**의 **나치즘**Nazism의 반 강제적인 독재주의자들이 자신의 권력을 키우려고 약한 나라를 지배하기 위해서 평화롭게 사는 나라를 침공하기 시작한다.

이 과정에서 **이탈리아의 무솔리니**는 권위적인 독재를 시작으로 최고의 권력자가 된 후에 **민주주의 의회를 해산시키고 20년간 철권통치**를 했다.

그는 반 사회주의적이고 국수주의적인 통치를 시작으로 폭력적인 제국주의帝임금제. 國나라국. 主주인주. 義옳을의.로 **알바니아를 침공**하고 점령하였다.

그리고 이어 **에티오피아를 점령하면서 독가스를 사용하여 당시 1935년 1년 동안 무려 에티오피아 군인포로를 약 27만** 명을 살해한다.

이 와중에 독일의 히틀러와 동맹을 선언한다.

그리고 **무솔리니는 리비아를 점령하고 이어 이집트**를 침공한다.

더 나가 1940년 6월 어느 날 독일과의 동맹으로 힘을 받은 이탈리아의 무솔리니는 기고만장하여 연합국에게 전쟁을 선포한다.

그리고 독일의 히틀러는 무솔리니와의 동맹을 힘입어 **세계2차 대전의** 시발점이 될 **폴란드를 침공**하는 것이다.

영국의 참전과 함께 드디어 2차 세계대전의 전쟁이 시작된 것이다.

무솔리니는 파시즘을 주장했다.

그리고 히틀러는 나치즘을 주장했다.

그리고 일본은 제국주의를 지향하면서 1905년 우리 대한제국을 식민지화 시켰고 이어 대륙으로 진출하면서 1938년부터 중국과 전쟁을 치르는 중에 2차 대전에 합류하였던 것이다.

여기서 자유가 얼마나 중요한지를 깨닫게 하는 역사가 있다.

제2차 세계대전을 승리로 이끈 영국의 처칠수상이 남긴 글 중에 우리에게 **자유민주주의에 대한 교훈**이 되는 연설이다.

처칠수상은 연설에서"우리에게 가장 고통스러운 시험이 기다리고 있습니다.

우리의 정책이 무엇이냐고 물으신다면?

이와 같이 답변하겠습니다.

육 · 해 · 공군을 가리지 않고

하나님께서 주신 모든 힘을 가지고 이제껏 일류가 저질러온 수많은 범죄목록 속에서도 유례없던 극악무도한 폭정에 맞서 싸우는 것입니다.

그것이 우리의 정책입니다.

우리의 목적이 무엇이냐고 물으신다면 한단어로 대답하겠습니다.

그것은 승리입니다.

어떤 대가를 치르더라도 **승리**, 어떠한 공포가 닥쳐와도 **승리, 승리가 없으면 생존도 없기 때문입니다.**"

이와 같이 영국의 처칠수상도 자유로운 생존의 가치를 깨닫고 목숨을 다 바쳐 국민을 설득했던 것이다.

자유를 지킬 수 없다면 죽음을 달라고 말이다.

그 결과 모든 국민은 하나로 뭉쳤고 세계 제2차 대전을 승리로 이끌었던 것이다.

이와 같이 1940년대는 극렬하게 이념적인 사상의 대립 속에서 약한 나라를 점령하려고 **신체의 자유와 양심의 자유를 정치적으로** 이용한 무리들에 의해 수많은 인명이 살해되는 형국이었다.

이렇게 끔직한 전쟁도 인간이 누리고자 하는 자유에 대한 논쟁과 일당독재의 집단이 짐승처럼 자기들만 호화로운 생활을 위한 권력의 싸움이 시작된 것이다.

우리가 살아가면서 자유가 없다면 무슨 가치로 살겠는가?

생각해보자!

개나 돼지처럼 주는 대로 먹고 주지 않으면 굶고 공산주의 일당독재의 눈치를 보면서 살아야 한다면 살아가는 의미가 있겠는가?

자유는 곧 생명이다.

세상을 향한 심리

19. 봉건주의

　봉건주의 제도는 노예제도가 한 단계 업그레이드upgrade된 사회제도이다.

　봉건주의사회도 짐승같이 사나운 인간들이 생존을 위해 원시 시대를 시작으로 고대 노예제도를 거치면서 힘으로 영토를 빼앗아서 소유하고 힘없는 사람들을 종으로 부리고 억압하는 구조로 발전한 사회이다.

　개인이 보유하는 사병의 권력을 바탕으로 넓은 토지를 소유하게 된 권력자들의 제도制마를제. 度법도도.라 할 것이다.

　그래서 농사를 지을 수 있는 영토르 가진 영주가 잔꾀를 부리는 제도로 농민들을 일꾼으로 부릴 수 있는 농지를 이용해 노동착취를 하는 생활이었다.

　그 당시 생활수단은 농사를 지어야 먹고 살 수 있어서 여러 가지 문제를 이용한 노동착취를 하거나 힘으로 종속시키는 과정이 거듭되는 사회였다.

　봉건주의 사회는 혹독한 고대노예시대를 거치면서 사람들은 조금씩 이성적인 사고로 사람간의 관계성원리를 조금씩 깨달으면서 생각과 의견이 발전함에 따라 사유재산과 신분계급으로 발전했다.

　중세 봉건주의사회는 개인의 재산과 사회적인 신분의 높낮이에 따라 개인의 정치적인 힘의 지배능력과 함께 차별되는 계급제도로 발전하였다.

인류초기의 원시시대와 고대노예시대를 거치면서 중세봉건주의는 토지 주인과 그 토지를 이용하는 농민의 관계였다.

당시 봉건주의에서 영주의 위치는 영주가 거느린 사병수의 크기에 따른 것이다.

봉건주의사회역시 힘이 강하고 약하고의 다툼에서 취득한 토지를 운영하기 위한 방법이 노예시대와 별 차이가 없는 사회였다.

고대노예사회의 영향을 받으면서 발전한 사회가 봉건주의 사회이기 때문이다.

봉건주의도 본인 의사와는 상관없이 마음에도 없는 일을 강제로 시키는 대로해야 하는 노동勞일할노. 動움직일동.을 강요당하는 사회였다.

노동을 강요하는 사회는 힘의 강약에 의해 무인시대를 거치면서 조금씩 이성적인 사회로 발전하는 과정에서 봉건주의사회가 형성된 것이다.

이 과정에서 사회를 이끌어야 할 조직組끈조. 織짤직.이 필요했다.

따라서 힘의 논리로 왕 또는 영주를 시작으로 집단을 운영하기 위해 조직과 서열序차례서. 列벌일열.이 형성된 사회이다.

역사적인 기록에 의하면 봉건주의제도는 우리나라보다 앞선 사회社토지의신사. 會모일회.를 가졌던 유럽Europe의 여러 나라에서 시작되었다.

그리고 봉건주의 제도는 유럽을 넘어 아메리카와 아시아로 옮겨간 사회이다.

당시 영주의 경우 대부분 독자적 군사를 유지했다.

독자적 군사를 거느린 영주가 관리하는 지역에서는 대부분 영주가 주민들을 지배하는 관계였던 것이다.

영주가 소유한 영토에서 사는 주민들은 그 토지에서 발생되는 생산수단의 이익분배와 물건을 팔고 살 때 발생하는 이익에 대해서 토지의 자릿세라는 명분으로 세금을 지불해야 하기 때문이다.

땅 주인이 생산수단의 이익분배권을 가진 영주의 권한은 계층 간 계급관계와 정치관계에서는 영주가 독자적으로 운영했다.

그래서 영주가 지배하는 지역에서 생산되는 곡물이나 생필품은 물론이고 계급관계 및 정치관계는 모두 영주의 권한인 것이다.

세계역사기록에 따르면 봉건주의 사회제도는 유럽지역에서 시작되어 세계 여러 나라로 전해진 봉건사회는 AD.4세기부터 AD.14세기경까지 약1000년 가까이 이어졌던 역사이다.

봉건주의封봉할봉. 建세울건. 主주인주. 義옳을의. 사회문화기록은 역사를 연구하는 역사학자들의 생각과 견해에 따라 조금씩 달리 해석되기도 한다.

중세 봉건주의사회가 발전하면서 사회 계급은 다양해지고 복잡해진다.

유럽에서의 봉건주의 나라 서열은 국왕의 권한으로 성직자와 지역의 영주와 귀족들과 노예 등으로 나누어진다.

여기서 중요한 부분을 차지하는 계급이 영주자리이다.

봉건주의에서 영주는 왕으로부터 하사받은 토지와 권력으로 주민들을 관리하고 왕과 자신의 삶을 위해 토지를 생산수단으로 삼았던 사회이다.

봉건주의는 영주자신이 통치하는 지역에 거주하는 주민住살주. 民백성민.들을 통제하고 힘을 키워서 왕을 보호하는 시스템이었다.

언제부터인지 정확히는 확인할 수 없지만 왕의 자리는 신이 준

자리라고 생각했다.

그래서 왕의자리는 성직자가 인정해야 왕이 되는 것이다.

왕을 인정하는 성직자는 왕이 보호했다.

그래서 왕은 신과 같은 존재였다.

영주는 신으로부터 국가통치권을 부여 받은 왕을 보필해야 하는 것이다.

봉건주의제도의 특징으로 정치서열관계는 왕 다음으로 성직자^{聖성}스러울성. 職벼슬직. 者놈자. 그리고 영주 그리고 신하의 순서로 수직관계이다.

수직관계인 봉건주의 사회에서의 경제적 운영은 각 신분과 서열에 따라 생산된 곡물과 물권을 분배하는 시스템이다.

신분과 서열에 따른 사회생활에서는 계급서열에 따라 영주의 권위를 존중하고 노예는 억압받는 생활관계였던 것이다.

이렇게 봉건주의사회는 정치, 경제, 사회, 군사 등 4가지 분야로 나누어 발전했다.

유럽에서 처음 시작된 봉건주의는 왕이 국가의 모든 권력을 장악했다.

왕이 국가의 모든 권력을 장악하는 특권^{特수컷특. 權저울추권.}은 힘으로 지배하는 왕의 개인적 독자적 정치였던 것이다.

모든 권력을 장악한 힘은 정치적 제압을 위해 유사시 출동하는 상비군을 기반으로 적대적 권력을 강제로 압박하는 형식이었다.

그리고 왕의 신분을 자식에게 대를 이어 세습했다.

이와 같이 **신분이 세습되는 사회**^{社토지의신사. 襲모일회.}**를 봉건주의 사회**라고 말한다.

전 세계의 여러 석학들이 말하는 봉건주의 신분제도는 각 민족이나 나라마다 제도의 성격과 의미가 조금씩 다르다고 설명하고 있다.

그러나 전 세계 모든 나라의 역사에서 봉건주의는 공통적으로 존재했던 제도이다.

생각해보면 봉건주의 사회는 그 민족과 나라의 정치. 사회. 경제생활을 이끌기 위한 제도인 것이다.

우리나라도 서기 1388년 이성계가 조선을 세운 역사가 있다.

그 당시 세워진 조선의 역사는 무려 600년을 이어간 장구한 역사를 가지고 있다.

장구한 역사를 가진 우리나라 봉건주의재도가 만연했던 조선시대는 공자의 유교儒선비유. 敎가르침교. 사상을 동반한 봉건주의 신분제도였다.

우리나라의 봉건주의 제도역시 왕족과 양반과 평민과 천민과 노비 등으로 신분이 정해지고 자식들에게 세습되는 제도였다.

자식들에게 세습되는 그 당시 우리나라 조선에서도 국법으로 권력 또는 신분과 직업 등을 세습하도록 규정하였다.

그래서 종이나 노비는 노예나 물건처럼 사고팔았다.

당시 우리나라 봉건주의 사회는 신분身몸신. 分나눌분. 차별이 심한 사회였다.

국법으로 권력과 신분과 직업이 세습하다 보니 학문을 하는 스승에 따른 계파도 세습世대세. 襲엄습할습.하는 일이 생겼다.

학문하는 스승이 나랏일을 하면서 계파를 나누니 그 스승아래에서 학문하는 선비들도 당파黨무리당. 派물갈래파. 싸움에 휘말렸다.

그래서 그 당시 학문하는 문호들끼리 많은 피를 흘렸던 역사를 가지고 있다.

그러나 당시 친족법과 상속법과 친권법과 같은 좋은 제도도 있었다.

이 제도는 양반과 천민 등의 신분을 떠나서 출생하고 사망하는 호주권과 상속권 그리고 어린 자녀를 보호하는 친권親친할친. 權저울추권.법이 있다.

21세기인 지금도 우리는 이 제도를 일부 사용하고 있다.

봉건주의제도를 이 지구상에서 처음 시작한 유럽의 여러 국가들은 당시 봉건주의 사회가 사람이 함께 살아가기에는 기득권旣이미기. 得얻을득. 權저울추권.의 욕심에 따른 생활의 한 방법이었던 것이다.

유럽의 여러 국가들이 거쳐 간 봉건주의가 우리나라 조선에서도 무인시대와 봉건제도역시 권력욕심의 한 방법이었던 것이다.

권력의 힘에 의해 만들어진 봉건주의 제도는 전 세계 나라들이 다 거친 제도이다.

전 세계를 지나온 봉건주의를 온고지신溫따뜻할온. 故옛고. 知알지. 新새신.의 교훈 아래 오래된 봉건제도를 거울삼아 더 나은 정치교훈이 요구되는 것이다.

전 세계 나라들이 다 거쳐 간 봉건주의 제도가 자신들만의 힘을 키우는 독재적 제도라는 것을 우리는 깨달아야 할 것이다.

힘의 논리에 의해 발생하는 제도이기 때문이다.

더 나가 지금도 우리가 사는 사회에는 아직도 봉건주의 힘의 논리論말할논. 理다스릴리.에 의해서 일부 사회가 움직이고 있다는 것도 잘 알아야 할 것이다.

그렇다고 유럽을 시작으로 세계를 거쳐 간 봉건주의 제도가 우리가 살아온 제도로서 100% 나쁘게만 생각할 것도 아닌 것이다.

다만 봉건주의 제도에서 나쁜 것은 버리고 좋은 것은 발전시켜야 할 일장일단—한일. 長길장. —한일. 短짧을단.의 뜻을 담고 있는 것이다.

유럽도 봉건주의를 바탕으로 자유민주주의를 건설했듯이 우리나라도 봉건주의를 발판으로 자유민주주의로 발전한 나라이다.

하늘이 있고 땅이 있듯이 평지가 있으니 산이 있는 것과 같이 사회가 발전하는 과정은 하나를 시작으로 단계적으로 발전하기 때문이다.

그래서 봉건주의 사회는 인류의 초석이라 할 수 있다.

봉건주의를 바탕으로 우리나라도 자유민주주의를 발전시켰다.

하늘이 있고 땅이 있는 것과 같이 자연自스스로자. 然그러할연.의 이치에서의 차이와 봉건주의에서의 차별을 알아야 하는 것이다.

자유민주주의에서는 차이는 있을 수 있으나 차별은 있을 수 없다.

그래서 차별하는 봉건주의 제도에 대한 단점은 보안해야 하는 것이다.

차별하는 봉건주의와 차별 없는 자유민주주의에서 우리가 살아가는 세상은 정직한 자유민주주의 사회를 향해 발전해야 한다.

하지만 지금 우리가 살고 있는 21세기의 현대사회에서도 때에 따라 힘의 논리가 통하는 것이 아쉽기는 하지만 실상인 것이다.

봉건주의와 자유민주주의 연장선이기에 그럴 수 있을 것이다.

그리고 생산과 성과의 과장에서 잉여가치는 각 사람의 학문능력과 노동능력은 잘하고 못하고에 따라 구분해서 대우할 수 있는 것이다.

그러나 상대가 어리다고 또는 친척이 소개해준 사람이라고 또는 신분의 높고 낮음에 대한 생각으로 차별해서 대우하면 안 되는 것이다.

차별하는 사회는 봉건주의 사고방식에서 나타나는 현상이기 때문이다.

인간의 이성적인 판단을 깨닫지 못하고 살았던 우리 조상들의 봉건주의 사회는 사람을 차별했던 문제로 인해 비난받아 왔다.

하지만 나라가 발전하기 위해서는 이러한 봉건주의 제도를 바탕으로 개과천선改고칠개. 過지날과 遷옮길천.善착할선.하는 자세로 봉건주의의 나쁜 점을 거울삼아 반면교사反거꾸로반. 面얼굴면. 敎가르칠교. 師스승사.해야 하는 것이다.

봉건제도의 나쁜 점을 살펴보면

① 상대방의 신분을 차별하는 사회이다.

② 상대가 힘이 약하면 차별하고 억압하는 사회이다.

③ 상대를 지배하는 제도이다.

④ 상대를 노예로 만드는 사회이다.

⑤ 모든 권한을 권력자가 갖는 사회이다.

문제가 많았던 봉건주의제도의 더 큰 단점은 혈연을 중심으로 자식에게 대물림하는 제도였기 때문이다.

따라서 봉건주의제도는 국민의 의사와는 전혀 관계가 없었다.

봉건주의는 권력자가 국민의 의사를 무시하고 권력자 마음대로 통치하는 **전제주의**專오로지전. 制마를제. 主주인주. 義옳을의.로 발전하였다.

전제주의는 개인독재사회로서 왕은 백성의 의견을 무시하고 왕의 권력을 이용하고 무력으로 다스리는 사회였다.

차별하고 억압하는 폭력을 행사하는 봉건주의제도는 지금도 우리가 살아가는 현대사회에서도 종종 나타나고 있다.

억압하고 차별하는 봉건주의 사회를 우리는 경계하고 고쳐서 더 좋은 자유민주주의 사회로 발전시켜야 하는 것이다.

봉건주의 제도의 단점은 군대의 힘을 이용해 권력을 유지하고 무력으로 주위 나라들을 침략하려는 **군국주의** 성격도 가지고 있다.

그리고 봉건주의 제도는 강한경제력과 군사력을 바탕으로 이웃 나라를 정복하기 위해서 강력한 무력국가를 만들고 이웃 나라를 침략하려는 **제국주의**帝임금제. 國나라국. 主주인주. 義옳을의.로 변질 되었던 것이다.

변질된 봉건주의 제도는 국민개인의 모든 활동을 국가의 존립과 발전을 명목으로 국민의 자유를 억압하는 전체주의를 강조하고 이탈리아의 **무솔리니는** 지배적이고 강압적인 권력에 도전하지 못하는 파시스트당의 사상인 **파시즘**fascism정치를 했다.

그리고 자기민족만이 제일이라는 **민족주의 우월**성을 선동했던 아리아인인 독일의 아돌-프 **히틀러가** 저질렀던 **나치즘**Nazism 사상으로 변질된 것이다.

독일의 히틀러는 독을을 위해서는 개인의 없다는 **전체주의**全온전할전. 體몸체. 主주인주. 義옳을의.를 선동하고 세계2차 대전 당시 인종우월주의를 내세워 유태인을 약600만 명이나 독가스로 학살했다.

차별하고 억압하는 봉건주의의 탈을 쓴 **사회주의**社토지의신사. 會모일회. 主주인주. 義옳을의.는 개인생산 활동은 인정하지 않고 생산 수단을 공유하는 사회제도를 구성하고 권력에 욕심이 많은 일부집단이 모여서 자기들끼리 권력을 차지하고 국민을 억압하는 **공산주의**共함께공. 産낳을산. 主주인주. 義옳을의.를 낳은 것이다.

국민의 노동을 착취하는 제도들은 봉건주의 사회를 발판으로 발전한 유럽 국가들의 사회에서 나타난 현상들이다.

일부 정치권력에 욕심이 있는 집단은 국민 모두가 평등하게 살자는 감언이설로 국민에 의한 권력을 자신들이 소유하려고 거짓말로 선동했던 것이다.

그리고 봉건주의 제도를 발판으로 싹트기 시작한 자유민주주의 제도의 장점은?

① 국민 모두가 자유로운 생활을 할 수 있는 사회이다.

② 상대의 의견을 인정하고 상대를 존경하는 사회이다.

③ 국민의 생명과 재산을 보호하는 사회이다.

④ 국가의 권력은 국민으로부터 나오는 사회이다.

자유민주주의는 이웃 나라와의 관계에서는 상대나라를 서로 인정하는 사회이다.

상대나라를 인정하는 자유민주주의는 상대 나라가 힘이 약한 나라라고 우습게보거나 힘이 강한 나라라고 눈치를 보는 사회가 아닌 것이다.

자유민주주의에서는 잘사는 나라라고 존경하고 못 사는 나라라고 무시하는 사회가 아닌 것이다.

자유민주주의 제도는 차별하는 사회가 아닌 것이다.

자유민주주의는 모두 다 존중하고 존경하고 인정해주는 사회이다.

차별하지 않는 자유민주주의는 세계 어떤 민족도 같은 사람으로서 서로 존중하고 존경하는 사회제도인 것이다.

자유민주주의는 각 개인이 생각하는 의견과 상대와 해결해야 하는 문제는 언제든지 자유롭게 토론도하고 자기의 의사를 표현할 수 있는 사회이다.

자유민주주의는 누구에게도 구속받거나 얽매이지 않고 서로의 뜻대로 토론도 하고 합의하고 행동行갈행. 動움직일동.을 할 수 있는 사회이다.

 주유민주주의는 자유민주주의를 지키는 법아래 자기가 하고 싶은 일은 얼마든지 자기가 생각하고 자기의 마음대로 할 수 있는 사회이다.

 그러므로 우리나라는 권력이 세습되는

 봉건주의를 정리하고 있는 것이다.

20. 공산주의의 실수

공산주의란?

1.첫째. 공산주의는 개인의 재산이라 하더라도 개인이 사유私사私사. 有있을유.로 재산을 소유할 수 없는 사회이다.

2.둘째. 공산주의에서는 모든 재산을 생산수단生날생. 産낳을산. 手손수. 段구분단.을 가진 임금노동자들이 다 함께 공유한다.

3.셋째. 자본주의 붕괴를 목적으로 프롤레타리아 계급투쟁과 함께 혁명을 이룬다.

4.넷째. 모든 생산수단으로 수확한 재산은 프롤레타리아들이 똑같이 분배한다.

이렇게 그럴듯한 공산주의를 지지하는 나라는 지금도 이 지구상에 많이 존재한다.

공산주의 제도는 본래 사회주의를 시작으로 발전한 사회이다.

사회주의란?

생산 수단을 개인이 아닌 사회가 공유하는 제도를 말하는 것이다.

이런 제도가 언급된 것은 16세기인 1700년대부터 유럽의 여러 국가 중에서 영국을 중심으로 각 지방에서 면으로 옷을 만드는 시대에서부터 시작 되었다.

이때 돈이 있는 자본가들은 공장을 만들었다.

여기서 면직공장을 시작으로 산업혁명이 시작된 것이다.

사업을 하고 싶은 자본이 있는 국민들은 누구나 투자를 하는 것이다.

반대로 생활비가 필요한 사람들은 누구나 공장으로 들어와 노동勞일할노. 動움직일동.일을 하고 임금을 받아 생활하는 시대였다.

그리고 18세기에는 인구가 더 많이 증가함에 따라 여러 분야의 산업들이 발전한다.

생활비를 벌어야 하는 많은 농민들이 도시로 몰리기 시작한 것이다.

따라서 많은 농민들이 공장으로 몰려들기 시작했다.

당시 유럽은 산업혁명産낳을산. 業업업. 革가죽혁. 命목숨명.을 계기로 돈을 가진 사람들이 자본을 투자하고 이득을 보는 자유시장의 사회가 막 시작되는 시기였다.

자유민주주의 원리의 자본시장에 대해 소수학식이 높은 노동자勞일할노. 動움직일도. 者놈자.들은 불만이 많았다.

노동 말고는 가진 게 없던 노동자들은 노동을 하는 자신들보다 돈을 투자한 자본가들이 더 많은 수입금을 가진다는 생각에 불평불만이 많았다.

당시 노동의 대가로 받은 임금으로 생활하기는 너무 힘들었기 때문이다.

노동자들의 불만이 많은 과정을 거치면서 19세기 들어 사회주의 경제학자經날경. 濟건널제. 學배울학. 者놈자.인 칼-마르크스가 등장한다.

마르크스는 자본주의 사회가 불평등하다고 비판하기 시작했다.

자본주의 사회가 불평등하다고 비판하는 마르크스는 조금 있으면 자본가들에게 싼 임금으로 탄압받는 프롤레타리아 노동자들이 혁명을 할 것이다.

프롤레타리아 노동자들이 주인이 되는 사회주의와 함께 공산주의 사회로 발전할 것이라고 노동자들을 위로하면서 호언장담했다.

마르크스는 노동자들을 프롤레타리아로 칭하면서 사회주의는 생산수단生날생. 産낳을산. 手손수. 段구분단.을 공동으로 공유하는 체제로 만들어야 한다고 선동했다.

공산주의 경제를 많이 공부한 마르크스는 **공산주의 코뮤니즘** communism은 사유재산 제도를 폐지하고 **모든 생산수단을 사회전체의 공유**로 해야 한다고 강조 했다.

모든 **노동자들은 자본계급으로부터** 해방되고 **누구나 능력**에 따라일하고 **필요한 만큼 분배받는** 사회를 만들어야 한다고 선동했다.

그럴듯하다.

우리는 이 말들을 잘 분별해야 하는 것이다.

마르크스공산주의는 **사유재산 제도를 폐지하고** 모든 생산수단을 **사회전체의 공유로 한다.** 라는 말은 권모술수權저울추권.謀꾀할모.術꾀술.數셀수.라는 것을 알아야 한다.

그 이유는 **사유재산 제도를 폐지한다.** 는 말은 노동자들의 제산을 인정하지 않는 다는 말이다.

그리고 **모든 생산수단을 사회전체의 공유로 한다.** 라는 말은 공산당을 이끌어가는 집단이 관리한다는 뜻을 담고 있기 때문이다.

그렇다면 노동자들은 배급을 받아서 먹고 살아야 한다는 말이다.

또한 모든 **노동자들은 자본계급으로부터 해방되고 누구나 능력에 따라일하고 필요한 만큼 분배받는다.** 는 마르크스의 말도 잘 분별해야 하는 것이다.

노동자들은 **자본계급으로부터 해방된다**는 마르크스의 감언이설과 권모술수에 노동자들은 속아 넘어간 것이다.

그리고 **누구나 능력에 따라 일하고 필요한 만큼 분배받는다.** 는 마르크스의 **애매한 말에 속은 것이다.**

그 증거는!

필요한 만큼이란?

수량의 많음과 적음을 말하는 것이 아닌가?

필요한 수량이란?

사람마다 식사량이 각각 다르듯이 사람마다 쓰임세가 다르기 때문이다.

그래서 일은 똑같이 하고 누구는 많이 가져간다. 누구는 적게 가져간다.

불평과 불만이 많을 수 밖 에 없는 것이다.

여기서 **마르크스의 첫 번째. 실수**를 살펴보자.

그는 사람의 심리를 잘 모르는 것 같다.

사람의 특성을 모르고 하는 괴변의 말일 것이다.

사람은 욕심이 많은 동물이 아닌가?

사람의 욕심은 채울수록 커지기 때문이다.

또 능력에 따라 일한다는 이론도 애매하다.

사람은 각자 신체구조가 다르기 때문이다.

그리고 개성도 각각 다르다.

따라서 사람마다 컨디션condition도 다르기 때문이다.

혹자는 일찍 일어나는 것을 좋아하고 혹자는 늦게 일어나는 것을 좋아하고 또 공부하는 것을 좋아하는 사람이 있는가하면 노래 부르기를 좋아하는 사람. 운동하기를 좋아하는 사람 등 각 사람마다 특성이 다른 개성을 가지고 있다.

이와 같이 사람들은 다양한 개성을 가지고 각자 나름대로 이 세상을 살아가는 동물인데 마르크스가 강조하는 용어들은 분명하지 않다.

능력에 따라 일하고 필요한 만큼 분배받는다는 말은 불만만 일으키는 말인 것이다. 그 이유는 능력에 따라 일을 하면 **일한 만큼 받아야 불만이** 없기 때문이다.

그런데 능력에 따라 일은 하되 필요한 만큼만 가져가라니 말장난인 것이다.

마르크스가 강조하는 프롤레타리아 공산주의 제도는 각 개인의 의사와 관계없이 힘을 이용해 강제로 끌고 가는 체제라고 보아야 한다.

공산주의는 이렇게 일방통행일 수밖에 없다.

결론적으로 마르크스는 각 사람들이 지니고 있는 인간의 **개성인 특성의 자율성**을 모르는 말장난의 **실수**를 한 것이다.

당시 공산주의 창시자인 카를 마르크스는 독일의 사회학자이며/ 경제학자이며/ 정치평론가이자/**'마르크스주의'공산주의** 共함께할공. 産낳을산. 主주인주. 義옳을의. **창시자**이다.

그는 1818년 5월 5일 독일 프로이센의 라인 주 트리어시Trier에서 다복한 유대인기독교 가정에서 7남매 중 3째로 태어난다.

그 당시 트리어시는 독일에서 정치와 경제가 많이 발달한 도시였다.

이곳은 한때 프랑스혁명군이 점령하고 진보적 사회변화가 빠르게 발전한 도시이다.

마르크스의 아버지 히르-셸 마르크스는 진보적 성향의 사람이었다.

아버지 히르-셸 마르크스는 유대교와 유대인 사회를 떠나 16세기 때부터 유럽전역으로 번졌던 구시대의 묶은 사상을 버리고 혁신 **계몽주의**를 신봉하는 변호사 일을 하는 사람이었다.

계몽주의 영향으로 그는 유대인 사회에서 공직 진출이 막히자 자신의 이름을 하인리히로 바꾸고 트리어변호사협회 회장이 된다.

당시 AD.17세기에서 18세기 무렵 유럽지역의 노동자들은 지식 편차가 심했다.

그래서 지역 노동자들은 대부분 지식수준이 낮았다.

그러나 노동자들도 계몽주의 교육을 통하여 많은 지식을 가진다.

노동자들도 계몽주의 교육을 통하여 교회의 권위에 도전하고 잘못된 관행과 부조리에 대한 구조를 바꾸는데 큰 역할을 한다.

따라서 계몽주의 교육으로 지식이 높아진 노동자들은 불합리적인 사회와 교회의 정신적 권위에 대한 제도적 특권에 반대했다.

지식이 높아진 노동자들은 인간적이고 합리적인 사회를 원했다.

노동자들은 계몽주의 교육으로 인해 인간다운 생활을 주장하는 시기였다.

그 당시 프랑스에 살았던 마르크스의 아버지도 인간은 도덕성이 최상의 원리라는 칸트철학의 영향을 많이 받은 사람이었다.

칸트철학의 영향을 받은 마르크스의 아버지는 자식들의 교육에 관심이 많았다.

마르크스의 아버지는 인간은 자신의 의지로 선을 행하기도 하고 악을 범하기도 하기 때문에 스스로 인간다워질 수 있도록 노력해야 한다고 가르쳤다.

그는 인간적인 인문주의 **휴머니즘** 교육과 **계몽주의** 교육을 자식들에게 가르친다.

그리고 마르크스의 어머니 헨리에테는 자녀들에게 지식적인 교육의 영향을 줄만한 학식은 없었다.

하지만 많은 가족을 잘 이끄는 전형적인 한 가정주부 역할을 잘하는 어머니였다.

마르크스의 가족은 마르크스가 태어나기 전에 독일에서 유태인에 대한 불이익을 피하고자 개신교 프로테스탄트로 개종했던 것이다.

그리고 마르크스가 6살 되던 1824년에 개신교세례를 받는다.

마르크스가 12살 되던 해인 1830년에 마르크스는 트리어ᵀʳⁱᵉʳ 시에 있는 프리드리히 빌헬름 **김나지움**에 입학한다.

김나지움에 입학한 마르크스는 이곳에서 라틴어/ 그리스어/ 역사/ 철학 등 인문주의 교육과 함께 미래 꿈을 키우며 교양 있는 젊은이로 성장한다.

여기서부터 마르크스에게 공산주의 영향을 준 인물들을 살펴보면 다음과 같다.

1835년 8월 마르크스는 17세에 김나지움을 졸업한다.

이어 1835년 마르크스는 본–대학에 입학한다.

첫째. ❶ 1836년에 독일베를린대학에서 헤겔학파이며 개신교 성서학자이며 강사인 **브르노 바우어**를 만난다.

둘째. ❷ 독일의 기상학자學배울학. 者놈자.인 칼 프리드리히 **쾨펜**을 만난다.

셋째. ❸ 마르크스가 26세 때인1843년 6월 어린 시절 여자 친구였던 예니 베스트팔렌을 만나 결혼한다.

넷째. ❹ 파리에서 21살 많은 인생선배인 독일의 시인 **하이네**를 만난다.

다섯째. ❺ 1844년 2월 사람의 정신보다는 물건을 우선하는 **유물론을 주장하는 아놀드 루 게 A. Ruge 를 만나 프랑스 연보**를 발간한다.

여섯째. ❻ 1844년 프랑스의 사회주의社토지의신사. 솔모일회. 主주인주. 義옳을의.자인 **프루동**을 만난다.

일곱째. ❼ 1844년 프랑스France의 사회주의자인 **블랑**을 만난다.

여덟째. ❽ 1844년 **프랑스공산주의자인 카베**를 만난다.

아홉째. ❾ 파리에서 1844년 8월 사회주의철학자이며 경제학자인 프리드리히 **엥겔스**F. Engels를 만난다.

열 번째. ❿ 그리고 4년 후인1848년 마르크스와 엥겔스는 드디어 **공산주의 선언**을 한 것이다.

마르크스의 글을 보면 대부분 선동적인 문구가 많다.

마르크스가 선동적인 문장을 많이 쓰게 된 원인은 당시 자본주의에 대한 노동자들의 불만을 대변했기 때문일 것이다.

당시 자본주의를 반대했던 마르크스 공산주의의 화려한 논리를 살펴보자!

첫째. ❶ 공산주의 사회는 좋이 없는 사회다!

둘째. ❷ 공산주의는 모두가 다 주인인 사회다!

셋째. ❸ 모든 생산수단으로 수확한 재산은 프롤레타리아들이 똑같이 분배한다.

이와 같이 말하는 공산주의제도는 상대방相서로상, 對대답할대. 方모방.은 없다.

마르크스가 말하는 공산주의제도는 프롤레타리아들이 독자적獨홀로독. 自스스로자. 的과녁적. 으로 만들어야 한다는 말이다.

그렇다면 공산주의 체제는 누가 운영한다는 말인가?

카를마르크스가 주장하는 공산사회주의는 프롤레타리아가 주인이라고 노동자들을 선동하는 체제인 것이다.

AD. 4세기부터 AD. 14세기 무렵까지 봉건주의제도는 고대노예제도에서 조금 더 발전하는 사회였다.

봉건주의제도는 사람을 종으로 부리던 제도였다.

그러나 공산주의 제도는 종이 없다고 선동한다.

오직 공동으로 일하고 공동으로 똑같이 분배하는 공산주의가 제일이라는 것이다.

공산주의는 프롤레타리아들이 노동자인 동시에 주인이라고 말한다.

공산주의는 그럴듯하게 애매한 말장난인 것이다.

여기서 우리나라 조선시대의 험했던 봉건주의 역사를 살펴보자!

당시 우리나라 봉건사회는 주인에 따라 조금씩 달랐다.

그래서 어떤 주인 主주인주. 人사람인. 은 종에게 다소 인정을 베풀기도 했었다.

봉건주의 사회는 토지를 가진 호족과 그 토지에 농사를 짓는 농부와의 관계이다.

공산주의역시 주인 역 활을 하는 수령이 있고 그 수하들인 당원들 간 계급이 있고 그 밑에 일을 하는 노동자들이 일을 하는 체제가 아닌가?

이런데도 노동자인 프롤레타리아가 주인이라고 거짓말로 선동하는 것이다.

이런데도 마르크스를 추종하는 공산주의자들은 자본가들을 몰아내고 똑같이 일하고 똑같이 분배하자고 선동을 하니 말이다.

주석과 그 당원무리들을 제외한 나머지 노동자들은 얼마나 참혹한 제도인가?

공산당을 위해서 힘없는 노동자들은 다 노예奴從노. 隷붙을예.가 되기 때문이다.

이것이 공산주의 제도인 것이다.

공산당원은 노동자들을 선동하고 강제로 혁명하는 것이다.

공산주의는 똑같이 일하고 똑같이 나누자는 감언이설甘달감. 言말씀언. 체날까로울이. 說말씀설.에 속은 노동자들은 주권을 둘 다 가지고 있다고 선동한다.

그래서 내가 주인이 될지 내가 노예가 될지 모르고 속는 것이다.

마르크스 공산주의는 당원이든 노동자이든 이렇게 공산주의를 이끌어가는 수령의 지시에 의해 정해지는 사회인 것이다.

여기서 **마르크스의 두 번째. 실수**를 살펴보자.

공산주의는 진리도 없고 앞과 뒤와 위아래가 없는 사회이다.

그래서 공산주의는 자연의 이치가 없다.

오늘이 지나야 내일이 온다.

음지가 있고 양지가 있다.

하늘이 있고 땅이 있는 것이다.

부모가 있어야 자식이 있는 것이다.

이렇게 순서와 차이가 있는 것이 자연의 이치이며 우리가 살아온 사회이자 문화인데 비해 공산주의는 이런 순리가 없는 사회이다.

공산주의는 일방통행이기 때문이다.

마르크스주의와 과학사회주의라는 말도/공산주의 마르크스와 경제학자이자인 사회주의철학자인 엥겔스가 저술한 정치학이론을 합한 내용들이다.

여기서 마르크스의 주장에 의하면 자본에 의한 계급이존재한다고 말한다.

자본에 의한 계급을 사용주와 사용인으로 해석했다.

그리고 사용주를 **부르주아**로 사용인을 **프롤레타리아**로 칭했다.

마르크스의 말에 의하면 사회는 계급투쟁을 통해 발전한다는 것과 자본주의 사회에서 계급투쟁은 지배계급인 부르주아와 피지배계급인 프롤레타리아 사이에 투쟁으로 나타난다는 것이다.

그리고 프롤레타리아가 통제받는 원인이 지배계급인 부르주아의 자본에 의해 임금을 받는 노동자로 부림을 당한다는 것이다.

한마디로 돈 때문에 노동자가 된다는 뜻이다.

이 말은 지극히 정상이 아닌가?

그러나 마르크스는 이것이 프롤레타리아의 비극이라고 생각한 것이다.

그러므로 부르주아계급을 몰아내기 위해 싸워서 이겨야 한다는 것이다.

생각해보면 마르크스가 강조하는 공산주의는 봉건주의封봉할봉. 建세울건. 主주인주. 義옳을의. 제도에서 나타났던 일부 현상이다.

그래서 마르크스 공산주의는 왕과 영주가 가진 기득권을 **빼앗아** 프롤레타리아인 노동자들이 왕과 영주가 되자는 것이다.

한마디로 세상을 뒤엎자는 것이다.

어떻게 보면 노동자들에게는 달콤한 이론과 논리적일 것 같다.

하지만 자세히 분석해보면 사람의 존재가치를 왜곡한 이론인 것이다.

인간은 자연의 일부로서 자유가 없으면 살 수 없는 동물이기 때문이다.

사람은 마르크스가 주장하는 공산주의이론과 같이 기계처럼 공동으로 똑같이 움직이는 동물이 아니기 때문이다.

사람은 태어나면서 자신이 좋아하는 것과 자기가 잘하는 소질을 가지고 태어난다.

그래서 자기가 잘하는 소질을 가지고 태어난 사람은 학문을 통해 자기의 소질을 함양하고 찾아 가는 것이 사람이 살아가는 생활인 것이다.

사람은 자기의 소질을 함양하는 것이 자기 존재성 이라 할 수 있다.

그러므로 마르크스가 만드는 공산주의共함께공. 産낳을산. 主주인주. 義옳을의. 제도는 사람이 존재하는 이유와 사람이 무엇 때문에 사는지를 모르는 것이다.

한마디로 사람의 특성을 모르고 하는 말이다.

우리는 사람의 특성을 잘 알아야 한다.

사람의 특성은 많은 공부를 하고 터득해서 아는 것이 아니다.

항상 같이 살면서 보고 느끼기 때문에 잘 아는 것이다.

자신을 생각해봐도 쉽게 알 수 있을 것이다.

사람은 자신이 좋아하면 웃고 자신이 싫어하면 짜증을 부린다.

그리고 무슨 일이든 내가 만족하다고 생각하면 행복함을 느끼고/ 내가 불만족하다 생각하면 불행함을 느끼는 것이다.

이렇게 좋은 것과 만족감을 느끼는 삶을 사는 것이 사람의 특성인 것이다.

우리 인생은 한 세대가 가고 또 한 세대가 오는 과정에서 우리의 삶이 연결된다.

그래서 누구든지 자식을 낳아 기르면 사람의 특성을 쉽게 알 수 있다.

예를 들어 아이가 태어날 때는 잘 모르지만 5살쯤 되면 서서히 자기가 좋아하는 것을 알게 되고 그것을 찾으려고 한다.

그리고 좋아하는 것과 하고 싶은 것을 찾아간다.

이렇게 자신의 특성인 존재가 발달하는 것이다.

아기는 자신의 특성인 자신만의 개성個낱개. 性성품 성.이 만들어지는 것이다.

그래서 이 지구에 사는 약 80억 명 사람의 개성이 각각 다르다.

공산주의 창시자인 칼 마르크스는 공산주의공부는 많이 했으나 자연의 순리는 모르는 것이다.

사람은 살아 움직이는 유기체다.

생물학적 작용으로 먹어야 산다.

그렇지만 각각의 사람에 따라 자기가 좋아하는 음식은 각각 다르고 또 먹는 양도 각각 다른 것이다.

사람은 자신이 좋아하는 양식을 창고에 쌓아놓는 특성을 가지고 있다.

그래서 냉장고가 개발된 것이다.

그리고 먹고 싶을 때 꺼내먹는 특징이 강한 동물이기 때문에 사람은 욕심이 많은 동물인 것이다.

그리고 사람마다 자기가 잘하는 일이 있다.

또 좋아하는 일도 각 사람마다 다르다.

이렇게 사람은 각 각 특성과 특징이 다른 것이다.

공산주의를 창시한 마르크스는 각 사람이 지니고 있는 **성질**인 **인간만이 지니고 있는 특성과 특징**을 모르는 **실수**를 한 것이다.

그 당시 유럽에서 마르크스가 활동하던 시대는 봉건주의 제도와 함께 새 시대인 근대화가 만들어지는 아주 시끄러운 격동기 시대였다.

그리고 동아시아에서도 힘의 논리에 의해 무법천지의 시대였다.

그 당시 지금의 중국은 청나라라는 국호를 가지고 있었다.

당시 영국은 근대화近가까운근. 代대신할대. 化될화.를 이루기 위해 돈이 많이 필요했다.

그래서 영국은 무력으로 청나라에 무역을 강요한다.

영국은 돈을 벌기 위해 무력으로 청나라에 양귀비楊버들양. 貴귀할귀. 妃왕비비.라는 마약을 팔기 시작했던 것이다.

청나라는 영국의 무력에 의해 어쩔 수 없이 마약을 받았지만 양귀비로 인해 전 국민들의 정신이 피폐해지자 양귀비 판매를 막았다.

그러자 영국은 아편을 강제로 팔기 위해 무력을 사용해 전쟁을 일으킨다.

이 전쟁이 1840년 6월 청나라와 영국간의 아편전쟁이다.

그 당시 마르크스도 1844년부터 공산주의 학문을 배우며 한창 영국, 프랑스, 독일 등을 동분서주東동녘동. 奔달릴분. 西서녘서. 走달릴주.하며 다니는 시절이었다.

공산주의 학문을 배우며 한창 동분서주하던 마르크스는 이 때 부터 사회주의자와 공산주의자 학자들을 많이 만나던 시기였다.

세계가 요동치는 과정에서 1861년 미국에서도 남북전쟁이 일어났다.

남북전쟁 중 1863년 1월 1일 링컨대통령은 남부군 연합정부군인 노예들에게 노예해방을 정식으로 선포했다.

　　미국이 남북전쟁을 치룰 당시 우리나라도 일본에 침략을 받던 시기였다.

　　나라가 힘이 없으니 어쩌겠는가?

　　우리나라도 일본에 침략을 받던 고종 13년 병자년인 1876년 2월 일본의 무력에 의해 불평등조약인 강화도조약이 맺어진다.

　　일본의 불평등조약인 강화도조약으로 부산항, 원산항, 인천항을 개방시켰다.

　　부산항, 원산항, 인천항이 개방되면서 그동안 대원군이 우리조선의 문을 닫고 외국과 무역을 거부하며 교역통상을 하지 않았던 쇄국정책은 무너진다.

　　그리고 그동안 참아왔던 개화파는 외국 문물을 받아들이자고 들고 일어났다.

　　개화파들은 옛 제도나 관습을 유지하자는 수구파와 대립하며 싸움이 시작된다.

　　이렇게 나라를 개방하자 일본, 청나라, 러시아, 영국, 독일, 미국 등등 힘이 강한 나라들과 무역이 시작되었다.

　　서양문물이 들어오기 시작한 것이다.

　　강한 나라들과 무역이 시작되자 고종 왕은 우리 조선에도 일본의 신무기를 받아들여 별기군이라는 신식군대를 창설하려고 한다.

　　이것을 틈탄 일본은 경복궁을 지키는 우리 재래식군대를 근대화시키자는 명목으로 경복궁을 지키는 군인들을 일본식 군인으로 만들자고 제안한다.

경복궁을 지켜준다는 명목을 빌미로 일본은 일본식 군대인 별기군을 창설하고 일본 군인들과 장교를 배치한다.

명분이 좋았던 것이다.

따라서 일본은 우리나라에 조금씩 내정간섭을 할 수 있는 기회를 얻은 것이다.

일본의 내정간섭으로 우리나라 군대와 일본식 별기군의 차별대우가 심했다.

경복궁에서도 일본식 별기군別나눌별. 技재주기. 軍군사군.에게는 좋은 대우를 해주었다.

그러나 우리재래식 군대에는 1년간 녹봉을 주지 않았다.

더하여 1년 치 봉급을 모래를 썩은 불량 쌀로 지급하자 군인들이 분노했다.

이 일로 1882년 6월 9일 고종이 왕위에 오른 지 19년 만에 조선 군대는 근대화를 이루려는 개혁파들을 몰아내려고 반란을 일으킨 것이다.

그리고 재래식 무기로 무장한 조선군은 궁을 지키는 별기군과 고종 왕이 거주하는 경복궁을 공격했다.

이 사건이 **임오군란**이다.

당시 경복궁에는 개화파인 별기군과 고종의 일가인 민 씨 명성왕후가 거주했다.

일이 다급해지자 고종은 중국에 군대를 요청한다.

중국군의 개입으로 일이 수습되었다.

그러나 일본은 이 사건으로 일본공관이 불타고 일본군 십여 명이 살해당한다.

일본은 별기군 십여 명이 살해당했다는 명분을 내세워 많은 피해 보상금액을 우리나라 조선에 요구한다.

더 나가 일본은 중국이 개입되자 일본은 별기군 십여 명이 살해당한 이유를 들며 조선에서 주도권을 확보하기 위해 제물포조약을 강요한다.

힘이 없는 우리나라는 1882년 8월 30일 일본과 강제로 **제물포조약**을 맺는다.

제물포 조약으로 일본군 경비병警경계할병. 備갖출비. 兵군사병.이 조선에 주둔하는 일이 발생하였던 것이다.

제물포조약으로 내정간섭이 심해지자 나라를 걱정한 개화파인 김옥균. 박용 효. 서재필. 등은 청나라와 대립중인 일본을 이용해서 일본을 돕는척하며 내심 민 씨 일파를 몰아내고 조선의 자주독립과 근대화를 목표로 고종21년 갑신년인 1884년 **갑신정변**을 일으킨다.

그러나 청나라의 개입으로 3일 만에 실패한다.

1884년 **갑신정변**일로 청나라와 일본양국은 우리나라에서 이권을 더 많이 차지하기 위해 내정간섭이 더 심해진다.

따라서 1885년 일본과 청나라는 자기들끼리 **텐진조약**을 맺는다.

이 조약은 일본과 청나라가 지금은 철수하지만 나중에 조선에 청·일 양국 중 한 나라가 조선에 들어가면 따라서 들어간다는 청나라와 일본의 약속이다.

우리나라의 의사와는 아무 상관없는 결정이었다.

당시 우리 조선은 전라도가 곡창지대였다.

그때 우리나라는 공무원인 관리들과 양반들은 부정부패가 심했다.

나라관리와 양반들의 부정부패가 심해지자 이에 분노한 농민들은 1894년 **동학농민운동**을 일으키고 죽창과 농기구로 전주성을 점령하는 일이 발생했다.

농민들이 전주성을 함락하자 이에 놀란 고종은 청나라에 군대를 요청한다.

고종의 요청으로 청나라 군대가 들어오자. 따라서 일본군도 들어온 것이다.

그러나 농민군과 정부가 합의를 하고 청나라는 돌아갔지만 일본은 일이 끝나지 않았다는 이유를 들며 농민군을 공격하여 많은 조선의 농민들을 학살했다.

농민운동을 빌미로 **일본은 1894년 청나라와 전쟁**을 선포한다.

이것이 청일전쟁이다.

전쟁은 일본의 승리로 끝나고 우리 조선은 일본의 간섭이 더 심해진다.

청나라를 이긴 일본은 고종 31년 갑오년인 1894년 6월 개화파의 편을 들어 정치제도를 근대화시키자고 강제로 우리나라와 **갑오개혁**을 체결한다.

당시 일본은 봉건제도를 새 정치로 바꾸자고 메이지유신으로 근대화에 성공을 하며 자본주의가 성립되고 이를 바탕으로 아시아의 강대국으로 도약하는 시기였다.

이에 불안을 느낀 러시아는 일본을 견제하기 시작한다.

호시탐탐 우리나라를 탐내는 일본을 견제하기 위해 우리나라 조선의 명성황후는 러시아에 의존하려 한다.

그러나 이것을 알아차린 일본은 명성황후를 살해한다.

이 사건이 1895년 10월 8일 일어난 **을미사변**사건이다.

일본이 명성왕후를 살해한 사건에 충격을 받은 고종은 러시아공사로 피신한다.

러시아공사로 피신한 사건이 1896년2월11일에 일어난 **아관파천**이다.

그리고 불안을 느낀 고종은 1년 동안이나 경복궁에 들어가지 않았다.

약1년 후인 1897년 경복궁으로 돌아가면서 고종왕은 조선이란 국호를 **대한제국**으로 바꾸며 왕의 호칭을 황제라는 칭호로 바꾼다.

그리고 일본은 러시아를 견제하기 위해 1902년 영국과 동맹을 맺는다.

그 후 일본은 계획적으로 1904년 **러 · 일 전쟁**을 일으킨다.

그리고 일본이 전쟁에서 승리한다.

그 당시 유럽과 동아시아에서는 힘의 논리로 서로 먹고 먹히는 아수라장이었다.

여기서 **세 번째. 마르크스가 실수**한 것을 살펴보자.

그가 실수한 것은 고대 지독한 노예사회든지 조금 나은 봉건주의사회든지 공산주의사회든지 자유민주주의사회든지 그 안에는 마르크스가 주장하는 부르주아와 프롤레타리아가 함께 존재한다는 사실이다.

그러므로 공산주의 사회에서 부르주아를 몰아내자는 말은 공산주의창시자인 마르크스를 몰아내자는 말과 같은 것이라 하겠다.

그 이유는 마르크스는 노동자인가 지도자인가?

마르크스가 주장하는 공산주의도 부르주아와 프롤레타리아가 함께 공생공존 하는 필수적인 관계가 있어야만 공산주의를 만들 수 있기 때문이다.

그렇다면 공생 공존하는 관계에서 지도자는 누가 해야 하는 것인가?

다시 말해 공산주의 지도자는 부르주아인가? 프롤레타리아인가?

지도자나 관리자들은 가르치고 지시하는 높은 자리다.

그렇다면 공산주의를 이끄는 지도자나 관리자는 부르주아라 할 것이다.

그 증거는! 지도자나 관리자는 사용자에 해당하기 때문이다.

공산주의를 이끄는 지도자들은 다 부르주아 역할을 하는 것이다.

지도자나 관리자들은 부르주아인 고용주로서 노동과는 상관없기 때문이다.

따라서 사용자인 수령을 따르는 당원들은 프롤레타리아 노동자들이 일을 잘하는지 못하는지 관리 감독하는 위치에 있을 것이다.

그렇다면 공산주의도 사용자 부르주아와 사용인 프롤레타리아가 존재하는 것이다. 사정이 이런데도 수령인 부르주아를 몰아내자는 공산주의는 말장난인 것이다.

한 단체를 만들려면 사용자와 사용인이 있어야 되는 것이다.

시키는 사람이 있고 일하는 사람이 있다는 것이다.

그래야 일을 할 수 있고 일에 따라 완성되는 것이다.

세상의 이치는 순서 가있고 차이가 있다.

할아버지와 아버지와 아들의 순서와 I.Q가 높은 사람 I.Q 낮은 사람 그리고 행동이 빠른 사람 행동이 느린 사람의 차이가 있는 것이다.

따라서 생산수단으로 수확한 재산은 프롤레타리아들이 똑같이 분배한다는 마르크스의 공산주의 이론理다스릴리. 論말할논.은 새빨간 거짓말인 것이다.

그 증거는 지금 이지구상에 있는 공산주의 대표 나라인 소련이나 중국이나 북한의 주민들의 생활을 보면 알 수 있기 때문이다.

우리가 대중매체인 신문이나 TV 방송을 통해 잘 알고 있듯이 공산주의에서도 부르주아인 수령과 그 무리들인 당원들은 떵떵 거리고 잘 살지만 프롤레타리아인 노동자들은 짐승들처럼 시키는 대로 일만하는 신세인 것이다.

마르크스는 공부도 많이 하고 책을 썼지만 자세히 분석해보면 그가 주장하는 공산주의 이론은 앞뒤가 맞지 않는 것을 많이 볼 수 있다.

그 증거는 마르크스는 사람의 존재存있을존. 在있을재. 가치와 특성은 모르고 노동에 대한 분배만을 생각하고 기술한 학문이기 때문이다.

마르크스가 생각하는 프롤레타리아사상은 노동에 대한 구체적인 판단과 추리를 논리적論말할논. 理다스릴리. 的과녁적.으로 설명한 학문에 불과한 것이다.

마르크스가 주장하는 공산주의는 노동으로 얻어지는 잉여금의 분배에 따른 불평등만 생각한 이론이기 때문이다.

그러나 그 논리도 자신과 그 학문을 추종하는 무리들 중 일부생각일 뿐이다.

다수의 세상 사람들은 동조하지 않을 것이다.

마르크스는 인간의 순수성이 없는 학문에 불과하기 때문이다.

마르크스가 주장한 공산주의 책들은 인간이 세상에서 추구하는 근본원리인 사람의 존재가치가 없는 학문이기 때문이다.

따라서 왜 사는지에 대한 철학적인 원리가 없다.

우리가 사는 사회는 사람이 자유롭게 살 수 있는 사람의 존재가치를 더 발전시키는 학문과 문화가 필요한 것이다.

사람의 존재가치는 자유를 누리며 잘 먹고 잘 살기 위해 태어나는 것이다.

그 증거는 풀과 나무들은 잘 살기 위해 수분이 있는 곳으로 뿌리를 자유롭게 내리는 것이고/ 동물들은 잘 살기 위해 자신보다 약한 동물들을 잡아먹는 것을 보면 알 수 있을 것이다.

사람이 노동을 하는 것도 남보다 자신이 더 빨리 성공해서 잘 먹고 잘 살기 위해 고생을 감수하는 활동인 것이다.

공부를 열심히 노력하는 것도 마찬가지인 것이다.

이러한 활동은 남보다 더 빨리 성공하고 잘 살기 위한 인간의 욕구본능인 것이다.

사람은 누구나 잘 먹고 잘 살기 위해서 활동하는 동물이기 때문이다.

그리고 사람은 누구나 구속받는 삶을 싫어하는 동물이다.

아무리 좋은 이론과 설득력 있는 공산주의제도라 할지라도 자유롭게 사는 특징과 특성을 가진 사람들은 공산주의를 원하지 않는 것이다.

마르크스가 주장하는 공산주의이론은 사람의 **원초적 본능**을 모르는 이론이라서 외면하고 있는 것이다.

사람은 괴로움보다는 즐거움을 좋아하는 동물이다.

사람은 때에 따라 노래도 부르고 춤추기를 좋아하는 동물이다.

흥을 즐기며 사는 동물이 사람이다.

마르크스가 살던 시절은 암울한 봉건주의 시대였다.

먹고사는 문제가 심각했을 것이다.

그러기에 마르크스는 사람의 특성에 대한 이해가 모자랐을 것이다.

사람의 특성에 대한 이해가 부족한 마르크스는 사람의 근본적인 존재가치를 이해하지 못했던 것이다.

그래서 마르크스는 **사람이 왜** 사는지에 대한 **존재가치를** 모르는 **실수를** 한 것이다.

각 사람들이 지니고 있는 특성과 특징들은 세상에 존재하는 사회 제도 중에 어떤 제도든지 100% 만족 할 수 없다.

공산주의 제도가 좋은 학문인 것은 맞다고 치자.

하지만 아무리 좋은 공산주의제도라 하더라도 사람의 특성에 맞아야 하는 것이다.

마르크스공산주의는 개인의 사유재산을 부정하고 모든 생산수단을 사회전체가 공유하며 자본주의를 붕괴하고 계급투쟁으로 프롤레타리아 혁명을 바라는 일부공산주의를 추종하는 정치꾼들이 혁명을 선동하는 것이다.

공산共함께할공. 産낳을산.이란?

우리가 생활하는 사회에서 상황에 따라 함께 공동으로 협동하는 일등에 대해 학문으로 연구할 가치는 있다.

하지만 공산사회주의는 사람이 생존하기 위한 방법으로는 적합하지 못하다.

그 이유는 공산주의체제는 노동에 대한 잉여금을 공동으로 관리 소유하고 공동으로 똑같이 분배한다는 것이 아닌가?

생각해보면 불평불만이 없는 평등한 사회라는 생각이 들어 사람들을 현혹시킬 수 있는 달콤한 말일 수 있다.

그러나 마르크스 공산주의를 완성하려면 누가 잉여금을 더 많이 가져가는지 서로 피곤하게 공동으로 감시하고 관리할 수 있어야 한다.

한마디로 공산주의는 한 사람의 언행에 충동되어 자신들의 의사와 관계없이 모인사람들이 동요하는 어리석은 군중심리群무리군. 衆무리중. 心마음심. 理다스릴리.를 이용하는 사회이기 때문이다.

따라서 부화뇌동附붙을부. 和화할화. 雷우뢰뇌. 同한가지동.하는 제도이다.

공산주의를 선동하는 **군중심리**란 말은 많은 사람을 모아놓고 한 사람이 나서서 무언가를 연설할 때 그 사람의 말을 듣고 자신에게도 도움이 되겠다고 어렴풋이 막연한 생각을 들게 하는 말장난인 것이다.

부화내동 한다는 말은 남의 말을 듣고 남의 의견에 따라 움직이는 행동을 말하는 것이다.

한마디로 사람들을 선동하는 사회이다.

여기서 공산주의 역사의 문명과 **칼– 마르크스**가 살아온 역사를 살펴보자.

문명이 발달하기 전 원시시대는 지금처럼 사람이 많이 살지 않았다.

인간은 한동안 자유로운 생활을 하며 행복하게 살았을 것이다.

그러다 많은 사람들의 증가로 씨족사회와 부족사회를 거치면서 민족을 이루고 여러 사람들이 부딪치는 과정에서 이권이 발생하기 시작했다.

고대시대에서 탄생한 것이 노예제도이다.

이때부터 강제적이고 독재獨홀로독. 裁마를재.적인 폭력의 시대가 발생한다.

사람들이 모이면서 힘의 논리論말할논. 理다스릴리.가 발생한 것이다.

고대 시대는 자기 힘만 있으면 상대를 억압할 수 있는 사회였다.

그때는 몰랐지만 지금 우리가 사는 세상에서 상대를 강제로 억압할 수 있는 사회가 공산주의 사회인 것이다.

고대사회에서는 힘이 강한 자들은 아주 편한 생활을 할 수 있었을 것이다.

한마디로 무법천지로 짐승 같은 사회였기 때문이다.

그리고 이 암흑 같은 노예사회 속에서 조금 더 인간의 가치를 생각하는 사람들에 의해 중세 봉건주의 사회로 발전하였던 것이다.

봉건주의에서도 강제와 반 강제적인 폭력적인 노예제도가 이어졌다.

그러나 완전한 노예제도보다 조금 더 낫게 발전한 사회생활이었을 것이다.

노예제도보다 조금 좋게 발전한 사회가 지나면서 문명이 발달하고 과학이 발달하고 공업사회와 더불어 근대사회가 형성된 것이다.

이 과정에서 먹고사는 이익분배에 불합리한 사회를 지적하며 대안적인 논리로 공산주의 사회를 만들려고 노력한 사람이 있었다.

이 사람이 독일에서 1818년 5월 5일에 태어난 독일의 **칼- 마르크스**이다.

그리고 마르크스가 창시한 공산주의를 실천한 사람이 있었다.

그가 바로 **러시아에서 1870년 태어난 레닌**이다.

레닌은 농민들과 노동자들을 노예처럼 부리는 공산주의를 추종하는 무리들과 함께 마르크스주의 공산주의를 실천에 옮긴 사람이다.

마르크스주의 공산주의를 추종하는 레닌은 변호사이자 공산주의

혁명가였다.

당시 러시아는 산업보다는 농업農농사농. 業업업.이 더 발달한 나라였다.

레닌은 러시아의 노동자들의 불만을 대변하는 역할을 하면서 마르크스 공산주의이론에서 좋은 점을 알리는 역할을 한다.

그러나 러시아에서는 노동자勞일할노. 動움직일동. 者놈자.보다는 농민들이 더 많은 사회에서 레닌은 프롤레타리아 노동자와 농민의 문제에 부딪친다.

레닌은 교묘하게 농민을 프롤레타리아로 수정하는 것이다.

레닌은 농민들과 산업노동자들을 하나로 묶어 프롤레타리아라고 칭한다.

이일로 레닌은 추종자들로부터 마르크스 레닌주의라는 칭호를 받았다.

마르크스 레닌주의라는 칭호아래 레닌은 1917년 4월 3일 러시아를 혁명한다.

그리고 세계에서 최초最가장최. 初처음초.로 러시아를 사회주의 국가로 만들었다.

여기서 레닌이 만든 러시아사회주의 국가의 과정을 살펴보기로 하자.

당시 러시아를 다스리는 차르황제는 소수의 귀족들과 황제권위를 누리며 사는 불평등不아니불. 平평평할평. 等가지런할등.한 봉건주의 사상이 이어진 사회였다.

그래서 상대의사는 존중하지 않고 혼자 일을 결정하는 군주제 정치였다.

레닌에게는 형이 있었다.

레닌의 형도 마르크스 공산주의 영향을 받은 사람이다.

레닌이 17세 때인 어느 날이다.

레닌 형은 러시아 황제와 황제를 추종하는 귀족들에 대해 불만이 많았다.

그리고 마르크스 공산주의를 공부한 사람으로서 황제가 이끄는 **봉건주의** 잔재인 **전제군주** 정권을 혁명 하려고 생각을 많이 한 사람 이었다.

그래서 레닌 형은 차르황제를 암살하려다가 잡혀서 차르황제에게 사형을 당했다.

형을 잃은 레닌은 그때부터 공산주의 혁명봊기죽혁. 숨목숨명.에 관심을 갖게 된다.

그리고 변호사로 성장한 레닌은 억울한 농민과 노동자를 위해서 변론을 많이 했다.

그러면서 억울한 농민과 노동자들을 깨우치기 위해 프롤레타리아를 위한 노동신문을 만들어 배포하기 시작한다.

레닌은 러시아에서 농민과 노동자들을 공산주의로 만들기 위해 사회주의 노동당을 조직하려다 체포되어 시베리아로 추방당하는 일까지 있었다.

추방당한 후 1900년 유배생활을 마친 레닌은 독일로 간다.

독일에서 레닌은 사회주의정당을 조직하기 위해 정치신문을 출간한다.

그리고 최초 마르크스주의라는 신문을 발행한다.

이때부터 레닌은 러시아와 독일, 영국 등에서 활동을 했다.

그리고 영국에서 사회민주당을 조직했다.

1903년 영국 런던에서 레닌이 이끄는 노동자 **볼셰비키 급진파**와 상류층 혁명을 주장하는 **멘셰비키 온건파**로 나누어진다.

러시아에서도 전쟁의 고통 속에서 허덕이는 노동자들의 평화시위가 한창이었다.

러시아에서는 노동자들의 평화시위가 한창이던 1905년 1월 5일 상트페테르부르크에 20만 명이 넘는 노동자들이 모여들었다.

러시아에서는 심각한 경제 속에서 굶주린 농민과 노동자들은 빵과 평화를 외치며 차르인 니콜라이 2세가 거주居있을거. 住살주.하는 성으로 향했다.

니콜라이 2세는 1894~1917까지 재임한 러시아 **로마노프 왕조의 마지막 황제**이다.

굶주린 노동자들은 황제가 국민을 위해 무엇인가를 해주기를 원했다.

그러나 이들을 기다린 것은 러시아 정부군의 무자비한 총탄이었다.

수많은 시체와 피가 광장을 덮었다.

이 사건이 피의 일요일사건이다.

이 사건으로 인해 노동자들은 황제皇임금황. 帝임금제.를 더 이상 의지하지 않는다.

따라서 러시아 곳곳에서 차르를 타도하자는 함성이 터져 나왔다.

이 일요일 피의사건으로 인해 러시아 시민혁명市저자시. 民백성민. 革가죽혁. 命목숨명.이 발발하기 시작한다.

그리고 노동자들은 더욱 분개하여 노동자총파업을 이어갔다.

분개한 노동자총파업으로 러시아정부는 혁명조직에 대해 체포명령이 내려지자 당시 레닌은 다시 스위스로 피신한다.

여기서 레닌을 또다시 스위스를 중심으로 **볼셰비키 급진파 혁명당**의 조직을 시작한다.

그리고 1912년 폴란드에서 볼셰비키혁명당 조직을 완성한다.

러시아에서 사회주의혁명이 한창이던 1914년 세르비아 대학생인 가브릴로 프린치프에 의해 오스트리아의 프란츠 베르디난트 황태자가 피살당하는 **사라예보사건**이 발생한다.

이에 1914년 7월28일 오스트리아 정부는 세르비아 정부에 전쟁을 선포한다.

그리고 세계1차 대전이 시작된다.

당시 러시아는 국민들이 개혁의 물결에 동조하여 내분이 심각한 상태였다.

경제까지 마비되는 상황까지 발생한다.

러시아 정부는 이런 상황狀형상상. 況하물며황.을 모면하려고 1차 대전에 참전한다.

그러나 전쟁과 연이은 내전으로 굶주림과 가난에 지친 국민들이 1917년 3월 **민중봉기**를 일으켰다.

로마노프왕조인 니콜라이2세 황제를 몰아내고 임시정부가 들어선다.

이런 상황을 틈탄 레닌은 1917년 4월 조직을 이끌고 러시아로 귀국한다.

그리고 레닌은 러시아를 사회주의 혁명으로 발전시키자고 연설한다.

1917년 4월 3일 상트페테르부르크의 기차역 연설에서 레닌은 정치와 사회운동의 기본방침을 규정하는 테제를 발포한다.

이제 빵과 평화를 위하여 모든 권력을 소비에트가 갖도록 합시다.

모든 사유 토지를 국가소유로 합시다.

지긋지긋한 제국주의 전쟁을 끝냅시다.

따라서 임시정부를 진압하고 모든 권력은 소비에트체제로 구성한다고 발표한다.

소비에트란?

러시아어로 평의회와 노동자와 농민과 군사대표자로 구성한다는 뜻이다.

혁명을 주도한 레닌의 물결은 불같이 타오른다.

그리고 1917년 11월 임시정부를 반대한 노동자와 농민들은 레닌을 지지했다.

레닌을 지지하는 국민혁명군으로 인해 임시정부는 무너진다.

그리고 드디어 레닌은 권력을 잡는다.

따라서 레닌은 새로운 소비에트정부 의장議의논할의. 長길장.으로 선출된다.

그리고 세계에서 처음으로 노동자와 농민정부를 내세워 러시아에서 소비에트사회주의가 탄생한 것이다.

그러나 아무리 공정하고 정의로운 공산주의 사회라 하더라도 공산주의 사회에서도 기득권이 있게 마련이다.

이 기득권은 당원들이 가지게 된다.

그렇기 때문에 공산주의 사회는 우리가 모르는 비리非아닐비. 理다스릴리.가 어마어마하게 많다는 것을 알아야 한다.

우연인지 아니면 모든 국민의 평등을 위해서 주창한 공산주의의 사회주의 국가에서는 평등을 주장하면서도 언론의 자유는 용인하지 않는다.

따라서 출판의 자유도 없다.

인민모두의 평등을 위해서란다.

그러면서 거주의 자유와 직업의 자유도 없다.

학문의 자유도 없다.

그러나 공산당의 기득권자인 부르주아 공산당간부와 그 가족에게는 여러 가지 특권이 주어지고 있다는 것을 알아야 한다.

외국의 공관으로 파견을 나가면 자식들은 따라가서 외국에서 공부할 수 있는 교육敎가르칠교. 育기를육.의 특권을 갖는다.

공산주의에서 노동자인 프롤레타리아라면 과연 이러한 꿈같은 특권을 누릴 수 있을까?

이것이 공산주의의 실상인 것이다.

21. 자유민주주의

자유라는 말은 사람이 태어나서 활동하는 기본적인 환경이다.

자연의 환경이 자유민주주의의 시작이다.

하물며 짐승들도 자유를 누리며 살고 있지 않은가?

그러나 짐승들은 자기보다 힘이 더 강한 짐승을 만나면 자유는 빼앗긴다.

죽임을 당하는 것이다.

그러나 사람의 자유란?

남을 구속하거나 구속 받지 않고 자기 생각과 뜻대로 움직이는 작용이다.

자기의지대로 살아가는 자유민주주의란?

국민이 주인이 되고 국민의 생각을 모아 국민을 위한 사회가 만들어지는 제도이다.

그러므로 자유와 민주주의를 합한 자유민주주의란?

모든 국민은 국가와 약속한 법에 의한 규정과 규칙을 잘 지킨다면 국가는 국민을 강제로 자유를 구속할 수 없고 국민은 자기 의지대로 활동할 수 있는 것이다.

민주주의의 기원은 고대 그리스의 도시국가인 폴리스에서 시작되었다.

폴리스polis.란 말은 고대 그리스말로 도시국가라는 말이다.

그리고 세상에서 처음으로 그리스 아테네를 중심으로 그곳 여러 도시들에서 민주주의가 싹트기 시작했다.

그리고 고대 그리스어인 데모스Demos는 마을국민이라는 뜻으로 각 마을마다 대표자를 선출하여 아테네도시에 있는 아고라광장 평의회에 참석하게 하였다.

여기서 아테네시민은 최소단위 행정구역인 각 마을마다 18세가 되면 마을의 데모스 원부에 등록하고 마을 대표자를 뽑는데 참석했다.

국민이 다수라는 의미가 담긴 데모스Demos라는 마을의 뜻과 함께 크라티아Kratia 권력과 지배라는 뜻이 합쳐진 그리스어다.

그리스어로 **"데모크라티아δημοκρατια 국민에 의한 권력"**이란 단어가 민주주의의 어원인 것이다.

데모크라티아δημοκρατια **국민에 의한 권력**인 그리스역사를 바탕으로 민주주의를 발전시킨 미국에서는 1863년 1월 1일 남북전쟁중인 남부군 연합정부노예들에게 미국제16대 Abraham Lincoln에이브러햄-링컨대통령은 노예해방을 선포한다.

1861년에 일어난 남북전쟁의 시끄럽던 정국에서 1863년 11월 당시 미국의 에이브러햄-링컨대통령의 연설이 유명하다.

" 자유민주주의를 지키기 위하여

국가는 국민의! 국민에 의한! 국민을 위한!" 정치를 해야 한다고 연설한 링컨대통령의 연설로 전쟁의 형세는 역전한다.

더불어 링컨대통령에 의해 남북전쟁은 남부군 연합정부의 승리로 끝난다.

따라서 비인간적 노예제도는 폐지된다.

비인간적인 노예제도를 폐지하는 미국에서 민주주의라는 말은 영어로 **데모크라시**Democracy고대 그리스어에서 유래한 말이다.

지구 역사상 민주주의 시작은 지금으로부터 약 2500년 전 그리스의 한 도시였던 아테네에서 시작되었다.

고대 그리스민주주의는 각 마을에 등록된 시민에게만 참정권을 인정했다.

그리고 노예와 여성에게는 참정권을 허락하지 않았다.

당시 아테네를 비롯한 여러 지역에서는 가정마다 노예들이 있었다.

그리고 노예奴종노. 隸붙을예.들은 온갖 어려운 가사 일에 시달리며 살았다.

농사일을 담당했고 가축을 기르고 종노릇을 했다.

그래도 주인主주인주. 人사람인.의 마음에 들지 않으면 짐승처럼 매를 맞았다.

당시 그리스의 초기민주주의상황은 완성된 민주주의제도가 아니었다.

여러 가지 민주주의 과정을 겪으면서 소수 민주주의를 따르는 사람들은 사람을 짐승처럼 강제로 다루는 억압된 생활은 잘못이라고 생각하는 사람들에 의해 노예제도가 조금씩 사라지는 시기였기 때문이다.

인간을 짐승처럼 강제로 다루는 억압된 극단적 노예제도에서 민주주의로 발전한다는 것이 그리 쉽지 않았을 것이다.

그랬기에 그동안 지켜온 여러 가지 제도가 혼합했다고 보아야 할 것이다.

그래서 세습 군주를 마을원수로 정하고 다스리는 **군주제** 마을이

있었는가 하면

소수 작은 마을단위로 우두머리가 조직을 꾸려나가는 **과두제**로 다스리는 데모스Demos도 있었다.

당시 기원전 5~4세기인 BC. 469~399까지 살았던 소크라테스의 제자는 플라톤이다.

그리고 BC.427~347까지 살았던 플라톤의 제자인 **아리스토텔레스**는 **과두제정치를 귀족정치**에서 타락한 정치라고 지적하며 비판했다.

아리스토텔레스는 BC.384~322까지 62세를 살았다.

그리고 다수의 주민의견에 의해서 이루어지는 **민주제정치**가 있었다.

이러한 여러 가지 형태의 정치가 합해지면서 민주주의 정치로 발전했던 것이다.

이렇게 정치가 합해지면서 고대 그리스에서는 주기적으로 아테네의 아고라광장에 모여 충분한 의견을 교환했다.

그리고 토론하면서 다수결의 방법으로 문제를 해결했다.

이와 같이 모든 국민이 주기적으로 아테네 아고라광장에 모여 직접 정치적 결정을 함으로써 고대 그리스는 **직접민주정치**를 했다.

그리고 지금의 자유민주주의의 뿌리가 된 것이다.

현대까지 발전한 자유민주주의 정치는 지금까지 이어온 전 인류 역사의 문화이다.

그러므로 우리나라의 자유민주주의정치도 오직 국민의 행복을 최우선으로 이루어져야 한다는 것을 명심해야 하는 것이다.

그리고 국가는 개인의 자유를 존중하고 개인의 자율성을 발전시킬 수 있는 제도적 역할을 할 수 있는 정책을 만들어야 한다.

그렇게 함으로써 우리나라는 개인의 미래가 발전되고 더불어 행복한 가정을 넘어 행복한 대한민국을 만들 수 있는 것이다.

이것이 우리 국민이 바라는 자유민주주의의 가치라 할 것이다.

따라서 국민의 안전과 자유를 지켜야 할 규범을 지키지 못할 때는 법적인 규제로 강제하여 자유민주주의를 지킬 수 있다는 것을 국민과 함께 약속해야 한다.

그러기 위해서는 국가는 민주주의규범을 국민들이 의무적으로 잘 지킬 수 있도록 부정부패를 철저히 처벌하는 모습을 보여야 할 것이다.

이같이 할 때 개인의 자유와 권리도 보장받을 수 있고 자유민주주의를 지킬 수 있는 사회질서를 유지할 수 있는 것이다.

더리고 우리나라는 더 나은 자유민주주의로 발전할 수 있을 것이다.

국민이 주기적으로 아테네 아고라광장에 모여 토론하는 고대 그리스 민주주의의 뿌리에서 배웠듯이 자유민주주의 주인은 국민이다.

자유민주주의의 주인은 국민이고 국민으로부터 모든 권력이 나온다는 **데모크라티아**δημοκρατια **국민에 의한 권력** 을 잊어서는 안 될 것이다.

6.25 때 국민들이 목숨을 버리면서 자유민주주의를 지키는 이유가 무엇 때문인가?

사람은 자유自스스로자. 由말미암을유.가 없으면 살아야 할 존재 가치가 없는 것이다.

그러므로 우리는 자유를 위한 질문을 계속해야겠다.

우리는 무엇을 위해 살고 있는가?

또 어떻게 살기를 원하는가?

지금의 생활이 만족한가?

그리고 우리의 삶의 희망이 무엇인가?

질문 속에서 우리가 숨 쉬고 살아가는 우리 국민들의 삶이 어떤 삶이 되어야 하는지 생각하고 계속 질문해야 하는 것이다.

사람은 누구나 생명을 유지하기 위해서는 생리적으로 먹고. 쉬고. 잠자는 자유를 누리지 못하면 살 수 없기 때문이다.

사람은 편하게 살기 위한 생명본능에 따라 자유로운 활동을 기본으로 성공하기 위해서 열심히 공부하거나 사업을 하는 것이다.

열심히 공부하거나 사업을 하는 것도 자유시장의 경쟁 속에서 남보다 빨리 성공해서 자기가 좋아하는 물건들을 소유하기 위한 꿈과 희망인 것이다.

성공을 하기 위한 꿈과 희망은 사람이 지닌 자유경제시장의 원리인 것이다.

그러나 이러한 꿈과 희망을 가진 사람들의 심리가 자신의 능력이 모자라도 이 부분을 다 가지려는 사람도 있다.

하지만 자기의 능력을 인정하고 자신의 능력만큼 가지려는 사람이 많다.

여기서 자신의 능력만큼 가지려는 사람은 현실적인 사람이다.

그러나 자신의 능력이 없어도 다 가지려는 사람은 욕심이 많은 사람이라고 하겠다.

욕심이 많은 과한 욕심은 사람의 마음을 병들게 한다.

과욕을 부리는 욕심은 정직한 일과 올바른 가치판단判편가름할판. 斷끊을단.을 하지 못하고 남을 속이고 거짓말로 자신의 이익을 채우려고 하는 것이다.

자신의 욕심만 채우려는 사람은 상대방의 억울함을 조금도 생각하지 않는다.

정직하지 못하고 욕심을 채우려는 사람은 범죄 행위의 일까지 양심의 가책을 느끼지 못하고 거리낌 없이 하는 것이다.

양심 없이 욕심이 많은 사람은 자신의 욕심을 채우고/ 더 나가 자신이 소속한 무리들의 이익을 위해 거짓말과 꼼수를 부리는 것이다.

우리 국민들이 이런 거짓말과 꼼수를 불편하다는 이유로 관심을 갖지 않는다면 우리가 지키려는 자유민주주의는 서서히 무너질 것이다.

만약 거짓말과 꼼수가 통하는 나라가 된다면 우리 사회는 여러 가지 불평등한 문제로 인해 국민은 분열될 것이다.

불평등한 분열을 막기 위하여 일부 집단들이 권력을 이용해 부정하게 이익을 취하지 못하도록 국민들의 감시가 필요한 것이다.

부정하게 이익을 취하지 못하도록 하기 위해서는 권력남용을 하지 못하는 시스템을 만들어야 하겠다.

우리가 무엇을 위해 살고 있는지를 생각하고 우리 국민이 하나로 뭉칠 수 있도록 정직한 사회시스템system도 만들어야 하겠다.

국민이 하나로 단결하기 위한 정직한 사회시스템은 21세기인 지금 우리나라가 가야 할 길이기 때문이다.

자유민주주의를 지키는 21세기 우리나라는 자유시장경제의 원칙을 바탕으로 정부는 모든 국민이 활기찬 경제활동을 할 수 있도록 만들어 주어야 하겠다.

국가는 정직한 경제시스템을 국민들에게 확보해줌으로써 경제적 이익이 정직하게 일하는 국민들에게 골고루 돌아가게 되는 것이다.

정부는 경제의 비리가 판치게 눈감아주어서는 안 될 것이다.

그리고 국민들이 생활하는 가치價값가. 值값치.는 사람마다 각각 다르다.

어떤 사람은 일찍 일어나기를 좋아하는 사람.

어떤 사람은 늦게 일어나기를 좋아하는 사람.

그리고 고기를 좋아하는 사람.

야채를 좋아하는 사람.

배부르게 먹는 사람.

적당히 먹는 사람.

돈만 100% 좋아하는 사람.

돈과 학문을 반반 생각하는 사람 등등..

사람은 자기의 존재가치를 느낄 때 행복한 것이다.

자유민주주의는 국민 각 개인個낱개. 人사람인.의 자유가 소중하다고 느끼고 지키려고 할 때 우리는 하나로 단결할 수 있을 것이다.

그리고 공산주의로부터 자유민주주의를 지킬 수 있는 것도 우리 나라가 공산주의보다 더 국력이 강해야 자유민주주의를 지킬 수 있는 것이다.

공산주의로부터 자비를 바라는 자유는 세상에 존재할 수 없는 것이다.

우리는 뼈아픈 6.25를 겪으며 배운 진리이기 때문이다.

자유민주주의를 지키는 것도 우리가 지키자고 약속한 법을 지키고 단결한 힘에 의해서만 자유를 지킬 수 있다는 것을 우리는 명심해야 한다.

그러므로 국민 모두가 법으로 약속하고 규정한 규칙인 사회질서를 파괴하는 행위는 용인해서는 안 되는 것이다.

자유민주주의를 파괴하려고 일부 정치꾼들이 국민들을 부추겨서 싸움을 만드는 이간질과 거짓말을 우리는 용인해서는 안 되는 것이다.

우리나라의 발전을 위해서는 직접민주주의를 더 강화시킬 필요가 있다.

국민의 직접민주주의란?

국민은 국가에 직접 참정권을 행사하는 정치제도이다.

그래서 자신이 직접 투표를 행사하는 제도인 것이다.

그리고 직접민주주의에는 대표자를 뽑을만한 인구단위지역에서 대표자를 선출하여 주민의사를 전달하는 대의민주주의도 포함한다.

우리가 알다시피 자유민주주의民백성민. 主주인주. 主주인주. 義옳을의.의 뿌리는 유럽의 아테네에서 시작하였다.

우리나라 자유민주주의는 국민의 재산과 생명을 보호하는 제도制마를제. 度법도도.로서

자유로운 시장경제를 보장하고 있다.

하지만 우리는 공산주의와 마주한 상황에서 자유민주주의를 지키기 위해서는 지금보다 더 세밀한 정책이 요구되는 실정이다.

❶ 국가는 자유민주주의를 지키기 위한 헌법의 수호 아래 각 개인 의사를 존중하고 자유로운 삶을 보장해야 한다.

그리고 대통령을 비롯하여 모든 국민은 헌법 앞에서 똑같은 평등한 권리를 보장하는 법의 통치를 받아야 한다.

❷권력의 남용을 막기 위해 입법·사법·행정 권력을 상호 독립된 세 기관에 분산하는 삼권분립을 더 세밀히 보안해야 한다.

❸ 국민의 대표인 국회의원들이 국민을 위한 의정활동을 국회가 합의하고 국가를 운영하는 입헌주의제도역시 세밀하게 보안해야 한다.

그래서 다수국민이 정무에 참여하게 하는 것이다.

그리고 지방자치단체가 자주적으로 살림을 하는 지방자치 제도이다.

국민의 생존권을 보장하기 위해 복지를 발전시키는 복지제도이다.

우리나라는 이런 텍스트text로 좀 더 세밀하게 구성되어야 하는 것이다.

자유민주주의는 사람의 존재 가치를 최우선으로 한다.

그리고 헌법에 따라 운영하는 민주주의제도이다.

자유민주주의는 말로 만들어지는 것은 아니다.

자유민주주의를 보호하고 지키려면 모든 국민이 정한 정의롭고 정직한 법을 지킬 때만이 자유민주주의를 지킬 수 있는 것이다.

우리 대한민국 자유민주주의 역사는 73년의 역사를 가지고 있다.

우리나라는 1945년 8월 15일 2차 세계대전 전쟁을 일으킨 독일과 이탈리아와 일본이 패망함으로써 자유민주주의가 된 나라이다.

일본의 패망으로 인해 우리 대한제국은 일본의 식민지로부터 해방되었다.

대한제국은 1905년 나라가 힘이 없어 일본의 식민지가 되었고 36년간 일본의 지배받다가 1945년 8월15일 해방과 함께 주권을 다시 찾은 나라이다.

그리고 1945년 8월 15일 해방 후 유엔군의 감시 아래 1948년 5월 10일 남한 단독으로 남한에서만 국회의원 선거가 실시되었다.

당시 선거에서 뽑힌 국회의원 수는 198명이다.

198명의 국회의원들은 국회를 구성하고 곧 5월 31일 회의를 시작했다.

국회를 구성한 국회의원 198명은 국민을 위한 헌법을 제정하는 작업을 시작했다.

그리고 헌법을 제정하고 1948년 7월 17일 우리나라는 최초 헌법이 시행되었다.

식민지의 고통으로 탄생한 자유민주주의를 지키는 우리 대한민국 헌법은 모든 국민에게 자유와 평등을 최우선으로 한다.

자유민주주의 대한민국 헌법 제1조 1항이다.

❶ 대한민국은 민주공화국이다.

그리고 제헌헌법에 따라 1948년 7월 20일 국회의원에 의한 간접선거에 의해 이승만 대통령이 선출된다.

우리나라 초대 대통령으로 1948년 7월 20일부터 대한민국 이승만 대통령 정권이 시작되었다.

그리고 1948년 12월 유엔총회는 대한민국을 한반도에서 합법정부로 승인했다.

이어서 이승만 대통령은 연이어 3번 당선되고 1960년 4월까지 12년간 대통령직을 수행했다.

그러나 이승만 대통령이 이끄는 자유당에서 이기봉은 정권을 연장하려고 자기 혼자만 옳다고 생각하고 독재정치를 시도했다.

이기봉은 날치기와 꼼수를 부리고 오로지 목적을 달성하기 위해 갖은 모략과 중상 등 온갖 수단과 방법을 쓰는 권모술수權저울추권. 謀꾀할모. 術꾀술. 數셀수.의 달인이었다.

따라서 1960년 3월 15일 대통령 선거에서 돈과 권력의 힘을 이용해 표를 모으는 부정선거를 저질렀다.

이일로 수많은 학생과 시민市저자시. 民백성민.들이 거리로 나와 시위를 했다.

이일을 본 화난 학생들이 4.19 혁명을 일으켰고 결국 이승만 정권은 대통령 자리에서 물러났다.

이승만 대통령은 1~3대 대통령을 지냈다.

❷ 두 번째 윤보선 대통령을 1960년 8월을 시작으로 1962년 3월까지 4대 대통령 임무를 수행한다.

이 와중에 군인 박정희는 정치와 사회 불안의 안정을 지키기로 생각한다.

그리고 박정희를 중심으로 한 군인들이 군사쿠데타를 일으킨다.

1961년 5.16군사 정변이 일어났다.

이후 대통령이 된다.

❸ 세 번째 박정희 대통령은 1963년 12월부터 1971년 7월까지 3 · 4공화국 임기를 수행했다.

그러나 박정희 대통령은 재임기간 중 1979년 10월 26일 부하였던 김재규의 총에 암살당한다.

이때까지 18년간 대통령직을 수행했다.

박정희 대통령은 5~9대 대통령을 지냈다.

❹ 박정희 대통령의 서거로 네 번째 최규하 국무총리는 8개월 동안 임시 대통령권한을 대행했다.

최규하 대통령은 10대 대통령을 지냈다.

❺ 다섯 번째 우리나라 전두환 대통령이 1980년 9월부터 1988년 2월까지 제5공화국 임기를 수행했다.

3공화국과 4공화국이 막을 내리고 민주주의를 갈망하는 국민들에게 하늘이 놀라고 땅이 흔들릴만한 경천동지 驚놀랄경. 天하늘천. 動움직일동. 地땅지.할 사건이 발생한다.

많은 국민들은 자유민주주가 곧 올 것이라고 생각했다.

그러나 그 기대는 사라지고 군인 전두환을 중심으로 한 새로운 군부 세력이 나타나서 나라를 안정시켜야 한다는 명목을 앞세웠다.

그리고 그들은 1979년 12월 12일 군사軍군사군. 士선비사. 쿠데타를 일으킨다.

그러나 이에 반대하는 학생들과 시민들이 불같이 일어나 자유를 외치며 군부와 맞서 저항한다.

이어지는 학생들과 시민들의 저항 속에 1980년 5월 18일 전라남도 광주에서 자유민주주의를 부르짖는 학생과 시민들을 향해 군인들이 총을 쏘며 잔인하게 자유민주주의를 바라는 시위를 진압했다.

이 과정에서 많은 학생을 비롯하여 많은 시민들이 죽거나 다쳤다.

전두환 대통령은 11~12대 대통령을 지냈다.

❻ 여섯 번째 노태우 대통령은 1988년부터 1993년까지 대통령 임기를 수행했다.

대통령이 되기 전 노태우는 제5공화국이 정권연장을 계획하려는 것에 대해 대다수의 국민들이 저항했다.

이런 와중에 1987년 1월 14일 서울대생 박종철 학생이 전기와 물고문을 받다가 죽는 사건이 발생했다.

이 사건을 은폐하려는 정부를 향해 학생들은 국민대회를 열기로 결의했다.

그리고 1987년 6월 10일 연세대 이 한열 학생이 시위도중 경찰이 쏜 최루탄에 맞아 죽는 사건이 발생했다.

이에 분개한 국민들의 요구는 박종철 사건의 진실과 대통령을 국민들이 직접 뽑도록 하라는 것이었다.

이를 받아들이지 않자 화난 시민과 학생들은 6월 항쟁을 시작한 것이다.

이런 상황을 지켜보던 시민들은 더 이상 참지 못하고 너도나도 거리로 뛰쳐나와 민주주의를 외치는 상황까지 벌어졌다.

다급한 정부는 전 국민항쟁抗막을항. 爭다툴쟁.으로까지 번질 것을 우려했다.

결국 전두환 정부와 대통령후보 노태우는 1979년 6월 29일, 6.29 선언을 통해 국민들의 뜻을 받아들였다.

따라서 5공화국은 장기집권을 포기했다.

그리고 1979년 9월 12일 여, 야 합의하에 헌정사상 처음 대통령직선제와 대통령 단임 5년제를 제9차 헌법개정안으로 국회를 통과했다.

드디어 15년 만에 실시하는 대통령직선제 선거에서 노태우는 대통령으로 당선되었다. 노태우 대통령은 13대 대통령을 지냈다.

❼ 일곱 번째 우리나라 김영삼 대통령은 1993년 2월부터 1998년 2월까지 대통령임기를 수행했다.

제임도 중 1993년 8월 12일 금융 실명제를 실시했다.

그리고 1997년 12월 3일 국가부도위기인 금융위기로 IMF에 구제금융 요청을 하기에 이르렀다.

김영삼 대통령은 14대 대통령을 지냈다.

❽ 여덟 번째 김대중 대통령은 1998년 2월부터 2003년 2월까지 임기를 수행했다.

김대중 대통령은 정부수립 36년 만에 민주당인 야당에서 처음 대통령이 탄생했다.

그리고 2000년 6월에 북한 김정일 국방위원장의 초대로 평양을 방문하고 6.15남북공동선언을 한다.

그리고 그해 12월 노벨평화상을 수상한다. 김대중 대통령은 15대 대통령을 지냈다.

❾ 아홉 번째 우리나라 노무현 대통령은 2003년 2월부터 2008년 2월까지 임기를 수행했다. 노무현 대통령은 16대 대통령을 지냈다.

❿ 열 번째 우리나라 이명박 대통령은 2008년 2월부터 2013년 2월까지 임기를 수행했다. 이명박 대통령은 17대 대통령을 지냈다.

⓫ 열한 번째 우리나라 박근혜 대통령은 2013년 2월부터 2016년까지 임무를 수행하던 중 세월호 사건으로 인해 탄핵을 받아 도중 하차했다.

박근혜 대통령은 18대 대통령大큰대. 統큰줄기통. 領옷깃령.을 지내던 중 도중 하차했다.

⓬ 그리고 현재 문재인 대통령이 임무수행중이다.

지금까지 73년간 자유민주주의를 지키기 위해 우리나라대통령 1~19대 대통령역사에서 보았듯이 권력이란 사람이 욕심을 부리게 유혹하는 것이다.

지나친 욕심은 죽음을 부른다.

그러므로 국회의원을 직업으로 할 수 없게 해야 하는 것이다.

무슨 병인지 알면서 약을 먹지 않는 것은 어리석은 일이다.

국민을 병으로 고통 받게 할 수는 없는 것이다.

우리나라는 1945년12월 모스크바3상 회의를 거치면서 1948년 5월10일 남한의 단독선거로 정부수립 이후 지금까지 우리나라는 자유민주주의를 지키기 위해 수많은 고난과 역경을 견디면서 지금까지 왔다.

특히 같은 동족끼리 1950. 6. 25. 일요일 남과 북이 자유민주주의와 공산주의 이념으로 갈라져서 같은 부모 형끼리 6.25 전쟁을 치루면서 뼈를 깎는 고통으로 탄생한 자유민주주의 대한민국이 아닌가?

그리고 6.25 전쟁으로 수많은 국민들이 서로 죽이고 죽임을 당하면서 지켜온 자유自스스로자. 由말미암을유. 민주주의가 아닌가?

21세기를 살고 있는 지금우리는 우리의 선배들이 피 흘려 지켜온 자유민주주의 대한민국을 지켜야 할 책임과 의무가 있는 것이다.

그러므로 우리는 우리나라에 맞는 자유민주주의를 확장시키며 발전시켜야 하겠다.

그러려면 우리는 단절된 토론은 없어야 한다.

다만 야당이나 여당 정치권력집단을 위한 토론이 아니라 오직 국민을 위한 토론을 전제로 해야 할 것이다.

자유민주주의란 모든 국민이 다 함께 이끌고 가야 하는 제도이기 때문이다.

일당무리들이 하는 것은 공산주의 제도이기 때문이다.

공산주의는 어떠한 과제이든지 의논할 문제를 놓고 찬성인지/ 반대인지를/ 손을 들어 거수로 찬성과 반대를 표시하는 정치형태로 자신의 의사를 표시하는 제도이다.

따라서 자기의 뜻이 공산당무리들이 추진하는 정책을 거부한다면 죽음을 자기가 스스로 감수하는 행동인 것이다.

공산주의 제도는 공산당만을 위한제도이다.

그러나 민주주의 제도는 모든 국민이 각자의 생각을 의논하고 토론하는 제도이다.

그러나 민주주의 과정에서도 공산주의 제도가 조금씩 나타나고 있다.

예를 들어 어떤 문제問물을문. 題표제제.를 토론할 때 사리에 맞지 않은 말들을 억지로 끌어다 붙여 자기 또는 자기와 함께하는 정치집단이 유리하도록 견강부회牽끌견. 强굳셀강. 附붙을부. 會모일회.하는 토론이 많기 때문이다.

국민의 환심을 사려고 아첨하는 교묘한 말과 보기 좋게 꾸미는 표정으로 교언영색巧공교할교. 言말씀언. 令슈영령. 色빛색.하는 토론자가 있기 때문이다.

교언영색 하는 토론자는 자기 및 자기가 속한단체가 정치권력을 잡도록 욕심을 부리는 말장난에 불과한 것이다.

권력욕심을 부리는 말장난은 목적을 달성하기 위해 수단 방법을 가리지 않고 꾀를 부리는 권모술수權저울추권. 謀꾀할모. 術꾀술. 數셀수.에 지나지 않는다.

권력이 욕심나서 발생하는 심리현상인 것이다.

권력이란 무소불위의 힘을 가지기 때문에 욕심을 부리는 것이다.

자유민주주의를 지키려는 우리는 정치꾼들의 권력욕심에 유혹당하는 속임수나 꼼수에 속지 않도록 사전에 방지하는 해야 하는 것이다.

그 방법으로 꼼수를 부릴 필요가 없는 정치형태와 구조를 만들어야 하겠다.

권력을 직업으로 생각할 수 없게 하는 것이다.

권력을 직업으로 오래 잡게 하면 권력욕심이 생기고 오래 잡으려고 끼리끼리 권력 집단이 생기기 때문이다.

끼리끼리 나누는 권력은 국민의 위한 자유민주주의는 안중에도 없고 오직 국민의 권력을 자신들의 직업으로 하기 위해 다툼만 있을 뿐이다.

이들은 자신들이 바라는 문제를 통과시키기 위해 권력집단다수의 장점을 이용해 강제적으로 밀어붙이는 독재가 발생한다.

강제적으로 밀어붙이는 논리도 정치직업의 권력욕심에서 나타나는 심리작용이기 때문이다.

일방적인 행동은 공산주의로 가는 행위인 것이다.

일방적인 논리는 정직한 다수의 공정한 공의가 없기 때문이다.

한마디로 거짓말을 진실인 것처럼 꾸밀 수 있기 때문이다.

단절된 토론討질토. 論말할논.은 절대적 공산주의에서만 볼 수 있는 현상이다.

소수의 힘이라 하더라도 논리적이고 우리나라의 실정에 맞는 민주주의 제도로 발전할 수 있는 근거를 제시한다면 수용할 수 있어야 한다.

이것이 건강한 자유민주주의인 것이다.

인간이 사는 세상은 경쟁심과 시기심이 혼합된 사회이다.

미국을 앞서기 위해 중국의 군사력 증강을 보면 쉽게 알 수 있을 것이다.

중국의 군사력 증강을 보면서 우리 인간은 자기 및 자기 무리의 존재를 자랑하는 우월감이 많은 동물이라는 것을 알 수 있다.

이렇게 우리가 사는 주위를 보아도 경쟁 속에서 살고 있다는 것을 실감할 수 있다.

우리나라가 희망을 가지려면 그동안 잘못된 구조와 제도를 바꿔어야 한다.

자유민주주의 정치를 직업으로 생각하게 해서는 안 되는 것이다.

자유민주주의는 개인의 직업이 될 수 없기 때문이다.

그러기 위해서는 자기 및 자신이 속한단체[團둥글단. 體몸체.에서 누리고 있는 권력을 오래 잡을 수 없는 구조와 시스템을 내놓아야 할 것이다.

자식들을 위해서 권력을 오래 잡을 수 없는 제도가 성립되려면 양당이 서로 권력욕심에서 벗어나는 정치구조를 만드는 데 적극 협조해야 하겠다.

우리는 이 땅에서 영원히 살 수 없는 것이다.

우리는 때가되면 다 저세상으로 간다.

그리고 우리 다음 세대가 이 땅에서 살아야 하는 것이다.

그렇다면 우리가 사는 동안 우리 다음 세대를 위해 우리가 무엇을 해야 할지도 생각해야 하겠다.

이것이 사람과 짐승과의 차이이기 때문이다.

사람이 짐승처럼 살 수는 없지 않은가?

그리고 우리 자식들을 독재와 탄압이 판치는 공산주의 사회에서 고통받으며 구걸하는 거지생활을 하게 할 수는 없지 않은가?

일당독재 공산주의 사회는 민주주의사회에서 권력을 욕심부리는 집단에 의해 국민도 감각하지 못하는 사이에 서서히 혼란스런 사회를 만들어가는 것이다.

우리 국민들은 거짓된 것을 판단할 줄 알아야 한다.

사람은 누구나 욕심을 많이 가질 수 있는 동물이기 때문이다.

욕심은 사람의 특성과 특징이다.

분수에 넘치는 욕심은 대부분 분열하는 곳에 사용되는 마음의 작용이다.

반대로 양보하는 미덕은 대부분 화합하는 곳에 사용하는 마음의 작용이라는 것도 우리는 알아야 한다.

사람의 마음은 살아 움직이는 유기체 같은 작용이다.

민주주의는 부모가 자식을 생각하는 마음과 같다.

부모는 자기를 위해 10000원 한 장 쓰는 것도 아까워한다.

그래서 자기의 옷을 산다 해도 싼 것만 찾는다.

그러나 자식을 위해서는 큰돈을 아끼지 않는다.

이것이 자유민주주의를 사랑하는 모든 부모의 마음이다.

자식을 위해서는 양보하고 희생하는 것이다.

자유민주주의를 발전시키는 것도 이렇게 부모가 자식을 사랑하는 마음처럼 자식들에게 양보하고 희생하는 마음인 것이다.

그러므로 민주주의를 사랑하는 국회의원이라면 권력을 오래 잡으려고 하지 말고 단 1번 4년으로 족하게 생각하고 양보하는 마음이 필요한 것이다.

흐르지 않고 고여 있는 물은 썩는다.

권력도 오래 잡으면 썩을 수밖에 없다.

22. 우리나라 정치의 문제

정치란?

우리가 사업을 목적으로 기계의 반복적인 작용에 의해 경제활동으로 돈을 많이 벌기 위해 장사하는 것이 아니다.

정치는 학교공부를 잘하고 학교에서 기말고사시험을 쳐서 100점을 받고 1등하기 위해 시험을 치는 행위도 아니다.

따라서 정치는 전문분야의 사업이나 전문 학문學배울학. 問물을문.이 높다고 해서 정치를 잘 하는 것이 아니다.

정치란 국민들이 행복하게 살 수 있도록 각 계층 간 이해관계의 다툼이 발생하지 않도록 원활하게 조종하고 통합하는 일을 잘하는 것이다.

국민이 바라는 정치란?

한 가정을 시작으로 모든 국민들이 행복하게 살 수 있게 자유로운 경제활동을 만들어주는 역할을 담당하는 일이다.

원활한 경제활동을 할 수 있게 하는 정치는 각 국민들이 노력한만큼 잘 살 수 있게 하는 역할을 해야 한다.

모든 국민들이 원활한 경제활동을 할 수 있도록 역할을 담당하는 정치는 국민을 잘 살게 하기 위한 기능을 만들어 주는 것이다.

국민들을 잘 살게 하기 위하여 여러 분야의 원활한 경제활동을 도와주는 국회는 막중한 책임이 있는 것이다.

그래서 정치는 모든 국민이 자신의 능력대로 살 수 있도록 기회를 공정하게 갖도록 조정하고 그에 맞게 좋은 열매가 맺을 수 있도록 도와주는 것이다.

따라서 국회의원들이 하는 일은 공정한 사회를 만드는 역할을 하는 것이다.

공정하고 정의로운 사회를 만들어야 할 국회의원들이 자신의 국회의원 자리를 보전하기 위해 꾀를 부린다면 국민들도 꼼수를 배울 것이다.

국민들이 꼼수와 꾀를 배우지 못하도록 하기 위해서 국회의원들은 공정한 법을 잘 지키는 정치활동을 해야 할 책임이 있다.

정치인들은 국민들을 위한 공정하고 정의로운 정치활동을 목표로 정치가 정직하게 이루어지도록 해야 한다는 것이다.

정치지도자들의 정직한 정치활동은 국민들의 거울이기 때문이다.

그 결과 우리가 사는 사회는 기회는 평등하게 되고 과정은 공정하게 되고 결과는 정의로운 사회가 되는 것이다.

정의로운 사회에서는 국민들은 불만이 없을 것이고 나라는 안정될 것이며 더 나가 국민들을 하나로 단결시킬 수 있을 것이다.

국민이 하나로 단결한다면 국방력도 튼튼해질 것이다.

튼튼한 국방은 국민을 지키고 나라는 바로 서게 되는 것이다.

튼튼한 국력을 만들기 위해 정치인들은 나라를 지킬 수 있는 군사와 무기를 완벽하게 갖추는 정치를 해야 할 책임이 있다.

강한국력을 바탕으로 나라가 부강해질 수 있기 때문이다.

우리나라를 지킬 수 있는 군사와 무기를 완벽하게 갖추기를 모든 국민들은 학수고대鶴학학. 苦머리수. 꿈쓸고. 待기다릴대.하고 있다.

　국민들이 학수고대하는 국가권력을 정치지도자들이 직업으로 착각하고 권력을 오래 잡으려는 정치집단에게 나라를 맡길 수는 없는 것이다.

　여기저기서 정치하는 정치인들은 자신들이 모든 국민의 행복을 위해 정치를 잘 하겠다고 말하며 나라를 맡기라고 요구한다.

　이들은 국민國나라국. 民백성민.의 심부름꾼이 되겠다고 머리를 조아린다.

　그리고 정치인들은 자기가 국민의 심부름꾼이 되어 자신의 몸과 마음과 정신을 다 바쳐 봉사하겠다고 허리를 숙인다.

　머리를 조아리며 봉사하겠다는 이들에게 국민들은 속는 셈 치고 자기의 주권을 나라를 운영할 수 있도록 국회의원으로 만들어주는 것이다.

　그리고 대통령도 만들어준다.

　그러므로 다수국민의 주권을 위임받은 권력자는 모든 국민이 안전하고 평화로운 생활을 할 수 있도록 봉사하는 정신으로 나라 정치를 잘 해야 하는 것이다.

　권력자는 국민들의 이해관계를 잘 조정할 줄 알아야 한다.

　정치지도자는 사회 질서를 바로잡는 일에 최선을 다해야 하는 것이다.

　정치지도자가 정치정의를 깨닫지 못하고 사익을 위하거나 자기가 속한 무리의 이익을 위해 편견적으로 국가를 운영하는 정치를 한다면 국민의 따가운 회초리를 맞는 것도 감수해야 하는 것이다.

　국민에게 잠시 위임받은 권력은 자기개인의 소유가 아니기 때문이다.

국가권력은 국민으로부터 나오기 때문이다.

그러므로 권력의 주인은 국민이라는 것도 명심해야 할 것이다.

국가의 어떤 조직이든 국가구성원들은 국민으로부터 권력을 위임받았기 때문에 정치의사 결정에 영향을 미치기 위해서 하는 모든 행위는 오직 국민을 위해서 해야 하는 것을 명심해야 하는 것이다.

정치지도자들은 국민이 부여한 법의 범위를 벗어나는 권력과 권리행사는 하지 말아야 한다.

국민으로부터 국가 권력을 위임받은 중앙정부Government와 지방정부는 법률이 정한대로 그 법에 맞게 운영하는 것을 원칙으로 해야 하는 것이다.

국민으로부터 권력을 위임받기 위해서는 정치역사를 통해 많은 정치교훈을 얻어야 하는 것이다.

우리보다 앞서 살고 간 많은 선조들의 삶 속에서 정치교훈을 엿볼 수 있다.

온고지신溫따뜻할온. 故옛고. 知알지. 新새신.이란 교훈의 말씀도 되돌아보아야 한다.

유럽의 고대시대를 살고 간 철학자 소크라테스의 제자인 플라톤은 국민을 위하는 정치제도를 4가지로 구분區지경구. 分나눌분.했다.

첫째는 군주정치君임금군. 主주인주. 政정사정. 治다스릴치. 인데 이정치 구조는 국가의 최고 권력 자리를 왕인 군주가 자식에게 대를 이어 세습하는 정치제도였다.

이 군주제정치의 대표적인 나라는 영국으로 지금은 군주인 왕의 역할은 제한적이며 상징적이 되었다.

왕의 제한적 권한을 갖는 정치제도는 군주가 헌법에서 정한 제한

된 권력을 행사하는 정치제도로서 입헌군주제라 한다.

지금의 입헌군주제의 실제 정치는 의회와 내각이 통치하며 의원은 국민이 선출하는 제도로 바뀌었다.

두 번째, 과두정치寡적을과. 頭머리두. 政정사정. 治다스릴치.인데 이 구조는 적은 수에서 한 사람이나 소수집단이 국가의 정치와 경제적 지배권을 독점獨홀로독. 占차지할점.하고 행사하는 정치형태였다.

그 결과 한명에게 권력이 집중되는 독재정치가 만들어졌다.

그리고 과두제란 말은 그리스에서 소수가 지배한다는 뜻을 담고 있다.

과두제는 특별한 통치형태를 뜻하기 보다는 권력을 차지하고 행사하는 사람이나 집단集모일집. 團둥글단.은 사람이 많고 적은 수에서 비롯된 개념이다.

따라서 한사람이 권력을 행사하거나 집단에서 권력을 독점하는 과두정치와 군주정치는 별 차이가 없다.

셋째로 금권정치金쇠금. 權저울추권. 政정사정. 治다스릴치.인데 이 구조는 경제력이 있는 소수 부유한 계층이 이권을 위해 돈으로 지배하는 정치형태이다.

이 정치형태의 말은 고대그리스의 정치철학에서 사용된 언어로 아리스토텔레스는 덕으로 하는 정치와 돈으 로 하는 정치로 대립시켰다.

그리고 아리스토텔레스의 스승인 플라톤은 종교의 지배와 부의 지배로 대립시켰다.

여기에 영양을 받은 독일의 공산주의 창시자 칼 마르크스는 자본론을 저술한다.

그리고 마르크스를 추종한 러시아의 레닌은 1917년에 간행한 제

국주의에서 독점자본주의에 반대하고 노동자들이 반기를 들고 제
국주의전쟁을 일으킨다고 강조했다.

여기에서 사회주의와 공산주의가 싹튼 것이다.

네 번째로 민주정치 民백성민. 主주인주. 政정사정. 治다스릴치.이다.

민주정치의 구조는 권력의 주권은 국민에게 있고 국민의 의사에
따라 운영되는 정치형태를 말한다.

미국의 에이브러햄 링컨 대통령이 1863년 11월 19일 남북전쟁격
전지에서 죽은 장병들의 시신 앞에서 연설한 유명한 민주주의 정치
연설이다.

이날 격전지인 펜실베이니아 주 게티즈버그 에서 **국민의! 국민에
의한! 국민을 위한!** 정부는 이 세상에서 영원히 사라지지 않는다.

라고 링컨대통령은 말한다.

자유민주주의정치는 모든 국민이 정치에 참여한다는 뜻을 담고
있다.

국민이 직접투표로 참여하는 형태를 말한다.

모든 국민이 정치에 참여하는 정치형태를 고대의 철학자들은 국
민을 위한정치구조로 분류하여 후세에 교훈을 남긴 것이다.

국민이 정치에 직접 참여하는 우리나라도 민주주의정치영향을
받은 나라이며 현재 국민들이 대통령을 선출하고 있는 것이다.

현재 이 지구상에 존재하는 국가들은 UN에 가입된 192개국과 자
치령으로 존재하는 나라들은 민주주의와 공산주의와 사회주의국가
형식으로 존재하고 있다.

민주주의나 사회주의나 공산주의 어디든지 사람이 모여 사는 곳
에는 어떤 형태로든 그 나라의 사회적 시스템 안에서 살아간다.

그리고 1차와 2차의 세계전쟁을 격은 후 각 나라마다 각 나라의 정치시스템에 의해 존재하며 살고 있다.

우리나라도 1945년 제2차 세계대전에서 일본이 패망함에 따라 36년간 일본에게 주권을 빼앗겼다가 어부지리漁고기잡이어. 父아비부. 之갈지. 利날까로울리.로 다시 자유주권을 찾게 된 나라이다.

그리고 1950년 6월 25일 북한의 공산주의로부터 침략을 받은 우리 남한의 자유민주주의는 국민들이 죽음의 고통을 겪으면서 겨우 분단된 나라가 되었다.

지금도 우리 민족은 분단된 고통苦쓸고. 痛아플통. 속에서 살고 있다.

그나마 다행인 것은 우리나라는 세계 여러 자유민주주의 국가들의 도움으로 우리나라는 자유민주주의를 정착시킨 나라이다.

그래서 우리는 왜 이러한 고통을 겪게 되었는지 와 또 우리가 잘못 생각한 문제점이 어디에 있는지 세밀히 살펴보아야 하는 것이다.

우리나라 역사를 살펴보면 나라가 창건된 이래 수많은 왜구에 시달리며 나라를 겨우 지탱하며 살았던 시대가 많았다.

그 증거는 우리 선조들은 나라 밖에 있는 외부에서 나타나는 적들에게 신경을 쓰기 보다는 나라 안에서 파당을 만들고 정치권력을 자신들이 잡으려고 피 터지는 싸움만 했기 때문이다.

우리는 뼈아픈 역사를 교훈 삼아 21세기 현재 우리나라 정치에 대한 장점과 단점을 세밀히 살펴볼 필요가 있는 것이다.

우리나라 정치가 일부정치무리들의 직업으로 전락하는 정치가 아니라 오직국민을 위한 정치가 될 수 있어야 하기 때문이다.

우리 선조들이 지금까지 지켜온 우리나라 역사는 단군의 창건을 시작으로 5000년의 유구한 역사를 가진 나라이다.

5000년의 장구한 역사는 우리 국민의 자랑이다.

그러나 이 긴 역사를 가진 우리나라 국민들의 21세기 지금의 생활은 그다지 행복하지 못한 것이 현실이다.

그렇다면 무엇 때문일까?

정치란 사람의 모이면서 시작된다.

외국의 정치역사도 마찬가지겠지만 우리나라의 정치역사도 처음에는 힘을 가진 무리가 폭력으로 정치를 한 시대가 있었다.

이것을 바탕으로 힘을 가진 폭력 자가 왕으로 등장하고 왕이 된 군주가 정치를 했던 시대가 있었던 것이다.

더 나가 인구가 늘면서 생각이 다른 무리가 또 다른 이념과 힘을 만들고 또 다른 정치를 만들었다.

이런 과정에서 우리나라 북쪽에서는 공산주의가 나왔고 남쪽에서는 자유민주주의가 탄생했던 것이다.

이렇게 인간들의 모양은 상대보다 자기가 더 힘이 강하고 똑똑하다고 자랑하는 특성을 가지고 있다.

인간은 자기가 최고라며 상대를 누르려는 성질도 갖고 있다.

그래서 자기와 생각이 다르면 무조건적으로 간주하는 것이 문제를 일으킨다.

그리고 정치란 사람이 태어나면서부터 인간 본능에서 배우듯이 어머니가 자식 키우는 심정으로 하는 것이 자유민주주의 정치인 것이다.

어머니는 자식에게 어떤 대가를 바라고 자식을 키우는 것이 아니다.

그냥 자식에게는 무엇이든지 주려고 하는 마음이다.

이렇게 정치는 봉사하는 것이어야 한다.

국민에게 봉사하는 정치를 마치 자신의 직장으로 생각하고 출세하고 성공하는 목적으로 생각하면 안 되는 것이다.

어쩌다 우리나라정치가 국민에 의한 권력이 일부정치무리들의 직업으로 변질되었는지 그 원인을 찾아서 치료해야 한다.

정치권력은 모든 국민에게 봉사하는 자리이기 때문이다.

그러므로 정치인들은 국민에 의한 권력을 자신과 자신을 따르는 무리들을 위해 사용해서는 안 되는 것이다.

자신이 속한 무리들이 서로 권력을 나누어 먹는 정치는 국민을 위한 정치를 자신들의 욕심을 채우기 위해 변질된 것이기 때문이다.

변질된 음식은 썩은 냄새를 풍긴다.

권력을 자기들끼리 나누는 정치는 자기들만의 이익이 계산된 정치이기 때문이다.

말로는 국민을 위하는 척하지만 국민들은 안중에도 없는 것이다.

다만 이번 선거에서도 국회의원이 되려고 권력욕심만 부리는 것이다.

그러나 나라를 사랑하는 정치인들은 부모가 자식을 키우는 마음처럼 모든 국민을 위해 봉사하고 나라를 위해 헌신해야 하는 것이다.

국민들은 방송미디어media를 통해 제공하는 다양한 콘텐츠에서 정치인들이 하는 모든 일들을 주시하고 있다.

어떤 정치인은 자신은 정치공부를 많이 해서 정치를 잘 한다고 자랑한다.

그러나 국민들은 정치를 자기들에게 맡겨달라고 하는 말을 100% 믿으면 안 된다.

정치는 말을 잘한다고 국민에게 봉사하는 것이 아니기 때문이다.

정치는 공부를 많이 하고 학식이 높다고 해서 국민을 위해 정치를 잘하는 것이 아니기 때문이다.

학문은 정치의 일부분에 속할 뿐이다.

말솜씨가 좋은 사람은 권모술수權저울추권. 謀꾀할모. 術꾀술. 數셀수.에 능할 뿐이다.

나라를 사랑하는 정치인들은 권력을 오래 잡으려 하지 않는다.

혹시나 어떤 이익이 담긴 비리에 연루되지 않을까 걱정하기 때문이다.

나라를 사랑하고 국민을 위해 봉사하는 정치인은 국민 모두를 단결시키고 화합하게 하는데 더 관심이 많은 것이다.

나라와 국민을 사랑하는 정치지도자는 중용의 자세로 보편성 있게 일을 잘 처리하는 것을 목표로 국민들에게 봉사하는 정치를 하기 때문이다.

모든 국민을 위해 봉사하는 마음과 나라를 위해 헌신하는 정치인이 많을 수록 국민들의 삶은 행복해지는 것이다.

국민의 삶이 행복해지기 위해서 이제 우리나라정치도 정당만을 위한 정치와 계파정치를 국민을 위해 봉사하는 정치로 바꿀 때가 되었다.

해방 이후 지금까지 우리나라는 73년간 세계 여러 나라에서 진행하는 자유민주주의 정치를 모방하여 왔지만 결과는 험난한 진영싸움이 전부이다.

하지만 지금부터는 진영싸움에서 벗어나 우리에게 맞는 정치를 찾아서 발전發쏠발. 展펼전.시켜야 할 때가 되었다.

과학과 문명이 발달하는 21세기의 우리나라 정치는 오직 **국민의!**

국민에 의한! 국민을 위한! 정치로 바뀌어야 하기 때문이다.

사람마다 체구와 모양이 다르듯이 우리나라는 우리나라 실정에 맞는 정치를 만들어야 하기 때문이다.

우리나라 정치도 지금부터는 우리나라의 실정에 맞는 정치의 옷을 만들어 입어야 우리나라에 맞는 자유민주주의가 발전할 수 있을 것이다.

1945년 일본으로부터 해방되어 지금까지 73년간 정당정치를 해 보았지만 정당정치를 하게 되면 자신과 정당만을 위한 정치를 해야 한다.

정당만을 위한 정치의 단점은 파벌이 생기고 계파정치를 하게 되기 때문이다.

생각해보면 우리 조상들이 조선시대에 했던 파벌정치나 지금 우리가 실행하고 있는 정당정치政정사정. 黨무리당. 政정사정. 治다스릴치.나 별 차이가 없는 것이다.

공산주의 정치와도 별 차이가 없는 것 같다.

공산주의 정치는 일당 정치이다.

공산주의 정치는 한 명의 독재자가 자기가 하고 싶은 대로 당을 앞세워 독재정치를 하는 방식이다.

독재정치가 가능한 것은 한 무리의 독재자가 수십만의 당 간부를 모우고 그들에게 온갖 특혜를 주고 수백만의 당원들을 거느리게 하기 때문이다.

당 간부들과 당원들이 독재자를 호위하는 것이다.

그리고 독재자는 당 간부를 조종하고 당 간부는 각 당원들을 조종해서 국민들을 감시하고 억누르는 무기를 가지고 있기 때문에 가능한 것이다.

독재정치는 당원들끼리 서로 유유상종類무리유. 類무리유. 相서로상. 從좇을종.하는 것이다.

당원들끼리 서로 짜고 치는 고스톱과 같은 것이다.

여기에 무슨 평등과 공정과 정의가 있겠는가?

독재자獨홀로독. 裁마를재. 者놈자.는 독재의 권력으로 자신과 자신을 따르는 무리들의 배만 채워주면 안심하게 독재자가 될 수 있는 것이다.

자유민주주의 진영도 마찬가지이다.

우리가 역사에서 배우듯이 국민이 뽑아주는 국회의원의 권력은 막강한 힘을 가지고 있다.

그래서 국회의원선거 때가 되면 너도나도 국회의원이 되려고 각 정당에 정치꾼들은 모여서 국회의원 공천을 받으려고 갖은 거짓말과 이간질이 판을 친다.

권력을 평생 직업으로 생각하고 권력을 오래 잡을 수 있는 시스템을 고치지 않는 한 국회의원 권력을 욕심내는 사람들은 계속 늘어날 것이다.

그래서 4년 단임만 할 수 있도록 법을 바꿔야 한다.

국회의원을 직업으로 할 수 있도록 그냥 둔다면 정치인들은 부패할 수밖에 없는 것이다.

온갖 불법은 저지르는 정치인들과 같이하는 무리들까지 여러 가지 부정과 부패를 저지르기 마련이다.

공산주의에서는 죽을 때까지 당원권력을 직업으로 한다.

공산주의처럼 권력을 직업으로 한다면 공산주의나 민주주의나 권력은 똑같이 부정부패가 만발하는 역할을 하게 될 것이다.

국민의 권력을 잠시 위임받은 정치인들이 국민의 주권인 권력을 자기들의 직업으로 착각하게 해서는 안 되는 것이다.

국회의원은 봉급날이 되면 비바람 불어도 눈보라가 쳐도 이상 없이 1200만 원씩 통장으로 돈이 들어오는데 무엇이 걱정인가?

당의 일이라면 모를까?

막강한 권력과 1000만 원 이상 봉급을 받는 국회의원이 무엇이 아쉽다고 몸이 으스러지도록 국민들을 위해 봉사를 하겠는가?

시간이 날 때 봉사하면 되지!

우리 국민들은 생각해야 한다.

23. 헌법

헌법이란?

헌법의 목적은 국민의 생명과 재산을 보호하고 국민이 안전하고 자유롭고 행복하게 살 수 있도록 보장하는 기능을 목적으로 한다.

헌법에는 국민의 생각과 이념과 사상의 정신이 담겨 있다.

이념과 사상의 정신은 국민의 생활문화가 헌법에 담겨 있는 것이다.

그러므로 그 나라를 지키는 헌법은 일부 진영의 정신이 담겨 있는 것이 아니라 모든 국민의 정신이 담겨 있는 것이다.

국민들의 생각과 마음에서 나타나는 감정들이 담겨있는 국민들의 정서를 헌법정신에 담고 있는 것이다.

헌법은 모든 국민이 생각하고 판단하는 정신이 담겨있는 자유와 권리를 보장하는 바탕으로 헌법과 법률이 만들어진다.

이 지구상에 존재하는 어떤 나라도 사람이 모여 공동생활을 하는 사회는 그 민족이 살아가는 생활문화시스템 안에서 살아가는 것이다.

그 민족이 영원히 존재하고 존속하기 위해서는 그 나라를 지탱할 수 있게 국민들이 생활하는 질서와 규칙을 규범으로 정하고 헌법으로 만드는 것이다.

그래서 나라마다 헌법 조항들은 그 나라의 정황과 상황을 고려해 그 민족의 정체성에 따라 나라마다 헌법과 법률이 조금씩 다른 것을 알 수 있다.

우리 대한민국의 헌법에서는 평등권과 자유권과 참정권과 **청구권**과 사회권을 국민의 기본권으로 보장하고 있는 것이다.

우리나라는 자유민주주의 원리를 목적으로 헌법과 법률에 따라 국민은 기본적인 참정권을 행사한다.

국민은 국가의 헌법기구인 국회의원을 뽑기 위해 각 개인의사에 따라 직접투표해서 국회의원을 선출하는 참정권을 행사하는 것이다.

참정권을 바탕으로 선출된 국회의원은 국민들의 의사를 대표하는 것이다.

국회의원은 국민의 자유와 권리와 의무에 필요한 민법과 상법과 형법을 만들어서 국회에 제출하고 국회에서 제정된 법을 국민들은 지키며 살아가는 국가통치의 기본방침을 헌법과 법률이라고 정의한다.

따라서 헌법에 따라 모든 국민이 지켜야 할 의무로 보호자는 자식의 교육의무와 납세의무와 국방의무와 환경보호의무가 따른다.

그래서 헌법의 기본원리는 국민 모두가 지키기로 약속한 법의 규범과 규칙이다.

헌법은 법률 전체과정을 지도하고 지배하는 내용을 담고 있다.

모든 국민에게 법을 적용할 때는 신분의 높고 낮음과 재산의 많고 적음을 고려하지 않고 공정하게 법을 적용하는 것이다.

그래서 모든 국민은 법 앞에 평등한 것이다.

헌법은 국가가 국민의 생명과 재산과 자유와 권리를 보호하고 국민은 나라를 지켜야 할 의무와 책임을 원칙으로 한다.

국가는 국민의 자유와 권리를 보호하는 법률로 국민의 주권을 보장하는 것이다.

국민주권이란?

국가가 국민을 보호하기 위해 만드는 여러 가지 규정과 규칙들은 국민의사를 존중尊높을존. 重무거울중.하고 준용 한다는 뜻이다.

모든 권력은 국민으로부터 나오므로 국민주권주의를 목적으로 한다.

국민을 보호하는 국민주권주의는 유럽지역의 여러 국가들에서 처음 시작되었으며 그 시점은 4~14세기 르네상스 이전 중세시대 이다.

근대시대와 현대시대를 거치면서 자유민주주의를 신봉하는 우리 나라는 물론이고 세계 여러 나라들도 시민혁명역사와 함께 발전하고 있다.

그래서 우리나라 헌법도 자유민주주의 원리를 기초로 하고 있는 것이다.

자유민주주의란?

자유주의와 민주주의를 부합符부신부. 合합할합.하여 만든 시스템system이다.

자유주의란?

헌법에서 국가 공동체인 모든 국민에 대한 각 개인의 자유를 최우선으로 보장하는 원리를 말한다.

그리고 민주주의란?

헌법에서 국민 각 개개인의 의사를 민주적으로 합의하고 결정한 다는 뜻이다.

그러나 국민 모두가 100% 동의하고 합의合합할합. 意뜻의할 수는 없는 것이 현실이다.

그래서 100% 국민의 동의를 얻지는 못해도 모든 국민의 의사 중에서 다수 국민의 의사로 결정하는 민주주의 원리를 따른 것이다.

　다수국민의 의사결정이 자유민주주의 정신이다.

　그러므로 자유민주주의에서 자유를 빼고 민주주의라고 하면 이것은 자유민주주의 국가가 아닌 것이다.

　민주주의가 없는 자유주의는 통제할 수 없기 때문에 위험한 것이다.

　자유민주주의에 따른 권력을 갖춘 헌법은 국민들의 주권에 의해 만들어지고 국민을 보호하는 역할을 하는 것이다.

　자유주의와 민주주의 기초를 바탕을 둔 법에 의해 우리나라는 모든 국민의 생명과 재산을 보호할 수 있는 것이다.

　국가는 법에 따라 국민이 안전하고 평화롭게 자유로운 생활을 하도록 보장하기 위하여 법률을 만들고 시행하고 있다.

　따라서 우리나라 헌법 전문에 의하면 헌법 **제1장 제1조 1항**은 대한민국은 **자유민주공화국**이다.

　그리고 **2항은 대한민국의 주권은** 국민에게 있고 **모든 국가권력은 국민으로부터 나온다.** 로 시작하여 제10장까지 구성되어 있다.

　우리나라 국민들은 헌법과 법률로 정해진 사회권에 따라 각자 행복하게 살기 위하여 자유 시장경제市저자시. 場마당장. 經날경. 濟건널제.활동을 하는 것이다.

　자유경제시장을 보장하기 위하여 국가는 국민 각자에 대해서 인간다운 생존을 보장하는 사회국가원리를 인정한다.

　사회국가원리란?

　헌법에서 사회정의 실현을 목적으로 모든 국민은 재산을 자유롭게 소유하는 것을 법으로 보장하는 것이다.

모든 국민은 각 개인이 기본적인 생활을 하기 위해 먹는 것과 편히 쉴 수 있는 주택과 자기가 좋아하는 물건을 취득할 자유를 보장한다.

국민의 기본적인 행복욕구를 국가는 헌법으로 보장하는 것이다.

또한 국가는 국민 모두가 건강하게 생활할 수 있는 환경도 보장하고 있다.

이렇게 자유민주주의 국가에서는 국민들이 기본적인 생활을 할 수 있는 권한을 법으로 보장하고 있다.

국민을 위하여 **국가는 헌법을 통해 국민에게 봉사**하는 것이다.

국가 헌법은 국민의 자유로운 생활을 위해 모든 범죄로부터 안전을 보호 하고 보장하는 힘을 갖추고 있어야 한다.

국민이 생각하는 헌법과 법률은 모든 국민의 생활에 작용하면서 국민이 자유를 누리며 잘 살 수 있는 기준을 제시해준다.

우리나라 헌법은 국민생활이 현실로 나타나는 국민생활에 따른 삶에 대한 활동 가치를 보장하는 작용을 하는 것이다.

그래서 국민의 삶을 보장하는 헌법의 원리를 법치주의국가라고 하는 것이다.

법치주의국가란?

모든 국민들이 합의하고 합의한 내용을 법으로 만들고 국회에서 제정된 헌법정신에 의한 법은 모든 국민이 지배를 받겠다는 것을 말한다.

따라서 법치국가에서는 모든 국민이나 사회단체나 국가조직은 국민의 대표기관인 입법부에서 제정한 법률에 맞는 활동을 해야 하는 것이다.

법치국가에서는 국가공권력인 법을 국민과 함께 협동할 수 있도록 균형을 잡을 수 있는 원리도 있는 것이다.

　국민과 협동하는 헌법과 법률관계는 국가가 국민과 약속하고 행사하는 헌법정신에 따라 법률을 규정하고 제정하기 때문이다.

　정의를 바로잡기 위한 헌법정신을 담은 법률에서 범죄의 높고 낮음에 따라 국민의 기본권인 자유도권도 강제로 구속할 수 있다.

　그러나 국민의 자유와 권리를 보장하는 법률이라 하더라도 국민의정서가 담긴 헌법정신을 위반해서는 안 되는 것이다.

　만약 법률이 국민정서가 담긴 헌법정신에 위반된다면 그 법률은 헌법정신에 위반되는 위헌법률이 되기 때문이다.

　법률이 국민의 정서가 담긴 헌법정신에 위반되었을 때에는 그 법률은 효력을 상실하게 된다는 것이다.

　그러므로 우리나라 헌법은 국민의 정서가 담긴 헌법정신에 법률이 위반되는지를 판단하는 제도가 있다.

　법률이 헌법정신에 위헌인지를 판단하는 제도는 위헌법률심판과 헌법소원제도이다.

　그리고 입법부인 국회는 민주적인 절차를 무시하고 국회의원 수에 힘입어 밀어붙이기식 법률은 헌법정신에 위반되는 것이다.

　국민의사에 따라 헌법을 만들고 제정하고 사용하는 목적은 모든 국민들의 행복한 생활을 위해 만들어져야 하기 때문이다.

　국민들의 행복한 생활을 위해 제정되어야 할 법률을 정당의 숫자로 밀어붙이기식의 비민주적으로 재정되는 법률은 국민이 인정하지 않는다.

　법률이란 국민의 자유와 주권을 보장하기 위한 목적이 담겨있기 때문이다.

국민의 자유와 주권을 보장하는 헌법정의와 헌법정신은 국민의 삶을 행복하게 하는 목표를 가지고 있다.

국민의 삶을 행복하게 하는 목표를 담은 헌법과 법률의 사용은 국민의 생각과 상식의 가치를 반영해야 하기 때문이다.

국민이 이해하기 힘든 헌법의 전문적인 법문이라 하더라도 국민의 상식에 따른 철학적 가치를 보장하는 규정과 규칙과 규범이 따라야 하기 때문이다.

국민이 있어야 법이 존재하는 것이다.

법을 지킬 국민이 없다면 헌법은 존재할 수 없기 때문이다.

헌법은 국민을 위해서 존재하기 때문이다.

그렇기 때문에 헌법의 권력도 법을 잘 지키는 국민에게는 조금도 불편함이 없게 하는 것을 목표로 하는 것이다.

헌법은 국민의 생활과 직결되어 있다.

이럼에도 불구하고 법률 위에 또 다른 헌법을 두려는 진영논리에 의한 또 다른 집단이 있다면 그것은 모든 국민의 헌법정신을 파괴하는 짓이다.

일부집단의 권력목적을 위해 국민의 헌법정신을 파괴하고 법률 위에 또 다른 헌법을 모호하게 주장하는 것은 그들만을 위한 악 법인 것이다.

모든 국민의 행복한 삶을 보장하기 위한 우리나라는 자유민주주의를 지키는 헌법정신만 법률로 정하고 있다.

국민의 생활을 보호하는 동시에 국민의 생활을 통제하는 헌법憲法헌. 法법법. 정신은 국민의 생활 질서를 바로잡고 유지하는 목적이다.

우리는 세계역사에서 보았듯이 독일의 히틀러나 러시아의 스탈린이나 이탈리아의 무솔리니나 일본의 천황의 시대역사를 보면서 많은 교훈을 배워서 알고 있다.

이들은 자신들이 국가권력을 독점하기 위해 모든 국민의 정서가 담긴 헌법정신을 파괴하고 자신들의 진영논리로 법을 만들고 사용한 인물들이다.

이들은 모든 국민의정서가 담긴 헌법을 파괴하고 제국주의와 전제주의와 인종우월주의를 강요하고 자신들의 정치법을 만들고 실행함으로써 모든 국민의 자유를 혼란스럽게 하고 민주주의를 파괴한 인물들이다.

이들은 무력을 이용해 국민을 억압하고 자기 권력집단마음대로 법을 만들고 국민의 자유와 삶을 보장하는 자유민주주의 헌법정신을 파괴한 사람들이다.

자유민주주의를 지키는 우리나라에서는 대통령이라 하더라도 헌법과 법률을 위반하고 나라를 마음대로 통치할 수 없는 것이다.

자유민주주는 헌법으로 지키기 때문이다.

우리나라는 국민의 생산 수단을 공유로 하는 사회주의와 공산주의사상은 우리 국민들은 인정하지 않는다.

공산주의는 개인재산을 부인하고 생산 수단을 사회적 공유를 토대로 자본주의 붕괴를 목표로 지배계급과 피지배계급 간 이간질로 계급투쟁의 다툼을 부추기고 노동자인 프롤레타리아혁명을 강요하는 사회이기 때문이다.

공산주의는 국민의 의견은 없고 지배자 마음대로 무력을 행사하는 전제주의와 개인의 활동을 국가전체발전을 위한다는 말로 선동하고 국민의 자유를 억압하는 전체주의와 독재적 이념통치는 우리 민국들은 인정하지 않는다.

공산주의와 전제주의와 전체주의는 국민의 자유를 힘으로 억압하고 국민을 노예로 부리는 사회이기 때문이다.

자유민주주의를 지키는 우리 대한민국의 헌법정신은 5000만 우리 국민들의 자유와 생명을 안전하게 보호하는 의무와 책임이 있기 때문이다.

우리 조상들은 5000년 긴 역사를 살아오면서 이웃 나라를 침략하기보다는 외구들의 침략 속에서 고통을 받으며 살아왔다.

지금도 우리는 강대국의 사이에 둘러싸여 불안을 느끼며 살고 있다.

이런 상황에서 살고 있는 우리는 수 세기전인 1500년대의 역사까지는 못 느끼며 산다 하더라도 1900년도 당시 조선이었던 우리나라는 힘이 없어 일본에게 강제로 주권을 빼앗기고 우리의 주권인 헌법을 박탈당하고 일본의 지배를 받으면서 36년 동안 개나 돼지처럼 살았던 역사를 잊지 말아야 한다.

당시 위안부였던 할머니들의 억울한 현실의 역사 앞에 기가 막히고 어이가 없어 말을 할 수가 없고 어안이 벙벙할 뿐이다.

세계2차 대전 사건은 1939.9월 독일, 이탈리아, 일본의 3국 동맹 조약과 영국, 프랑스, 미국, 소련, 중국의 연합국을 상대로 일어난 전쟁이다.

당시 일본은 천왕 히로히토와 그와 함께하는 무리들의 제국주의 헌법으로 짐승같이 자기들보다 약한 나라들을 무력으로 침략을 일삼았다.

당시 일본은 인간생체실험으로 악명을 높였다.

독일은 아돌프 히틀러가 통치하는 헌법을 내세워 게르만족인 민족주의 기치 아래 사회주의와 전체주의와 나치즘을 바탕으로 인종 우월주의를 내세우며 유태인을 600만 명이나 독가스로 학살한 살인마이다.

그리고 이탈리아의 무솔리니는 자기 나라의 문화특수성을 강조하며 남의 나라를 인정하지 않는 국수주의와 군대의 힘으로 다른 나라를 침략하려는 군국주의와 개인의 활동을 국가전체의 존립을 위해 국민의 자유를 억압하는 전체주의를 바탕으로 국민의 생산수단을 국가가 공유하는 사회주의를 내세워 파시즘의 이념통치로 국민을 억압했던 악독한 사람이었다.

약자를 무참히 학살하는 세계2차 대전을 일으킨 전범들의 이념적 헌법이란 자신들과 같은 모든 국민의 평등한 자유와 권리를 무참히 탄압하고 학살하는 무서운 이념의 헌법인 것이다.

2차 세계대전이 끝나고 소련의 스탈린과 생각이 같은 북한의 김일성은 쏘련에 스탈린과 중국의 마우쩌둥에게 허락을 받고 무기를 지원받아 공산주의를 앞세우고 1950년 6월 25일 38선을 넘어 우리 대한민국을 침공했다.

그리고 이 6.25 전쟁은 지금도 진행형이다.

우리가 역사를 공부하는 것은 단지 과거를 아는 것에 그치는 것이 아니라 지금도 불안을 겪고 있는 강대국 사이에서 우리 미래를 어떻게 헤쳐 나갈 것인가를 연구하고 대처하기 위한 것이다.

대한민국의 헌법이 무너지고 국민의 주권을 빼앗기는 것은 공산주의로 가는 길이라는 것을 우리 국민들은 명심해야 한다.

공산주의는 대를 이어 상속하는 정권이다.

북한정권을 보라!

기득권을 가지고 있는 300만 명 이상의 당 감부와 당원들이 꼭두 각시 수령 동지의 자리를 지켜주고 있기 때문이다.

당 감부와 당원들의 목적은 자신들의 자녀들 함께 공산주의가 없 어질 때까지 대를 이어가며 떵떵거리고 살 수 있는 권력이 있기 때 문이다.

공산주의는 권력은 잡으면 놓지 않는다.

세상이 이런 직장이 어디에 또 있겠는가?

그렇다면 우리나라도 권력을 직업으로 하지 못하도록 하기 위해 서 헌법을 고쳐서라고 방법과 방안을 만들어야 할 것이다.

적이란 밖에 있는 것이 아니라 우리와 함께 있다는 것도 알아야 한다.

지금도 선거 때가 되면 권력을 서로 잡기 위해 서로 이간질과 편 싸움이 세상을 시끄럽게 하고 있지 않은가?

하루빨리 권력을 잡으려는 고질병을 고쳐야 하는 것이다.

우리의 약점을 잘 아는 사람은 바로 옆에 있기 때문이다.

튼튼한 강뚝 이 무너지기 시작하는 것은 폭탄을 장치해 한 번의 힘으로 무너트리는 것과 내부에서 조금씩 금이 가기 시작하면서 무 너지기 시작한다.

조금씩 금이 가기 시작하는 것은 한 번 강한 충격보다는 내부에 서 반복되는 충격에 의해 조금씩 무너지는 것이다.

자유민주주의가 무너지는 것도 **자유민주주의헌법**을 조금씩 야금 야금 지키지 않고 자신들이 필요한 대로 변질시키는 무리들에 의해 무너지는 것이다.

법을 무너트릴 힘은 어디서 생기는 것일까?

우리는 깊이 생각해야 한다.

자유민주주의헌법을 바꾸는 힘은 입법부인 국회의원들의 힘으로만 바꿀 수 있다는 것을 우리 국민은 명심해야 할 것이다.

그래서 우리나라 국회의원을 하는 사람은 사기꾼이나 깡패나 국민들 간에 이간질을 잘 시키고 자기편만 잘한다고 응원하고 국민들을 분열시키는 사람들이 국회의원을 하면 안 되는 것이다.

범죄자들이 나라를 다스린다면 자유민주주의를 지키는 우리나라 민주주의 헌법정신은 서서히 야금야금 무너질 것이기 때문이다.

여당이나 야당이나 자신들만이 잘 할 수 있다는 ○○당만이 필요한 것이 아니다.

자유민주주의를 지키는 대안이 여든 야든 자기들만이 잘 할 수 있다는 ○○당의 파벌주의가 필요한 것이 아니다.

○○당과 파벌은 자기들이 하고 싶은 독선만 낳을 뿐이다.

오직 국민을 하나로 똘똘 뭉치게 하는 기능이 필요한 것이다.

국민을 하나로 단결하게 하는 기능을 만들어내는 것은 자유민주주의를 지킬 수 있는 헌법정신만이 할 수 있기 때문이다.

그래서 법을 잘 지키는 봉사자가 필요한 것이다.

그 일선에서 일하는 봉사자가 경찰과 검찰인 것이다.

봉사자는 국민으로부터 위임받은 헌법정신을 잘 지키고 정직한 법을 집행함으로서 모든 국민은 자유와 행복한 삶을 누릴 수 있는 것이다.

국민의 생명과 재산을 보호하고 국민의 자유와 행복한 삶을 위해서는 **행정부**와 **입법부**와 **사법부**를 완전하게 독립시키는 것이다.

자유민주주의를 지키는 3권 분립이 완전해지면 사법부는 대통령의 눈치를 보지 않고 범죄를 저지르는 범법자를 엄단하게 될 것이다.

　지위고하를 막론하고 헌법정신에 따라 법의 심판을 받게 함으로서 우리나라가 지키는 자유민주주의가 완전해 질 것이다.

　검찰독재라는 말도 명분을 잃을 것이다.

　헌법은 자유민주주의를 지키려고 바로 설 것이다.

24. 대통령중심제의 단점과 대안

우리나라 대통령중심제는 국민의 투표로 선출된 대통령이 삼권 분립의 원칙 아래 행정부 내각을 구성하고 운영하는 권한을 가진 구조이다.

대통령은 각 부처 장관들을 임명할 수 있는 권한을 가지고 있다.

대통령은 자신이 관리할 행정부 각 부처에 필요한 장관이 될 사람을 찾아 입법부에 승인해달라고 요청하는 구조이다.

이에 국민의 투표로 선출된 국민의 대표인 국회는 대통령이 요청한 사람이 장관이 될 만한 사람인지를 검증하고 그 검증한 내용을 행정부에 통보한다.

통보를 받은 행정부수장인 대통령은 입법부에서 검증한 가부의 내용을 확인한 후에 결정하여 임명하는 방식이다.

그러나 행정부의를 총괄하는 대통령은 입법부의 가부를 떠나 꼭 필요한 사람이라면 임명할 수 있는 권한도 가지고 있다.

이와 같이 대통령중심제에서는 삼권분립의 기초를 바탕으로 행정부를 조성한다.

입법부로부터 완전히 독립되어 있는 자유로운 행정부는 대통령의 지휘 아래 국정을 운영하는 구조인 것이다.

국정을 맡은 행정부는 대통령의 지휘 아래 나라살림을 잘 운영해야 하는 책임과 의무가 막중한 자리인 것이다.

행정부를 책임지는 대통령의 지휘아래 펼치는 나라살림의 경제 정책에 따라 국민 전체의 행복과 불행이 달려있기 때문이다.

대통령중심제의 시초는 의원내각제를 시행했던 영국에서 독립한 미국에서 1775년 남북전쟁이후 미국을 하나로 통일하기 위하여 시작하였다.

미국국민을 하나로 단결시키기 위해서 운영運돌운. 쓸경영할영.하기 시작한 대통령중심제는 미국에서 처음 시작된 제도이다.

그러나 미국대통령중심제를 따라 운영하는 남미와 동남아의 대통령중심제는 우리나라 대통령중심제와는 다소多많을다. 少적을소. 차이가 있다.

대통령중심제의 차이는 나라마다 생활문화의 차이에 따라 조금씩 차이가 있기 때문이다.

우리나라 대통령제의 특징을 요약한다면?

대통령은 국민의 투표에 의해 선출된다.

그리고 대통령은 국가원수인 동시에 행정부를 구성하는 권한을 가지고 있다.

그래서 대통령의 권한으로 국무총리와 각 부처장관들을 임명한다.

그리고 대통령중심제는 입법부인 의회로부터 행정부는 완전히 독립되어 있다.

그러므로 국회의원은 행정부 권력인 장관을 겸직할 수 없는 것이다.

따라서 행정부와 입법부가 서로 견제하기 위한 방법을 만들었다.

그 방법은 입법부인 국회가 행정부 권한을 침범할 수 있는 법률안을 국회에서 결정하였다 하더라도 행정부 수장인 대통령은 그 법률

안에 대해서 거부할 수 있는 법률안 거부권의 권한도 가지고 있다.

반대로 행정부도 입법부의 권한을 침범하기 위한 법률안을 국회에 제출하고 통과 해달라고 요구할 권한이 없는 것이다.

또한 국회의장 동의 없이 행정부 각 장관들이 국회에 나가서 발언할 기회를 달라고 요청할 수도 없다.

국회에서는 행정부의 고위공무원인 장관 차관 등 임명에 대한 동의권을 가진다고 하지만 법적인 강제성은 없다.

그러나 입법부는 각 행정부에 대하여 국정감사와 조사권이 있다.

이에 행정부의 각 장관들은 국정운영에 관한 업무를 입법부에서 요청하면 행정부는 제공할 의무가 있는 것이다.

그리고 입법부는 대통령이 헌법을 어긴다면 대통령탄핵소추권을 갖는다.

그렇다면 대통령중심제의 장점을 알아보자!

대통령은 국가의 원수로서 나라살림을 운영할 수 있는 막강한 행정부의 권한을 가지고 있는 것은 장점이다.

우리나라 대통령중심제에서는 대통령의 임기가 보장되어있어서 대통령의 재임기간 중에는 대통령은 국정을 안정적으로 수행할 수 있는 것도 장점이다.

따라서 대통령은 자신의 의지대로 대통령의 정책을 지속적으로 추진할 수 있다.

국회에서 다수의원의 권한으로 행정부의 정책을 반대한다 하더라도 대통령이 추진하는 정책을 간섭하지 못하는 것도 장점이다.

대통령이 입법부의 의견을 받아들인다면 타협은 가능한 것이다.

그렇다면 대통령중심제의 단점도 살펴보기로 하자!

대통령에 당선되기 전에 소속했던 소속당의 국회의원들과 협력해서 암암리에 입법부를 조종할 수 있는 것은 단점이다.

이런 논리라면 대통령은 행정부와 입법부까지도 움직일 수 있는 막강한 권력을 가질 수 있다고 보아야 할 것이다.

우리나라 자유민주주의에서는 행정부, 입법부, 사법부를 기초로 하여 엄격하고 완벽하게 삼권이 분리되어 있어야 한다.

그러나 대통령이 행정부와 입법부의 권한을 행사하는 형태가 만들어진다 해도 야당 국회의원들은 대통령을 견제할 수 없는 구조가 단점이다.

그래서 대통령이 마음대로 막강한 권력을 행사할 수 있는 것이 문제라 할 것이다.

이런 맥락으로 비추어볼 때 우리나라 대통령중심제는 대통령이 소속한 국회의원은 사실상 대통령이 시키는 대로 하는 거수기에 불과하다고 보아야 할 것이다.

그리고 사법부가 삼권이 분립된 독립기구라고 하지만 대통령이 대법원장과 법부부장관과 검찰총장을 임명하는 구조이다 보니 사법부의 수장인 대법원장이나 법무부장관이나 검찰총장도 대통령의 눈치를 보는 것이 단점이다.

그래서 사법부는 100% 스스로 범죄를 수사하고 법을 집행하는 독립기구의 역할을 할 수 없는 것도 단점이라 할 것이다.

위에서 언급한 바와 같이 행정부인 대통령의 눈치를 보도록 법무부장관과 대법원장과 검찰총장을 임명하는 구조가 단점인 것이다.

결과적으로 우리나라 대통령중심제는 대통령이 행정부와 입법부와 사법부를 다 움켜질 수 있는 구조라 할 수 있는 것이다.

우리나라 대통령의 권한이 너무 비대하고 막강한 권력을 가진 셈이다.

대통령이 불법을 저지르고 국민의 민생에 잘못된 문제를 만들어도 대통령의 재임기간 중에는 조사하고 수정시킬 방법이 없는 것이다.

그러나 이렇게 비대한 대통령의 권력을 막기 위해 입법부인 국회에서 대통령을 탄핵彈탄할탄. 劾캐물을핵.할 수 있는 대통령탄핵소추권은 있다.

하지만 대통령을 탄핵하려면 국회國나라국. 會모일회.의 동의를 얻어야 한다.

국회에서 행정부의 수장인 대통령을 탄핵할 수 있을 정도의 국회의원동의를 얻기는 하늘에 별 따기와 같은 것이다.

대통령을 탄핵하기 위해서 참석한 국회의원 중 2/3의 동의를 얻어야 대통령을 탄핵할 수 있는 구조이기 때문이다.

그래서 대통령大큰대. 統큰줄기통. 領옷깃령.이 법을 어겨도 탄핵은 불가능한 구조이다.

그래서 대통령의 마음먹기에 따라 국회의원 선거에 개입할 수도 있다.

더 나가 대통령은 각 지방단체장 선거인 시장이나 구청장선거 등에도 개입할 수 있는 단점을 가지고 있다.

그렇다면 대통령중심제가 모든 국민의/ 국민에 의한/ 국민을 위한/ 정치로 자리 잡기 위해서는 좋은 대안을 생각해보아야 할 것이다.

달나라로 여행을 갈수 있는 21세기 현재 우리가 살고 있는 세상살이의 이치는 호사다마好좋을호. 事일사. 多많을다. 魔마귀마.의 연속인 것이다.

좋은 일에는 반듯이 많은 풍파를 겪게 마련이다.

우리나라는 일본에게 36년간 주권을 빼앗겼다가 세계 2차 대전에서 일본이 패망함에 따라 자유민주주의를 추구하는 자유민주주의 강대국 덕분에 1945년 8월 15일 주권을 다시 회복한 나라이다.

우리가 여기서 얻은 교훈은 무엇인가?

우리가 적으로부터 나라를 지키려면 막강한 힘을 가질 때만이 나라도 지킬 수 있다는 것을 깨달았다.

우리나라가 일본을 나쁜 놈들이라고 아무리 소리질러 봐야 우리보다 강한 나라인 일본에게는 아무 소용이 없다는 것도 알아야 한다.

우리나라가 스스로 나라를 지키려면 나쁜 놈들이 넘보지 못하게 강력한 힘이 있어야 한다는 것도 알고 있다.

그렇다면 모든 국민國나라국. 民백성민.이 하나로 똘똘 뭉쳐야 할 것이다.

그 당시 힘의 논리에서 일본보다 더 힘이 센 자유진영인 강대국의 힘에 의해 우리는 다시 나라를 찾은 것이다.

우리 조상들과 우리는 국민들의 마음속에 잉태한 자유민주주의를 지키기 위해 지금까지 73년 동안 여러 가지 복잡한 우여곡절迂멀우. 餘나물여. 曲굽을곡. 折꺾을절.을 겪으면서 지금까지 살아왔다.

이와 같은 열매는 우리 조상인 우리 선조들의 노력勞힘쓸노. 力힘력.의 결과이다.

지금只다만지. 속이제금. 이 나라에 살고 있는 우리도 언젠가는 떠나야 한다.

우리 대한민국은 우리의 자식子아들자. 息숨쉴식.들이 살아야 할 터전이다.

그동안 73년간의 자유민주주의역사 중에서 가장 뼈아픈 고통의 역사는 1950년 6.25일 일어난 전쟁이다.

우리나라는 이념적 생각의 갈등으로 자유민주주의를 주장하는 남쪽과 공산주의를 주장하는 북쪽으로 갈라져서 같은 피를 나눈 부모형제끼리 서로 죽고 죽이며 피 흘려 싸워야 하는 비극을 겪었다.

이 얼마나 애통한 일인가?

동족끼리 피터지게 싸우면서 고통끔쓸고. 痛아플통.을 겪으며 우리가 배운 교훈敎가르침교. 訓가르칠훈.은 무엇인가?

우리는 뼛속 깊이 생각해보아야 한다.

만약 6.25 전쟁이 일어날 당시 북한의 전쟁무기가 우리 남한보다 약했다면 감히 우리 남한을 침략할 수 없었을 것이다.

당시 북한 김일성은 스탈린과 모택동마오쩌둥에게 남한을 침공한다는 허락을 받고 전쟁무기를 지원받아서 강력한 전쟁무기를 앞세워 우리대한민국을 침략할 수 있었던 것이다.

우리는 국력이 없어서 침략을 받은 것이다.

우리나라가 북한보다 강력한 힘을 보유했다면 어림도 없는 일이었을 것이다.

튼튼하고 강력한 군사력을 보유할 때만이 나 그리고 더 나아가 내 가족과 우리 민족을 지킬 수 있는 것이다.

앞으로 우리는 오직 나라의 힘을 강하게 만들 수 있는 방법을 연구하고 나라를 운영하도록 국가운영시스템을 만들어야 하겠다.

우리가 잘 알듯이 막강한 군사력을 가진 강자는 상대를 공격을 할 수도 있고 자비를 베풀 수도 있는 위치에 있기 때문이다.

우리주위에 살고 있는 각 나라들 마다 생존하는 방법은 힘의 논리에 따라 생존이 좌우된다는 것을 우리는 명심해야 한다.

우리나라도 강력한 군사력을 만들어야 하다는 것이다.

내부적으로는 대통령을 중심으로 여당과 야당은 물론이고 국민이 하나로 뭉칠 수 있는 로드맵Road map을 만들어야 한다.

우리가 단결할 수 있는 길을 만들기 위해서는 그 길의 구조가 필요한 것이다.

우리가 나아갈 길의 구조는 어느 누구도 간섭할 수 없는 행정부와 입법부와 사법부를 독립시키는 것이다.

위에서 언급한 바와 같이 당적을 가지고 ○○당에서 선출된 대통령후보는 국민의 투표로 대통령이 된다 하더라도 ○○당적을 가진 대통령이므로 모든 정책을 ○○당과 협의하여 정치를 할 수밖에 없는 구조이다.

이러다보니 대통령은 그 많은 인맥들과 당원들을 생각해야 한다.

따라서 자신을 대통령으로 선출해준 당원들에게 보답해야 하는 시스템으로 운영해야 한다고 보아야 할 것이다.

이러한 공식이 성립되는 정치라면 자신自스스로자. 身몸신.을 대통령으로 만들어준 당을 위한 당정정치를 할 수밖에 없는 구조이다.

이러한 정치는 국민을 하나로 단결시킬 수 없는 것이다.

당원들끼리 장관과 차관 자리와 그리고 각종 행정의 모든 공무자리를 당원들끼리 유유상종類무리유. 類무리유. 相서로상. 從쫓을종.하는 정치라고 할 것이다.

그래서 요즘에 유행하는 말은 업무와 능력과 상관없이 낙하산 타고 내려온 자리라는 말이 종종 등장하는 것이다.

우리는 조선왕조 500년의 역사 가운데 16세기에 왕의 자리를 두고 신하들이 왕의 형제들과 편을 만들고 서로 권력을 잡으려고 당파정치와 계파정치를 겪었던 정치적 교훈을 가지고 있다.

당시 동인과 서인만을 위한 정치와 노론과 서론만을 위한 정치세력 다툼이 심했다.

당파와 계파를 위한 대신들은 국민은 생각하지 않았다.

그리고 이심전심以써이. 心마음심. 傳전할전. 心마음심. 자기들끼리 정치적 권력을 차지하기 위해 서로 피 터지게 싸운 역사만 있을 뿐이다.

그 결과 국민들은 분열되고 국력은 약해져서 이웃 나라인 일본과 중국의 침략을 수시로 받았고 수많은 국민들만 억울하게 죽어 나갔다.

우리는 이런 역사를 교훈 삼아 다시는 이런 당파정치를 만들지 말아야 한다.

16세기 우리 조상들의 잘못된 당파정치와 똑같은 길을 21세기인 지금도 당파싸움을 그대로 이어 가고 있다.

우리 조상들이 잘못한 정치문화를 반면교사反돌이킬반.面낯면. 敎가르칠교.師스승사.로 삼아 우리 조상들이 잘못한 실수를 반복해서는 안 될 것이다.

너도나도 국회의원이 되겠다고 이간질과 싸움만 하니 나라는 엉망인 것이다.

21세기 지금 대통령을 뽑아준 국민들이 바라는 정치政정사정. 治다스릴치.는 **모든 국민의, 국민에 의한, 국민을 위한** 정치를 바라고 있다.

국민을 위해서는 국회의원들은 자신을 공천해준 여당을 바라보고 야당을 바라보는 정치는 하지 말아야 한다.

자신을 국회의원으로 뽑아준 사람은 국민들이다.

오직 국민만 바라볼 수 있는 정치 구조와 시스템이 되어야 하는 것이다.

그러나 지금 우리나라 정치를 자세히 살펴보면 14~19세기 조선 왕조역사와 별 차이가 없는 것 같다.

사람들의 특성과 특징은 변하지 않기 때문이다.

또한 사람의 욕심도 변하지 않는다.

욕심은 남보다 더 출세하기 위해서 혈연과 학연을 동원하고 인맥을 활용해서라도 출세를 하기 위해 동분서주하고 있다.

국회의원권력을 잡으면 죽을 때까지 하려고 한다.

사람은 권력과 재물에 욕심이 많다.

욕심이 많은 사람들은 남보다 더 좋은 것을 더 많이 가져야 한다.

사람의 특징과 특성이 발동하는 것이다.

사람의 특징과 특성을 효과적으로 교정할 수 있는 정답은 권력을 오랫동안 잡지 못하도록 구조변경을 하는 것이다.

권력을 오래 잡지 못하도록 국민과 법으로 약속한다면 국회의원을 직업으로 하려는 권력욕심도 불만이 없을 것이다.

대통령도 대통령이 된 후에는 대통령을 만들어준 당에서 하는 모든 일인 단체장선거와 국회의원선거는 물론이고 입법부와 사법부를 침범하려는 어떠한 권한도 인정하지 않는 법을 만들어야 할 것이다.

그 답이 세부적인 3권 분립인 것이다.

하나님의 10계명을 보라!

정직하지 못하고 자기욕심만 부리고 세상을 어지럽히는 인간들은 하나님의 법인10계명으로 정직과 정의와 공의로 지금도 다 처벌하신다.

하나님이 인간에게 바라는 것은 지구만민의 평등인 것이다.

지구에 살고 있는 약80억 명은 욕심을 다 가지고 있다.

대통령의 정치적 책임은 좋은 정책으로 살림을 잘해서 국민들을 골고루 잘 살게 하는 것이 대통령의 임무인 것이다.

대통령도 자신이 속한 당의 편으로 좌나 우로 치우치면 안 되는 것이다.

대통령이 된 후에는 정치는 하지 말아야 하고 야당국회의원들은 대통령이 하는 정책의 발목을 잡아서는 안 되는 것이다.

나라를 안정시키기 위해서는 삼권분립을 정확히 확립하고 지금까지 운영해온 사법부의 구조를 세분화할 필요가 있다.

그 방법의 하나로 사법부를 확실하게 독립시키는 것이다.

그 대안으로 입법부와 마찬가지로 사법부의 수장을 국민투표로 선출하는 구조와 시스템을 만들어야 할 것이다.

특히 검찰과 경찰의 역할은 우리가 지키는 자유민주주의를 위해서 상당히 중요한 역할을 담당하고 있다.

범죄행위는 국민의 생활과 직결되어 있다.

옛사람들 말에 "법보다 주먹이 가깝다"는 말이 있다.

"이에는 이 눈에는 눈"으로라는 말도 있다.

이런 말들의 뜻은 생각하는 사람에 따라 해석의 차이가 있겠지만 범죄는 쉽게 저지르지만 죄인을 잡기는 힘들다는 말과 그래서 범법자는 엄중하게 법의 죄 값을 치르게 해야 한다는 뜻일 것이다.

요즘범죄는 지능적이고 쉽고 빠르게 일어난다.

그러나 그 범죄를 신속하고 빠르게 정확히 밝혀내지 못 하는 것이 현실이다.

범죄자들이 죄를 저지르고 도망가거나 지은 죄를 숨기고 은폐하기 때문이다.

검찰과 경찰의 협력수사가 신속하게 이루어지지 않으면 범죄자들은 요리 조리 도망가거나 피하는 방법을 사용하여 **빠져나간다**.

그래서 검찰과 경찰이 신속하고 **빠르게** 입증자료立설입. 證증거증. 資재 물자. 料되질할료.를 확보하지 못하면 범법자를 잡기가 매우 어렵고 힘든 것이 현실이다.

이런 방식이라면 나라를 지탱하는 법치주의는 소리 없이 무너질 것이다.

그리고 나라는 서서히 무법천지가 될 것이다.

자유민주주의를 지키는 대통령중심제에서는 사법부의 역할이 매우 중요하다는 것을 국민은 깨달아야 한다.

우리나라 대통령중심제의 단점은 사법부를 대통령의 권한에 두는 것이 단점이다.

대통령중심제의 단점을 보안하기 위해서는 우리나라 실정에 맞게 행정부와 입법부와 사법부가 확실히 독립할 수 있어야 한다.

그래야 자유민주주의도 지킬 수 있는 것이다.

25. 경제

경제란?

생산수단에 대한 노동을 통해 사람의 생존에 필요한 물건을 생산하고 사람의 필요에 따라 매매나 교환형식으로 나누고 소비하는 사회적 관계를 경제經날경. 濟건널제.라고 말하는 것이다.

경제란 각 개인이 잘 살기 위해 살림을 잘하려고 계산하는 산술이다.

가정에서는 들어오는 수입금에 맞춰 지출할 돈을 계산하고 조금이라도 저축하려고 살림을 잘 운영하는 것이 가정경제이다.

가정경제를 잘 운영함으로써 그 가정은 재산이 불어나는 것이다.

가정경제가 발전하면서 재산을 많이 모아 부자가 되는 것이다.

그러나 가정경제를 잘 못 운영한다면 고생하고 가난하게 살 수밖에 없다.

경제는 학문이 높고 지식과 지혜가 많은 것과는 큰 관계없이 게으르면 가난하게 살 수밖에 없다는 성경의 가르침도 있다.

"잠 24:33~34의 말씀이다.

내가 좀 더 자자. 좀 더 졸자. 손을 모으고 좀 더 누워있자 하니

네 빈궁이 강도같이 오며. 네 궁핍이 군사같이 이르리라.

하나님도 게으르면 안 된다고 가르쳐 훈계하시고 꾸짖으셨다.

게을러서 가난한 것은 하나님도 구제救건질구. 濟건질제.할 수 없다는 것이다.

사업경제도 마찬가지다.

기업이 물건을 많이 생산하고 판매하여 남기는 수입에 맞춰 직원 수를 조종하고 사업을 경영해야 하기 때문이다.

그리고 사업의 성과에 맞춰 일자리를 늘리기도 하고 줄이기도 하는 것이다.

사업가는 기업을 운영하면서 사업을 발전시켜서 성공하기도 하지만 잘못 경영 흄서울경. 髎경영할영.하면 망하기도 하는 것이다.

이것이 기업 경제이다.

그러나 나라를 운영하는 국가경제는 가정경제와 기업경제와는 완전히 다른 것이다.

국가경제란?

대통령 이하 행정부공무원들이 사업을 하고 수입을 창출해서 국가살림을 운영하는 것이 아니기 때문이다.

국가를 운영하는 재원은 국민들이 내는 세금과 사업가들이 내는 세금으로 국가를 운영하기 때문이다.

그러므로 나라살림을 맡아 운영하는 대통령을 비롯한 국가공무원들은 국민의 피 같은 세금을 아끼고 꼭 필요한 곳에 사용해야 하는 책임이 막중한 자리에 있다는 것을 명심해야 하는 것이다.

국민의 피 같은 세금을 흥청망청 쓰다 보면 나라살림이 거덜 날 수 있기 때문이다.

그렇다고 세금폭탄으로 국민들을 더욱 힘들게 해서도 안 되는 것이다.

세금폭탄을 맞는 국민들은 고통을 받으며 가난해질 것이고 사업가들은 수입이 없어서 사업을 못 하는 문제가 생기기 때문이다.

따라서 나라살림은 엉망이 될 것이다.

가정에서는 가장家집가. 長길장.인 아버지와 어머니가 가정경제를 책임지며 자식들을 먹여 살리는 책임이 있다.

회사에서는 사업事일사. 業엄업.을 경영하는 사업가가 직원들을 먹여 살리는 책임과 의무가 있어서 사업을 잘못하면 감옥 까지 갈수도 있는 것이다.

나라에서는 나라 살림을 맡은 대통령이 국민들이 내는 피 같은 세금으로 정책을 잘하여 국민들이 자유 경제시장 안에서 사업을 잘하고 돈을 많이 벌어서 잘 살 수 있도록 좋은 정책을 많이 만들 책임이 있는 것이다.

대통령이 자유 시장경제 원리에 맞는 조건들을 정책에 반영하지 못한다면 국민들은 가난한 생활에 허덕일 것이다.

사업가들은 사업을 제대로 하지 못하고 직원들에게 봉급을 제대로 지불하지 못하게 될 것이기 때문이다.

국민들의 경제가 망가지면 각 국민들의 생활은 물론이고 사업을 하는 사업가들의 사업은 적자로 돌아서고 망하는 것이다.

대통령의 경제정책은 국민 전체의 생사가 달려있다.

그렇기 때문에 나라경제를 운영하는 대통령의 책임과 의무가 막중한 것이다.

나라경제를 책임지고 운영하겠다고 국민과 약속한 대통령은 어떻게 할 것인가?

나라를 빚더미로 만들면 어떻게 되겠는가?

국민들의 생활은 엉망이 될 것이다.

1997년 12월의 IMF를 생각해보라!

우리나라 대통령의 잘못한 금융정책으로 인해 여러 사업들은 연쇄적連잇달을연, 鎖쇠사슬쇠, 的과녁적.으로 부도가 나고 줄 도산했다.

그 증거는 당시 우리나라의 외화보유는 약 39억 달러 정도를 보유保지킬보, 有있을유.하고 있었다.

달러는 정부와 기업과 은행들이 수출입대금으로 활용하는 돈인데 달러를 충분히 보유해야 여러 나라들과 거래하는 수출입대금에 차질이 없는 것이다.

그래야 우리나라와 거래하는 여러 나라들과 신용을 지키면서 원활한 물류거래와 외화거래를 할 수 있는 것이다.

그러나 외화인 달러가 모자라면 다른 나라에서 빌린 외환이나 물품대금을 제때에 지불하지 못한다면 신용이 떨어지는 것이다.

그래서 세계국제신용기구인 IMF국제통화기금에서 우리나라를 구제하는 금융명목으로 195억 달러를 빌리는 사건이었다.

달러부족사건은 권력과 경제인과 결탁한 사건이었다.

당시 김영삼 정권에서 한보철강으로부터 막대한 돈과 뇌물을 받고 대통령아들이 대통령인 아버지의 권력을 이용해 불법대출을 해주는 사건이 발생하였다.

권력을 등에 업고 기아자동차와 한보그룹 등 수입이 없는 기업들에게 불법대출을 해주는 형식으로 나랏돈을 마음대로 손실시키는 금융사건이다.

대통령을 비롯한 경제전문가들이 금융정책을 잘못 운영하는 바람에 기업들이 줄도산을 했던 것이다.

우리나라는 달러가 없어서 나라가 곤경에 빠진 경제난국이었다.

이렇게 일부집단이 자신들의 이익을 위해 권력형 비리를 저지른 것이다.

권력에 의해 알 수 없는 비리들이 많이 발생하는 것을 막아야 한다.

그나마 다행인 것은 당시 김대중 대통령 정부가 들어서면서 제안한 국민들의 금 모으기 운동에 모든 국민들이 나라에 달러를 확보할 수 있도록 금 모으기 운동에 협력한 것이 큰 도움이 되었다.

그러나 당시 국민들의 어려운 경제사정의 딱한 상황들은 어떠했는가?

금리는 순식간에 30% 가까이 치솟았다.

그 결과 집값은 지하가 몇 층인지도 모르고 떨어졌다.

그 이유는 대부분 국민들이 소유한 집에는 은행융자가 포함되어 있었기 때문이다.

먹고 살기도 어려운데 갑자기 이자를 30%씩 갚을 돈이 어디 있겠는가?

그래서 너도나도 집을 내놓다 보니 집은 잘 팔리지 않았고 국민들의 경제 문제가 잘 풀리지 않았던 것이다.

국민들은 어디에 초점을 맞추어야 할지 적막강산이었다.

나라에서 경제정책을 담당하는 공무원들이 금융정책을 잘 못하게 되면 국민들은 곤경困괴로울경. 境지경경.에 빠지는 것이다.

덩달아 생활에 필요한 생활필수품들은 하늘을 모르고 솟구치는 것이다.

국민들은 살기 위해 너도나도 물건사재기를 했고 나라는 시끄러웠다.

그리고 대통령을 비롯해서 나라를 운영하는 경제전문가들의 잘못한 금융정책 때문에 발생하는 빚은 누가 갚을 것인가?

정부가 잘못한 금융정책 때문에 발생하는 빚은 나라 살림을 운영하는 대통령을 비롯한 경제전문공무원들이 돈을 모아 갚을 것인가?

아니다. 결국에는 국민들이 내는 세금으로 갚을 것이다.

경제전문가들과 권력자들은 뇌물에 눈이 멀어 권력을 동원해 은행에서 불법으로 돈을 끌어다 쓰게 하는 권력자들이 잘못한 것이다.

그리고 그 잘못 사용된 돈은 은행에서 결손처리 할 것이고 결국에는 국민의 호주머니에서 돈을 거두어들이고 채울 것이다.

그래도 나라경제를 망가트려도 대통령은 자리를 보존한다.

어떠한 조직이나 기관이 나서서 단속하지 못하는 시스템이 문제인 것이다.

다만 해결하는 방법이란?

권력을 남용한 정치 권력자 몇 명 만 법으로 처벌하고 그들은 몇 년 동안 감옥살이를 마치면 그만인 것이다.

국민들이 보기엔 정말 어처구니없는 해결 방법인 것이다.

사람은 누구나 욕심을 가진 동물이다.

그리고 도덕과 윤리 또한 지니고 있는 사람이라 하더라도 돈과 재물욕심 앞에는 도덕과 윤리를 생각하기보다는 재물을 먼저 생각하는 동물이다.

사람은 남보다 더 잘 살기 위해 꾀를 부리는 동물이기 때문이다.

그래서 우리생활은 사회적社토지의신사. 솔모일회. 的과녁적. 규정과 규칙이 필요한 것이다.

사회적 규정과 규칙을 토대로 자유경제시장의 원리를 이해하고 따라갈 수 있는 정책의 로드맵road map을 대통령과 정부는 국민들에게 제시해야 하는 것이다.

경제는 권력으로 하는 것이 아니다.

자유경제원리란?

시장의 경제흐름에 맡기는 것이다.

정부가 간섭한다고 해서 경제원리가 정해지는 수학적인 경제 원리가 아닌 것이다.

경제란 물건物만물물. 件사건건.의 공급과 수요에 따라 가격이 정해지는 것이다.

수요보다 많은 물건을 공급하면 물건값은 떨어진다.

그러나 구입하려는 수요보다 물건의 공급이 적으면 물건값은 올라가는 것이다.

수요와 공급의 자연적인 흐름이 정직한 경제인 것이다.

정직한 경제는 최고의 상상력과 과학적 원리와 수학적인 이해가 담겨있다.

정직한 경제가 자유경제시장 원리인 것이다.

자유경제시장의 시작은 국민 각 개인이 잘 살기 위해 재산을 모으려고 노력하는 과정에서 시장경제는 발전하기 시작한다.

개인의 자유시장이 확장되면서 사업이 발전하고 세계시장이 형성되고 경제인들의 활동은 자연스럽게 세계로 뻗어 나가는 것이다.

이런 기초경제 원리를 깨닫지 못하고 경제를 운영한다면 큰 실패만 따를 뿐이다.

많은 돈은 누구나 잘 버는 것이 아니다.

누구든지 돈을 쉽게 잘 벌수 있다면 우리 주위에 가난하게 사는 사람은 한사람도 없을 것이다.

우리가 각 가정에서 경제활동經날경. 濟건넬제. 活살활. 動움직일동.을 하면서 살아가지만 돈을 벌기란 힘들고 어렵고 고통이 따르는 것이다.

우리나라 경제가 안정되려면 우리의 각 가정에서 가장인 아빠가 밖에서 경제활동을 잘하고 집에서 쓸 만큼의 돈을 벌어다 주는 것이다.

그래야 가정살림을 담당하는 엄마는 그 돈을 가지고 가족을 먹이고 입히고 또 자식의 미래를 위해 공부도 시키는 것이다.

그러나 가장이 가정에서 필요한 만큼의 돈을 벌어다 주지 못한다면 그 가족들은 배고픔과 함께 고달픈 고통을 겪게 되는 것이다.

사업이나 나라살림도 마찬가지인 것이다.

나라를 운영할 수 있는 **돈도 국민이 내는 세금과** 세계를 발판으로 경제활동을 하면서 **사업하는 경제인들이** 내는 **세금으로 나라를 운영한다.**

이런 상황이라면 나라를 맡아 운영하는 공무원들은 국민의 땀이 묻어있는 세금을 아껴서 꼭 필요한 곳에 써야 하는 것이다.

세금을 내는 국민들과 경제활동을 하면서 나라살림에 큰 역할을 담당하는 경제인經날경. 濟건넬제. 人사람인.들의 불만이 없어야 할 것이다.

국민으로부터 나라를 위임받은 대통령과 공무원들은 사사로움이 없는 공명정대公공변할공. 明밝을명. 正바를정. 大큰대.한 살림경제를 해야 한다.

모든 국민이 생존하기 위해 경제활동을 하고 그 이익금으로 내는 세금에 대해 대통령과 정부는 국민들이 억울하다는 생각이 들지 않도록 해야 하는 것이다.

나라살림을 맡은 정부는 국민의 생활을 안전하게 이끌어야 하는 것을 첫째 목적目눈목. 的과녁적과 목표로 삼아야 할 것이다.

정부가 자신들의 경제정책을 동조하지 않는 경제인들을 교묘한 방법으로 탄압해서도 안 되는 것이다.

경제란 어려운 숙제이기 때문이다.

국민들이 살아가는 생활경제經날경. 濟건널제.를 대통령이 할 수 없는 것이다.

국민경제를 정치에서 해결할 수 있다면 우리 5000만 국민들은 하나같이 가난하게 사는 국민들은 없을 것이다.

기업인들이 경제활동을 통해 큰 재물을 만질 수 있는 재능은 아무나 할 수 있는 것이 아니다.

그래서 큰 경제활동을 하는 사업가들은 나라의 보배인 것이다.

나라에 큰 도움이 되는 경제활동을 하는 경제인들을 국민들이 존경할 수 있는 사회문화를 만드는 것도 중요한 일이다.

경제인들이 큰돈을 버는 것을 배 아파하는 문화는 잘못된 문화이다.

평범하게 사는 국민이나 큰 사업으로 잘사는 사업가나 다 같은 국민이기 때문이다.

우리가 다 함께 화합하고 서로 상생할 수 있도록 조정역할을 하는 기관은 나라지도자 역할을 하는 정치인들이 할 책임과 의무인 것이다.

우리가 사는 세상의 이치가 이러한데도 가난한 사람과 부자와 대립시키는 정치는 국민을 분열시키고 나라를 망하게 하는 일이다.

경제인은 남다른 생활을 하고 있다.

부자들은 그들 나름대로 생활하는 방식이 있는 것이다.

그렇기 때문에 사업을 잘하는 것이고 재물도 많이 모으는 것이다.

어려운 경제상황에서도 경제경영을 잘하고 성공하는 사업가를 존경하는 사회문화를 만드는 것이 필요한 것이다.

경제인들을 존경함으로서 경제인은 나라에 일꾼이 되는 것이다.

경제를 잘하는 사업가들은 나라의 큰 자원이다.

나라에서 기업가들을 대우해주는 정치문화가 만들어진다면 사업가들은 자신들만 잘 살기 위해 욕심을 부리지 않을 것이다.

기업가들을 대우해주는 사회문화가 정착된다면 국민에게 존경받는 만큼 국민과 나라를 위해 봉사하는 일꾼이 될 것이다.

사람의 심리란?

자신을 알아주는 사람을 위해서는 목숨까지도 아끼지 않는 정신을 담고 있다.

따라서 나라에서 경제인들을 존경하는 사회를 만들고 국민들의 생각을 화합하는 조건을 갖춘다면 국민을 하나로 단결시킬 수 있는 것이다.

경제인들도 국민경제를 책임지려고 노력할 것이다.

그 결과 경제인들은 국민들을 섬기는 나라의 일꾼이 될 것이다.

국민을 하나로 단결시킬 수 있게 경제활동에 오랜 경험을 갖춘 경제인들로 하여금 나라의 경제정책을 일부 감당할 수 있는 환경이 만들어질 것이다.

나라에 필요한 일꾼은 일을 잘하고 돈을 잘 버는 경제인이 필요한 것이지 말을 반질하게 잘하는 말쟁이들이 필요한 것이 아니기 때문이다.

그러므로 정책자들은 사업가들과 협력하여 국민 모두가 다 함께 잘 살 수 있는 나라를 만들어야 할 책임이 있는 것이다.

나라가 선진진국이면 무엇 하겠는가?

국민 소득이 3만 불이면 무엇 하겠는가?

국민의 70%가 어려운 살림에 시달리고 있지 않은가?

이중에서 50프로가 가난한 생활을 견디고 있다.

여기서 20%는 극빈층이 아닌가?

아이러니하게도 우리나라는 전 세계에서 행복후다행행. 福복복. 지수가 꼴찌에 가까운 나라가 아닌가?

세계 OECD 국가에서 자살률이 1~2위를 차지하고 있지 아니한가?

우리나라가 경제대국이라고 정치인들이 하는 말은 교언영색巧틀슈色의 말씀이다.

저자도 국민國나라국. 民백성민.의 한 사람으로서 경제를 실습하며 살고 있다.

나는 경제를 이렇게 배웠다.

나는 강원도 어느 한 곳인 동네의 시골에서 어머니와 여러 형제들 사이에서 중학생시절을 보내면서 경제를 배웠던 것으로 기억한다.

당시 어머니께서는 가족을 부양하시는 가장 역할을 하시면서 작은 신발가계를 운영하시는 상태였다.

그래서 가끔 물건을 구입하려고 거래처인 동대문시장을 올라 다니셨다.

내 위에 형이 있었는데 형이 중학교 2~3학년쯤 되었을 때 가끔 어머니를 도와 동대문시장을 다녔다.

형은 공부도 잘했고 운동도 잘하는 운동선수였다.

공부도 잘하고 운동도 잘하는 형을 이어 나도 중학교 2~3학년이 되면서 가끔 어머니를 대신해서 동대문시장을 다녔다.

그러면서 청량리시장도 구경하게 되었다.

그리고 구경하다 보니 시장市저자시. 場마당장. 돌아가는 내막을 조금씩 알게 되었다.

그런 중에 내 눈에 들어온 것은 쪽파값이었다.

오랜 세월이 지난 일이라서 정확하게 기억은 못 하지만 내가 사는 강원도 시골시장에서는 파한단 값이 10원 하는 것이 동대문시장에서는 20원쯤 팔리는 것이다.

그것도 부피가 1/2밖에 안 되는 크기였다.

그래서 한번은 어머니 심부름으로 동대문시장을 가기 전에 어머니께 자초지종을 말씀드렸더니 어머니는 내게 파 50단 보따리를 야무지게 만들어 주셨다.

그리고 나는 파보따리를 어깨에 메고 중앙선을 타고 청량리역에서 내려 청량리시장으로 가져갔다.

그리고 파보따리를 장터구석에 펴놓았다.

상인들이 파 값을 물어본다. 학생 이파 한단에 얼마요? 20원입니다. 내가 다 사겠소.

이렇게 한 상인이 다 가져갔다.

그리고 한마디 덧붙인다. 다음에도 가져오면 내게 가져와요. 학생! 네 알겠습니다. 고맙습니다.

그때 나는 어린나이지만 속으로 정말 기분이 좋았다.

아~ 돈은 이렇게 버는 것이구나?

객지에서 돈 버는 방법을 직접 경험한 것이다.

그리고 동대문東동녘동. 大큰대. 門문문. 시장으로 가서 어머니가 내게 주문서를 주신 신발을 구입하면서도 어머니가 시키지 않은 물건도 주문해 보았다.

어머니가 시키지 않은 물건을 주문하게 된 것은 그때 마침 내 눈에 들어온 것은 도매상에서 가마니 체로 파는 파지신발 가마니였다.

그 내용물인즉 신발이 정상적인 제짝이 아닌 단 한 짝씩만 있는 것이다.

그래서 쓸모가 없는 신발들이다.

쓸모없는 신발한가마니의 도맷값은 70~100원이었다.

당시 1960년대는 모든 국민國나라국. 民백성민.이 다 어렵게 사는 시절이었다.

그때는 정말 우리나라는 가난한 나라였다.

지금 생각해보면!

나라에는 물자가 없던 때였으니 말이다.

그래서 국민들은 물건을 아끼면서 살던 시절이다.

검정고무신도 구멍이 나도록 신었다.

바닥이 달아서 구멍이 나면 때워서 신던 시절이었으니 말이다.

시골장터에 가면 빵 구 난 검정고무신을 때워주는 기술자가 있는 시절이었다.

그때는 어떤 신발이든 신으면서 한쪽 신발이 닳아서 떨어지면 떨어지지 않은 신발은 비슷한 짝을 맞추어 신으며 살던 정말이지 찢어지게 가난하게 살던 시절이었다.

그 당시 어린 내 머리에 이런 생각이 스쳤다.

장터에 이 가마니 신발을 펴놓으면 한 짝만 사는 사람도 많겠구나?

한 짝씩 팔 생각을 한 나는 그 파지신발 가마니도 주문하고 돌아왔다.

그리고 내 생각이 적중한 것이다.

가마니에는 겨울에 신는 털 신발을 비롯해서 장마철에 신는 장화와 운동화, 검정고무신, 흰 고무신, 여름에 신는 슬리퍼 등등. 온갖 다양한 제 역할을 하지 못하는 신발짝들이 들어있었다.

그리고 나는 신발 내용에 따라 한 짝에 2원~5원 정도 팔았을 것이다.

그렇게 판돈을 산술해 보니 400~500원정의 돈을 만질 수 있었다.

4~5배의 장사가 아닌가?

신발이 잘 팔리니 기분이 좋았지만 돈을 직접 벌어보니 기분이 더욱 신났다.

나는 이렇게 경제를 배웠다.

생각해보면 지금은 초등학교지만 그때는 국민 학교였다.

당시 4학년쯤 여름방학 때는 아이스 깨기를 받아다 팔면서 놀았던 기억이 난다.

그리고 6학년 때는 어머니를 졸라서 어머니가계 귀퉁이에 연탄화루를 피워놓고 강원도 찰옥수수를 삶아서 팔았던 기억도 난다.

이렇게 나는 다른 아이들과 달리 무척이나 개구쟁이였다.

사람들은 누구나 유아기를 거치고 소년. 청년기를 거쳐 성인으로 성장하면 사회에 진출하게 되고 돈을 버는 경제활동을 하면서 살아가게 된다.

그러나 경제활동을 하는 과정은 사람마다 각각 다르다.

어떤 사람은 공무원公공변할공. 務일무. 員수효원.이나 회사에 취직하고 직장생활을 한다.

아니면 물건을 만드는 공장을 운영한다든지 아니면 물건을 유통

시키는 장사를 하든지 돈을 벌고 가정을 꾸리고 세상을 살아간다.

이런 과정이 우리가 살아가는 인생인 것이다.

그리고 살아가면서 가장 어려운 것은 돈 버는 일이다.

그 증거는 이 지구상에 살고 있는 세상 사람이 약 80억 명이나 된다.

이중에서 부자로 소문난 사람이 몇 명이나 되겠는가?

가난하게 사는 사람이 몇 명이나 되는지 알아보면 쉽게 알 수 있는 것이다.

세계에서 부자 100인 안에 들어가는 부자들은 가난한 사람들의 적인가? 동지인가?

공산주의에서는 부자들은 인민의 적으로 간주한다.

그래서 부르주아로 낙인을 찍고 재산은 다 빼앗고 인민재판으로 죽이는 것이다.

그러나 자유민주주의에서는 개인의 재산을 인정하고 보호해준다.

옛말에 "사촌이 땅을 사면 배가 아프다는 말이 있다." 사람의 심사란 참 오묘한 성질과 특성을 갖고 있다.

그래서 정직한 나라의 역할이 중요한 것이다.

정부는 가난한 사람들과 부자들의 격차를 줄이고 국민을 하나로 단결시키는 역할을 하는 것이 의무이자 책임이기 때문이다.

정부는 국민의 행복한 삶을 만들기 위해 국민과 지키기로 약속한 자유경제법의 원칙이 무너지지 않도록 관리를 잘해야 하는 것이다.

자유경제시장법이 무너진다면 우리생활은 무법천지가 될 것이다.

우리가 지키고 살아가는 자유민주주의에서는 가난한 사람이나 부자나 모두 다 평등한 사회인 것이다.

정부에서는 국민들이 서로를 존중하는 사회를 만들어야 한다.

빈, 부 차이가 있다 하더라도 가난한 사람은 부자를 존경하고 부자는 가난한 사람을 돌볼 수 있는 사회가 필요한 것이다.

말처럼 쉽지는 않겠지만 부자들은 부자가 되는 방법을 알고 있고 있다.

그래서 부자들이 가난한 사람들을 구제할 수 있는 문제를 만들게 하는 것이다

우리는 가난한 사람이나 부자나 다 함께 살아야 하기 때문이다.

가난한 사람과 부자들이 함께 잘 사는 것이 경제정의定정할정.義옳을의.인 것이다.

자유경제란 스스로 해결할 수 있도록 국가는 간섭을 하지 말아야 한다.

그 이유는 우리가 잘 알듯이 공산주의 인민경제구조를 보면 이해가 쉬울 것이다.

공산주의는 모든 재산의 생산수단을 공유로 하고 전 인민이 먹고 사는 문제를 공산당에서 관리 감독하고 있다.

그러니 인민들은 재산을 모우고 잘 살아보려고 노력하지 않는 것이다.

많이 주면 많이 받고 적개주면 적개 받는 생활경제인 것이다.

우리는 공산주의 경제를 타산지석他다를타. 山매산. 之갈지. 石돌석.으로 삼아야 한다.

공산주의 생활경제를 생각한다면 우리나라 국민들의 생활경제에 국가가 개입해서는 안 되는 것이다.

그 이유는 국민마다 생각하는 경제생활과 경제활동이 다르기 때문이다.

그래서 국가는 국민들이 스스로 알아서 살아가도록 간섭을 하지 말아야 한다.

그 증거로 1950년대에서 부터1970년도에 살았던 우리 국민경제 활동을 보면 쉽게 이해할 수 있을 것이다.

그때는 국민소득이 일인당 1000달러에서 3000천 달러였다.

그러나 2020년대 지금 국민소득이 일인당 30000달러이다.

그러나 2020년도의 국민들의 생활은 어떠한가?

무료급식을 받아야 살 수 있는 사람이 700만 명이나 된다.

그리고 놀고 있는 청년이 30~40만 명이나 된다.

그래서 결혼도 안 한다는 것이다.

더 나가 극빈층이 68만 가구나 된다.

어처구니없는 현실이다.

그렇다면 나라에서는 그 이유가 어디에 있는지를 생각하고 이 문제를 해결해야 하는 것이다.

우리가 힘들게 살았던 1950~1970년도에는 국민들은 생활이 힘들어도 하나같이 희망을 안고 살았던 시대이다.

그러나 2020년도 지금 70~80% 국민들은 힘들게 살고 있다 하지만 국민들에게 희망이 없는 것이 문제인 것이다.

왜 국가는 국민들에게 희망을 만들어 주지 못하는가?

21세기 현실은 모든 국민들이 잘 살려고 노력을 하지 않는 것이 문제인 것이다.

국가는 생각해야 한다.

대통령 출마선언문

████ 존경하는 국민여러분!

제가 대통령에 출마하게 된 것은 우리나라를 정직한 나라로 만들기 위해 이 자리에 나오게 되었습니다.

존경하는 국민여러분!

국민여러분도 아시다시피 우리나라는 정직하게 살면 손해를 보는 나라입니다.

그래서 우리 국민들은 서로 속고 속이는 거짓말의 생활 속에서 서로 으르렁 거리며 살아가고 있습니다.

더 나가 자기의 욕심을 위해서는 사람까지도 죽이는 사회가 되었습니다.

████ 존경하는 국민여러분!

우리나라는 70년 전까지만 하더라도 동방에서 예의가 바론 나라라고 세계의 여러 나라들이 부러워하던 나라였습니다.

그래서 밤에는 대문을 잠그지 않고 잠을 자던 나라였습니다.

그런데 1950년 6.25. 전쟁을 치루면서 이승만 정부가 들어서더니 국회에서는 이기봉의장과 국회의원들이 자기들이 속한 당이 정치권력을 움켜잡으려고 445입이라는 교묘한 말로 거짓말과 사기가 판을 치기 시작하였습니다.

그리고 그 거짓말은 21세계인 지금까지도 우리 국민들을 거짓말쟁이로 만들어가고 있습니다.

또한 지금 우리 국회는 어떻습니까?

▩ 존경하는 국민여러분!

이렇게 우리나라는 70년 만에 거짓말과 사기가 판을 치는 나라가 되었습니다.

이런 상황을 바라보는 국민들 또한 자신의 생존을 위해서는 거짓말을 하는 것이 익숙해졌습니다.

▩ 존경하는 국민여러분!

사람은 누구나 강한 자존심을 가진 동물입니다.

따라서 사람은 남에게 구걸하는 것을 싫어하는 동물입니다.

사람은 자기의 존재를 자랑하는 동물입니다.

그러나 지금 우리가 살아가는 사회는 이러한 인간존재 본능을 무시하는 사회가 되어가고 있습니다.

그 결과 우리 꿈나무들과 우리 청년들의 꿈은/ 오직 공무원이 희망인 나라가 되었습니다.

이 얼마나 황당한 나라입니까?

▩ 존경하는 국민여러분!

우리 꿈나무들과 우리청년들이 다 공무원이 된다면 사업은 누가 할 것이며 세금은 누가 낼 것이고 계속 늘어나는 공무원은 또 누가 먹여 살릴 것입니까?

■■■ **존경하는 국민여러분!**

사람은 누구나 생각하는 두뇌로 이성적인 판단을 하는 동물입니다.

그래서 사람의 근본은 정직한 마음 가지고 있으며 그 정직한 마음이 곧 정의인 것입니다.

그 증거는 우리 어린아이들을 보면 정답이 될 것입니다.

아이들은 거짓말을 하지 않습니다.

그러나 우리가 사는 사회는 거짓말로 꾀를 부리는 사람이 정직한 사람들보다 더 잘 사는 사회가 되어가고 있습니다.

그래서 많은 국민들은 잘 살기 위해서 너도나도 거짓말을 하는 나라가 되었습니다.

■■■ **존경하는 국민 여러분!**

그렇다면?

정직한 말과 거짓말에 대한 예를 들어보겠습니다.

《사과는 과일이다.》이 말은 정확하고 정직한 말입니다.

그 근거는 우리 모두가 사과를 과일로 정하고 과일로 알고 있기 때문입니다.

그러나 거짓말은 이렇습니다.

《사과는 뿌리과일이다.》왜냐하면! 사과는 뿌리에서 영양분을 공급받기 때문이다.

이렇게 설득하려는 말은 거짓말을 하는 것입니다.

그 근거는 우리 모두가 사과를 뿌리과일로 정하지 않았기 때문입니다.

이 말은 괴변입니다.

따라서 그럴듯한 괴변의 반질반질한 거짓말은 이렇게 국민들의 깨끗한 정신을 혼란시키는 것입니다.

▦ 존경하는 국민여러분!

정의란?

모든 국민이 안전하게 생존하는 방법을 법으로 약속하고 모든 국민이 지킬 때 정의인 것입니다.

따라서 정의로운 나라는?

남의 물건을 빼앗으면 안 된다는 양심의 정의와 모든 국민의 생명을 보호하고 국민이 안전하게 살기 위해서 국민 모두가 법으로 약속하고 정한 법을 지키는 나라가 정의로운 나라인 것입니다.

▦ 존경하는 국민여러분!

우리나라가 이렇게 엉망진창이 된 원인은 정치권력을 욕심부리는 사람들이 권력을 잡으려고 교묘하게 거짓말을 하기 때문입니다.

▦ 존경하는 국민여러분!

저는 우리나라를 정직한 나라로 만들기 위해 이 자리에 나왔습니다.

그렇다면? 지금부터 국민 모두가 정직하게 살 수 있는 대안으로 《고쳐야 할 공약과 /단결해야 할 공약과 /정부가 해야 할 임무에 대한 공약》이렇게 3가지의 공약을 제안하겠습니다.

❶ 번째는 고쳐야 할 공약으로서 국회의원에 대한 문제입니다.

이 부분을 고침으로서 정직한 사회가 시작될 것이라고 저는 확신합니다.

국회의원을 뽑는 목적과 목표는 국민의 불편한 생활을 개선하는 목적으로 힘들게 사는 국민들을 더 편하게 잘 살게 하려는 목표를 가지고 국회의원들을 우리 국민들이 뽑는 것입니다.

    따라서 국회의원의 책임과 의무는 국민을 위해 봉사하는 자리입니다.

    그러나 우리가 잘 알듯이 국회의원에 당선되면 국민을 위해 봉사하는 일은 뒤로 한 채 자신을 국회의원에 출마할 수 있도록 공천해 준 당을 위해 일을 하고 있습니다.

    그 이유는 다음 선거에서도 국회의원에 출마할 수 있는 공천을 받기 위한 권력욕심 때문에 당이 시키는 대로 일을 하는 것입니다.

    따라서 연이어 국회의원을 보장받을 수도 있기 때문입니다.

    존경하는 국민여러분!

    우리 국민들은 국회의원이라는 이 막강한 권력을 몇십 년씩이나 직업으로 할 수 있는 이 잘못된 권력 구조를 국민을 위해 봉사하는 구조로 《똑바로》 잡아야 하겠습니다.

    그렇게 하기 위해서는 국회의원도 단 한 번 **4년만** 할 수 있도록 법을 만들어야 하겠습니다.

    그렇게 된다면 4년 밖에 할 수 없는 국회의원 자리 때문에 국회에서는 견강부회하고 마타도어 하는 황당한 싸움은 사라질 것입니다.

    그리고 4년 후에 다시 국민으로 돌아가서 자신이 잘 살기 위해서라도 국민의 어려운 문제를 잘 해결 하도록 최선을 다 할 것입니다.

    그리고 모든 분야의 전문가들이 국회에 더 많이 참여할 수 있는 기회가 생길 것입니다.

    따라서 우리나라는 모든 분야에서 정직하게 발전할 것입니다.

▆▆ 존경하는 국민여러분!

국회의원 4년 단임제가 충분한 것은

국민의 생활 속에서 국민의 불편한 문제가 그때/ 그때/ 발생하는 것이지 국회의원들의 책상위에서 국민들의 불편한 문제가 발생하는 것이 아니기 때문입니다.

따라서 국민의 어려운 문제를 해결해야 하는 국회의원은 정직한 사람이면 100점일 것입니다.

▨ 존경하는 국민여러분!

❷ 두 번째는 모든 국민의 화합 공약으로서 경제 분야를 제시하도록 하겠습니다.

우리 국민이 다 함께 잘 살기 위해서는 가난한 사람들과 잘사는 사람들이 다 함께 공생할 수 있는 문제를 부자들과 정직하게 의논하도록 하겠습니다.

그 이유는? 부자들도 우리나라 국민이기 때문입니다.

따라서 국민이 하나로 단결할 때 나라가 부강한 나라가 되기 때문입니다.

그러기 위해서는 나라를 위하여 봉사하는 기업인이 될 수 있도록 기업인들을 존경하는 사회로 만들겠습니다.

심리학적으로 사람의 마음은 자기를 알아주는 사람을 위해서는 목숨까지도 아끼지 않는 정신을 담고 있습니다.

그리고 모든 국민들이 골고루 잘 살 수 있도록《경제평등기금》을 조성하고 운영하도록 하겠습니다.

그 자금은 세금을 아껴서 만들 것입니다.

그리고 어려울 때는 누구든지 《경제평등기금》을 사용할 수 있도록 시스템을 만들겠습니다.

▨ 존경하는 국민여러분!

❸ 번째는 주택 공약으로서 일부 어려운 계층이 거주하는 주택만

큼은 정부에서 책임지고 지어서 원가에 분양하는 구조를 만들겠습니다.

그 이유는 국민의 행복을 책임져야 할 정부라면 국민의 기본 생활인 의. 식. 주 중에서 가장 돈이 많이 드는 주택문제만큼은 나라 살림을 맡은 대통령이 해결해야 할 책임이 있기 때문입니다.

그래서 정부에서는 결혼을 위해 집을 필요로 하는 청년층이나 집 없이 불안하게 살고 있는 국민들을 위해서는 국가가 책임지고 정직하게 싼 원가에 아파트를 공급하도록 대통령이 직접 주택정책을 운영하는 구조와 시스템을 만들겠습니다.

따라서 집을 필요로 하는 국민들을 주택조합원으로 구성하고 《토지확보》와 동시에 아파트를 선 분양하고 5년 후에는 입주할 수 있도록 국민들에게 아파트 동. 호. 수를 우선 지정해준다면 아파트를 선 분양받은 국민들은 그때부터는 집을 분양받은 마음에 편한 생활을 할 수 있을 것입니다.

▬ 존경하는 국민여러분!
5000만 국민이 무소속인 저를 이끌어 주신다면

5000만 국민과 함께 정직한 대한민국을 만들기 위하여《정직한. 당.》을 만들어서 국회의원을 단 4년만 할 수 있도록 우리나라 실정에 맞는 법을 만들겠습니다.

▬ 존경하는 국민여러분!
국회의원 4년 단임제가 법으로 만들어진다면 우리 국회에서는 거짓말은 사라지고 정직한 국회가 될 것이라고 저는 확신합니다.

▬ 존경하는 국민여러분!
그리고 모든 국민이 골고루 잘 사는 경제 문제와 주택문제만큼은

5000만 국민이 저를 이끌어 주신다면?

제가 확실하게 해결하도록 하겠습니다.

따라서 모든 국민이 평등하게 골고루 잘 사는 나라를 만들겠습니다.

더불어 국민이 주인이 되는 나라를 만들겠습니다.

■■■ **존경하는 5000만 국민여러분!**

저와 함께 정직한 대한민국을 만듭시다.

■■■ **존경하는 국민여러분!**

■■■ **감사합니다.**

정직한
대한민국을
만들기 위하여!

초판 1쇄 발행 2024. 2. 22.

지은이 김태형
펴낸이 김병호
펴낸곳 주식회사 바른북스

편집진행 박하연
디자인 양헌경

등록 2019년 4월 3일 제2019-000040호
주소 서울시 성동구 연무장5길 9-16, 301호 (성수동2가, 블루스톤타워)
대표전화 070-7857-9719 | **경영지원** 02-3409-9719 | **팩스** 070-7610-9820

•바른북스는 여러분의 다양한 아이디어와 원고 투고를 설레는 마음으로 기다리고 있습니다.

이메일 barunbooks21@naver.com | **원고투고** barunbooks21@naver.com
홈페이지 www.barunbooks.com | **공식 블로그** blog.naver.com/barunbooks7
공식 포스트 post.naver.com/barunbooks7 | **페이스북** facebook.com/barunbooks7